U0480130

中小学校长领导力影响因素研究

马 丽 著

图书在版编目（CIP）数据

中小学校长领导力影响因素研究 / 马丽著. -- 成都：四川大学出版社，2024.11

ISBN 978-7-5690-6911-2

Ⅰ. ①中… Ⅱ. ①马… Ⅲ. ①中小学一校长一学校管理一研究 Ⅳ. ①G637.1

中国国家版本馆 CIP 数据核字（2024）第 103948 号

书　　名：中小学校长领导力影响因素研究
　　　　　Zhong-xiaoxue Xiaozhang Lingdaoli Yingxiang Yinsu Yanjiu
著　　者：马　丽

选题策划：徐　凯
责任编辑：徐　凯
责任校对：毛张琳
装帧设计：墨创文化
责任印制：李金兰

出版发行：四川大学出版社有限责任公司
　　　　　地址：成都市一环路南一段 24 号（610065）
　　　　　电话：（028）85408311（发行部）、85400276（总编室）
　　　　　电子邮箱：scupress@vip.163.com
　　　　　网址：https://press.scu.edu.cn
印前制作：四川胜翔数码印务设计有限公司
印刷装订：成都金龙印务有限责任公司

成品尺寸：148mm×210mm
印　　张：10.75
字　　数：239 千字

版　　次：2024 年 12 月 第 1 版
印　　次：2024 年 12 月 第 1 次印刷
定　　价：55.00 元

扫码获取数字资源

四川大学出版社
微信公众号

目　录

导　论…………………………………………………… 1

第一章　文献综述……………………………………… 22
第一节　领导力研究脉络………………………… 22
第二节　中小学校长领导力的分类标准………… 32
第三节　中小学校长领导力的研究现状及影响因素
………………………………………………… 47
第四节　文献评析………………………………… 80

第二章　研究设计……………………………………… 89
第一节　研究范式与方法………………………… 90
第二节　数据来源………………………………… 97

第三章　中小学校长价值领导力影响因素………… 116
第一节　中小学校长价值领导力描述统计分析
………………………………………………… 119
第二节　中小学校长价值领导力影响因素的回归分析
………………………………………………… 130
本章小结………………………………………… 165

第四章　中小学校长课程领导力影响因素…………… 168
第一节　中小学校长课程领导力的描述统计分析…………… 169
第二节　中小学校长课程领导力影响因素的回归分析…………… 181
本章小结…………… 214

第五章　中小学校长组织领导力影响因素…………… 218
第一节　中小学校长组织领导力的描述统计分析…………… 219
第二节　中小学校长组织领导力影响因素的回归分析…………… 229
本章小结…………… 259

第六章　研究结论与启示…………… 262
第一节　研究结论与讨论…………… 262
第二节　理论反思与政策建议…………… 273

结　语…………… 285

参考文献…………… 294

附录一　中小学校长领导力调查问卷…………… 326

附录二　中小学校长领导力访谈提纲…………… 335

导　论

当今世界正处在大变革大调整之中，随着工业化、信息化、新型城镇化的发展和社会主要矛盾的变化，我国中小学教育正受到来自全社会与日俱增的关注。中小学作为提供教育服务的社会专业性组织，提升中小学校长的领导力水平是提高办学质量、实现学校内涵发展的关键，也是党和政府“办人民满意的教育”目标能否实现的最重要的制约因素。随着教育改革的深化，中小学校长的办学自主权逐渐扩大，这要求中小学校长及时根据国家政治环境、经济、社会发展水平以及教育生态环境的变化，聚焦学校的办学特色，开发校本课程，谋划学校未来，通过学校的内涵式发展，满足社会变革的需要。中小学内外部环境所面临的巨大而深刻的变化，对学校的领导者——校长提出了一系列前所未有的要求。提升中小学校长领导力，成为促进校长专业化发展、提升校长队伍的专业化水平，以及实现教育家办学理想的客观要求。

一、研究背景与问题

（一）研究背景

1. 政策背景：中小学校长队伍建设备受关注与重视

随着我国教育改革的不断推进，中小学教育环境正在发生深刻而巨大的变化。当前，深化我国中小学管理制度改革是建设优秀的中小学校长队伍、全面提高基础教育质量的关键。2004 年教育部颁发的《2003—2007 年教育振兴行动计划》要求："在普通中小学和中等职业技术学校，全面推行校长聘任制和校长负责制，建立公开选拔、竞争上岗、择优聘任的校长选拔任用机制，健全校长考核、培训、激励、监督、流动等相关制度。"① 2007 年颁布的《全国教育系统干部培训"十一五"规划》提出"把农村中小学校长培训摆在重要位置，注重面向基层、面向农村、面向薄弱学校的校长培训"。这标志着从政策层面，校长队伍建设已被视为我国教育均衡化发展战略的重要组成部分。② 2010 年颁布的《国家中长期教育改革和发展规划纲要（2010—2020）》提出："完善中小学学校管理制度，完善普通中小学校长负责制，建立健全义务教育学校

① 教育部. 2003—2007 年教育振兴行动计划[EB/OL]. http://www.moe.gov.cn/jyb_xwfb/xw_zllssj/moe_183/tnull_2305.html.

② 教育部. 全国教育系统干部培训"十一五"规划[EB/OL]. http://www.moe.gov.cn/s78/A04/s7051/201001/t20100129_180685.html.

校长流动机制，制定校长任职资格标准，促进校长专业化。”[①] 2013 年 2 月教育部出台的《中小学校长专业标准》将校长应该拥有的学校管理知识和能力划分为六大领域：规划学校发展、保障德育实施、领导课程教学、引领教师成长、提升组织效能与协调公共关系。该标准全面反映了社会变革背景下对校长专业素养的基本要求，为校长的专业发展提供了参考，并使教育行政部门、教师、家长以及社区明确了对校长的角色期待，从而更有效地参与和监督学校管理。2013 年 4 月教育部下发的《全国教育系统干部培训规划（2013—2017 年）》要求加大对优秀中小学校长的培训力度，培育出具有先进教育教学理念、卓越教育领导能力和富有办学特色的教育家型名校长；鼓励各地创设名校长工作室，建立教育家成长支持平台。2018 年 3 月，教育部等五部门联合下发了《教师教育振兴行动计划（2018—2022 年）》，提出：“实施中小学名师名校长领航工程，培养造就一批具有较大社会影响力、能够在基础教育领域发挥示范引领作用的领军人才。”[②] 2018 年 9 月召开的全国教育大会提出：“坚持把立德树人作为根本任务，坚持扎根中国大地办教育，坚持以人民为中心发展教育，

---

① 教育部. 国家中长期教育改革和发展规划纲要（2010—2020 年）[EB/OL]. http://old.moe.gov.cn/publicfiles/business/htmlfiles/moe/info_list/201407/xxgk_171904.html.

② 教育部. 教育部等五部门关于印发《教师教育振兴行动计划（2018—2022 年）》的通知 [EB/OL]. http://www.moe.gov.cn/srcsite/A10/s7034/201803/t20180323_331063.html.

坚持深化教育改革创新，坚持把教师队伍建设作为基础工作。”① 上述政策话语和导向一定程度上表达了国家意志。提升校长领导力，符合新时代中小学校长专业发展的需要，也回应了人民对高质量基础教育的热切呼唤，已被视为促进我国教育均衡化发展的重要战略。

2. 实践语境：中小学校长领导力现状不容乐观

我国社会的主要矛盾已经转化为人民日益增长的美好生活需要和不平衡不充分的发展之间的矛盾。城乡居民对基础教育的需求经历了“有学上”到“上好学”的转变，并突出表现为对优质教育持续扩大的需求。努力让每个孩子都能享受公平而有质量的教育，是从教育维度解决社会主要矛盾的途径之一。国内外几乎每一项关于学校有效性的研究都显示，决定中小学教育有效性的关键因素是校长领导力。② 校长领导力的提高，对于提高教师的工作积极性，学生学业的整体发展水平以及学校的管理效能都有明显的促进作用。美国一项关于“什么是有效学校”的调查显示，无论教师、家长还是校长都把“强有力的领导”作为有效学校的重要方面。校长作为引领学校发展的主要责任人，其领导力水平是制约学校效能的重要因素，也是引导组织成员实现学校发展目标的关键。成功的校长领导行为强调组织成员之间的沟通与协作，并构建学校共同的奋

---

① 教育部. 全国教育大会[EB/OL]. http://www.moe.gov.cn/jyb_xwfb/xw_zt/moe_357/jyzt_2018n/2018_zt18/.

② 迈克尔·富兰. 变革的挑战：学校改进的路径与策略［M］. 北京：北京大学出版社，2013：50.

斗目标。校长领导力从组织成员之间的相互关系发展而来，是学校变革的催化剂，为组织发展提供了共同的愿景、必要的指导与支持，并进一步提高了学校效能。

在各级政府和学界的推动下，教育部门开展了形式多样的中小学校长领导力提升培训。“影子培训”“轮岗交流”“名校长领航班”等举措唤起了人们对校长专业发展的重视，对中小学校长领导力的提升发挥了积极作用。然而，这些专业发展活动将中小学校长领导力提升的着力点聚焦于校长培训这一外力推动层面，一定程度上忽视了中小学校长内在修养与外在制度环境对其领导力的影响，以至于中小学校长领导力的培养并不理想，面临诸多问题，比如缺乏校长领导意识、校长领导角色定位模糊、培训管理体制不完善等。[①][②]

3. 个人背景：研究者的个人旨趣

任何一种研究都需要将自身的学习基础与生活发现有机结合。[③] 唯有将校长领导的理论基础与中小学管理实践联系在一起，才能产生最真实的感悟，才能让别人信服研究结论。吴康宁强调了教育研究中的“真问题”对教育研究者以及教育理论与实践的重要性，任何一项教育研究都应该源于真实的教育实践，也源自教育研究者“真实”的

---

① 杨清溪，邬志辉. 校长领导力：乡村教育发展的新动能［J］. 教育发展研究，2018，38（24）.

② 孙锦明. 中学校长领导力研究［D］. 上海：华东师范大学，2009.

③ ［美］C. 赖特·米尔斯. 社会学的想象力［M］. 北京：中国传媒大学出版社，2016：211.

学习过程。[①] 笔者曾多次跟随导师参与中小学校长论坛，这让笔者对中小学校长领导力有了更深刻的思考和认识。考察中小学校长领导学校发展的过程，笔者体会到领导力差异对学校、教师、家长等利益相关者的不同影响，感受到他们的雄心壮志与现实管理之间的冲突，感受到他们迫切想要充分发挥自身领导力与学校资源掌控与运作的能力之间的摩擦，意识到他们的专业知识体系与管理知识体系之间的差异。笔者发现，目前多数中小学校长的成长渠道为“教而优则仕”，从中层干部慢慢晋升为校长，他们对学校日常实务较为熟悉，但是缺乏领导学校发展的长远规划能力。对任何一个校长来说，仅靠自己的教学专长来管理学校，难免会遭遇捉襟见肘、鞭长莫及的尴尬处境。只会搞研究、做学问、著书立说，已经不能满足教育变革时代对中小学校长的要求。因此，作为学校的领导者、教育者与管理者，校长不仅需要具有领导学校发展的专业素养，还要具备先进的教育理念和卓越的组织领导能力。经过多次对校长、教务处主任、骨干教师的访谈，笔者了解到校长的个人特点与学校的具体情境对学校的发展带来了很大的挑战。在了解了中小学校长领导学校发展过程中的茫然与无奈时，笔者感触颇深，也萌发了对此问题的研究兴趣。

（二）研究问题

“中小学校长领导力影响因素研究”可以从“领导力

① 吴康宁. 教育研究应研究什么样的“问题”——兼谈“真”问题的判断标准［J］. 教育研究，2002（11）.

框架”“领导力现状”“影响因素”三个方面展开。不同区域、不同学校类型以及不同的办学质量共同构成了复杂的教育情境，传统的领导方式已经很难引领中小学校的变革与发展。本书以变革型领导理念为理论支撑，借鉴参考了我国香港地区学者郑燕祥“五向度模型”对学校领导的维度划分与测量工具。在过去几十年，“五向度模型”被海内外与我国香港地区的学者广泛采用，他们通过大量实证研究得出了较为一致的结论，为中小学校长领导力研究、校长专业发展、校长队伍建设提供了颇有价值的参考。扎根中国教育，构建中小学校长领导力框架，探索分析中小学校长领导力的影响因素，促进中小学校长的专业化发展，需要我们提供具有说服力的理论与实践依据，否则就难以引发个人与诸多心系中国校长队伍建设的专家与学者的共鸣，使研究缺乏立论基础与意义。如今，我国社会的主要矛盾已经发生重大转变，城乡居民对优质教育持续扩大的需求不断凸显，校长专业发展与校长队伍建设路径亟待转型。

在确定了研究核心后，本书拟从“校长领导力框架”“校长领导力现状”“校长领导力影响因素”“领导力提升对策”等方面对中小学校长领导实践进行拓展性的解读与思考，着重解决以下问题：

1. 中小学校长领导力框架的构建

根据已有文献，国内外学者或政府部门均结合自身所处的教育环境与教育目标构建了差异化的校长领导力测量体系，其中我国香港地区学者郑燕祥的“五向度模型”对不同组织理论进行了整合并兼有教育组织的特定本质。结合先导调研经验，笔者将“五向度模型”整合为价值领导力、课程领导力与组织领导力三个维度，并对“五向度模型”的量表作了修订，用于中小学校长领导力测量。

2. 不同背景的中小学校长领导力在价值领导力、课程领导力与组织领导力维度的差异及面临的困难

根据中小学校长领导力的概念界定、维度划分与调研，对中小学校长领导力现状进行差异分析。

3. 中小学校长领导力差异的影响因素

从领导特质理论视角来看，领导力水平是由校长的个人因素决定的。实际上，结合行为理论和变革型领导理论，校长的领导力水平是校长特征和学校内外部环境综合作用的结果。

4. 提升中小学校长领导力的措施

结合前文研究结论，在实践、观察、反思中提出建议与对策，以提高中小学校长领导力，促进校长专业发展。

二、研究意义

（一）理论意义

研究中小学校长领导力问题，可以深化已有的中小学校长领导力的理论探索，拓展校长专业发展理论。长期以来，政府和学界不断呼吁提高校长的领导力，无论是中小学校长领导力内涵、模型框架、评价体系的构建，还是对

具体的价值领导力、课程领导力、组织领导力的提升，中小学校长领导力都受到了极大的重视。综观现有的中小学校长领导力方面的研究，理念层面的研究较多，实践层面的研究较少，且往往聚焦于中小学校长领导力的内涵与特点介绍以及如何构建中小学校长领导力评价体系等方面，全面系统地对中小学校长领导力影响因素的实证研究匮乏。一系列标准规定了校长的专业发展应该怎样，鲜有研究基于校长自己的声音，关注校长自身对领导力的理解，以及概念的产生过程。了解中小学校长行为观念的变迁，能加深我们对其领导行为的本质及影响因素的理解，丰富相关研究成果。

（二）实践意义

基础教育改革的持续推进使中小学校长队伍建设问题成为社会各界持续关注的热点。本书以中小学校长领导力为切入点，从价值领导力、课程领导力和组织领导力三个维度建立中小学校长领导力的分析框架，采用混合研究范式，深入中小学校获取宝贵的一手资料，从整体上把握我国中小学校长领导力的基本状况以及背后的影响因素。

首先，从校长层面而言，本书采集的大量资料、信息都来自一线校长，经量化与质化研究得出的结论更符合中小学校长的实际发展需要，易于理解与接受，可以更好地为提升中小学校长领导力提供参考。

其次，本书对中小学校长领导力框架的构建能为中小学校长的甄选与培养提供参考。对中小学校长的选拔工作而言，可以通过对校长价值追求的衡量，对学校发展规划、课程开发与实施、提升组织效能以及协调公共关系等方面的知识与能力的考察，来鉴别适宜担任校长的合适人选。同时，引导未来的中小学校长适应岗位职责的需要，提升个人素养与职业素养，明确教育思想管理理念与价值追求。了解在领导学校发展过程中所涉及的主要领域，为新任职的校长开展工作、履行职责提供方向性参考。通过实证研究所获得的有关校长专业发展方面的主张，可以为中小学校长培训提供宝贵的补充性材料，完善校长的专业发展体系、内容与方式，从而提高中小学校长培训质量，改善培训效果，使培训真正成为促进中小学校长专业成长的助推器。

最后，为明确政府与学校的边界，确立学校独立自主的地位，推动校长负责制的落实提供实证依据。

三、核心概念界定

（一）领导

“领导是什么”是论述中小学校长领导力及其他问题的一个逻辑起点。在了解中小学校长领导力之前，首先需要对领导一词有一个清晰的认识。

从词源来看，领导一词在我国古代是分开使用的，“领”和“导”二字出现的时间很早，但“领导”一词出现于何时，迄今仍不可考。不过，从古典文献中常可看到“领导”一词现代意义的历史轨迹。“领”的本义是颈，即脖子，“导”即引导。“领”“导”二字合在一起便引申为率领并引导。

领导一词在英文中的对译词有 lead、leader、leadership，在《英汉大词典》中，lead 一词有动词、名词、形容词三种词性，有 50 种释义，核心意思始终与带领、引导、领导、领导者、树立榜样等相关。Leader 有领袖、首领、领先者、引领者等近 20 种释义，最常使用的是前面几种，以及由此引申的居于首位的事物等。Leadership 一词的内涵更为广泛，不仅指领导、领导地位、领导权，还包括领导才能、领导人员、领导层等。著名领导学大师约翰·阿戴尔（John Adair）专门探讨了 lead、leader、leadership，指出三个词的共同词根为 laed，译为“小径”。该词根由 ladeden 演变而来，是“旅行”的意思，后来又引申为“人们沿着小径旅行”。“领导者”的本义就是方向的引领者。在陆地上，领导就是走在前面的“带头人”；在海上，领导者就是领航员或舵手。从“小径”和“道路”发展到“沿着小径或道路旅行”，再发展为“带头”或“掌舵”，“领导”一词的含义逐渐接近现代意义。[①]

从词性来分析，领导具有双重属性：其一，领导指的是对组织成员的行为和思想起到引导和动员作用的过程；其二，指的是具有正式领导职位的人，他们发挥着领导的

① 奚洁人. 领导教育学概论［M］. 上海：华东师范大学出版社，2016：9—12.

作用。[①] 领导既是动词，也是名词。作为动词的领导还可以细分为“领”与“导”。“领”即组织中的领导者带领组织成员为实现组织愿景而进行的活动，有带领、引领的意思；“导”即组织中的领导者对组织成员进行引导、指导，使被领导者能够按照组织目标与领导者所勾画的愿景开展工作。从这个意义上来说，组织中的领导者也是教练和教师。作为名词的领导指的是领导者（leader）和领导活动（leadership）这一现象，常用来指“领导者”，是一种社会角色，与其对应的是追随者。[②]

斯托格蒂尔（Stogdill）曾说“有多少人试图界定领导这个概念，就会有多少种不同的关于领导的定义”，领导是一种角色、一种权力关系、一种影响、一种行为、一种实现目标的工具、一种结果。[③] 兰姆博特（Lambert）认为领导就是共同学习，以集体、合作的方式构建意义和知识；领导通过交流的方式来讨论价值观、信念、信息、假设等；领导重视反思，在拥有共同的信念、新信息和新认知的情况下作出理性决策，形成行动计划，这就是领导的核心。

加里·尤克尔（Gary Yukl）认为，领导是让追随者理解所做的内容与实践行为，以及激励个人与组织努力实

① 朱立言，雷强. 领导者定义及职责新探［J］. 行政论坛，2002（6）：50－52.

② 奚洁人. 领导教育学概论［M］. 上海：华东师范大学出版社，2015.

③ Bernard M. Bass. Stogdill's Handbook of Leadership［M］. New York：The Free Press，1984：7－14.

现共同的组织目标的过程。[①] 吴志宏认为领导是一个综合的概念，是以组织目标为引领，通过必要的管理手段、语言和行为去影响追随者的过程。[②] 梁歆等人结合学校情境，将领导定义为指引方向和施加影响。指引方向是为学校确立一个被广泛认同且有价值的方向；施加影响是指鼓励成员朝向广泛认同的方向行动。[③] Leithwood 等人认为指引方向和施加影响是众多领导定义所共同体现的核心元素。[④] 综合已有研究对领导的定义，可以总结出领导的共性：（1）领导是领导者对追随者产生影响的一个过程；（2）领导者对追随者施加影响的前提是拥有足够的资源与能力；（3）只有当领导者施加的影响在合理、合法、必需的情况下，追随者才会接受；（4）领导是组织目标实现的一个过程；（5）领导行为与实践都是在一定情境中展开的。[⑤]

领导是一种引领改变的行为与过程，尤其是能引领人们朝着正确的方向前进或是组织、影响人们实现某种目标的能力。基于以上讨论，本书中的领导主要包括两层含义：其一，指领导活动，即在特定的组织环境中，领导者

---

① 加里·尤克尔．组织领导学：第 5 版［M］．陶文昭，译．北京：中国人民大学出版社，2004：3－8.

② 吴志宏．教育行政学［M］．北京：人民教育出版社，2014：123－124.

③ 梁歆，黄显华．学校改进 理论和实证研究［M］．上海：华东师范大学出版社，2010：117.

④ Leithwood，K.，& Jantzi，D. Transformational School Leadership Effects：A Replication［J］. School Effectiveness and School Improvement，1999，10（4）.

⑤ 中国科学院“科技领导力研究”课题组，苗建明，霍国庆．领导力五力模型研究［J］．领导科学，2006（9）.

运用权力，通过示范、说服、命令等途径，发挥人格魅力引领追随者以及利益相关者制定并实现共同目标的过程；其二，指“领导者”。

（二）领导力

1. 领导力的概念界定

过去半个世纪，对领导力的研究是与组织相关论题中的热点。邱霈恩指出，领导力是由领导自身的素质、组织体制、组织环境与组织物质条件综合作用所产生的最高组织性作用力，是领导者用以引领组织成员面对挑战，实现组织目标的核心竞争力。[①] 关于领导力的探讨和描述多见于管理领域。

波恩斯将领导力定义为“领袖引领追随者为实现具有共同价值观和愿望的组织目标而奋斗的过程”。美国著名领导学家约翰·马克斯韦尔认为，领导的职位本身不具备影响力，只有领导者树立了组织目标，并找到一群追随者，才能使领导职位发挥作用，只有那些能够激发追随者内在动力的领袖才能创造出领导动能。美国领导力发展中心的创始人赫塞将领导力定义为领导者影响他人完成不可能完成事情的过程。Stephen R. Covey 指出领导力主要包括探索航向、整合体系、授能自主与建立信任四个方面的能力。管理学家伯克认为领导力主要包含决策制定、引领队伍、树立影响三个方面。领导力的实质是一种影响力，

① 邱霈恩. 领导：制胜新世纪的关键力量 [J]. 领导科学，2002 (3).

包括事先察觉、及时调整和付诸实践三个方面的能力。① 尤克尔在《理解领导学》中明确提出："领导者是通过'吸引人的愿景'，引发'追随者的努力'，并通过专业'训练与指导'，提高'追随者技能'来实现领导者的目标。"②

澳大利亚校长协会专业发展委员会认为领导力有以下五个方面的内涵：（1）领导力是关于了解需要变革之处，并且有信心应对这些变革的才能；（2）领导力是对他人的行为方式、观念或态度产生的一种影响力；（3）领导力体现在以学生和教工为中心，关注他们的学习、教学和福祉；（4）领导力要展示专业化，体现管理有序高效；（5）领导力以乐观为特征，以助人为乐为其表现。

国内外对领导力的界定各有不同，但也存在共同点。领导力概念与领导能力、知识、行为、过程、实践及情境密不可分，它们相互作用，共同构成了领导力概念（如图0—1）③ 所示。Northouse 对领导力的观点进行了总结，认为领导力是产生于组织情境，并对追随者产生影响，引领追随者实现组织目标的一种过程。Antonlis 认为领导力的

① 黄勋敬. 领导力模型与领导力开发［M］. 北京：北京邮电大学出版社，2008：5—6.

② 袁晓英. 区域课程领导力建设的理论与实践［M］. 上海：上海三联书店，2012：18.

③ 中国科学院"科技领导力研究"课题组，苗建明，霍国庆. 领导力五力模型研究［J］. 领导科学，2006（9）.

状态极为复杂，必须高度重视领导力与组织情境的相互作用。①

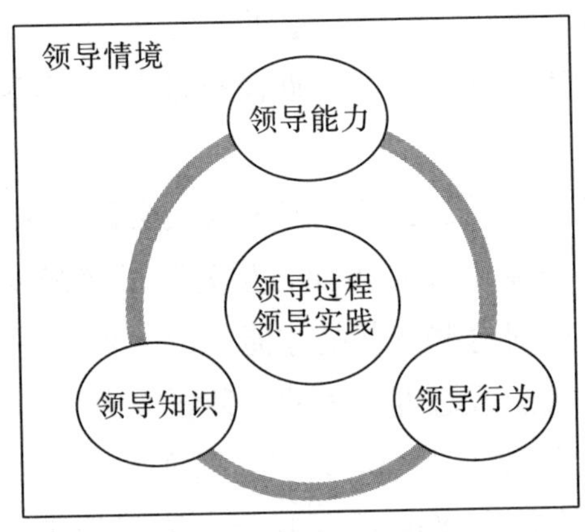

图 0－1　领导力概念链

2. 领导力要素

由于领导过程是一种极其复杂的行为，仅关注某一项领导力不能真正实现成功和有效的领导。鉴于此，领导力模型作为领导胜任要素的综合，是素质、能力、态度和行为的统一体，是组织培育和提高领导力的基础。Chapman 和 O'neil 提出了一个颇为经典的领导力模型，该模型由"充满理想色彩的使命感""果断而正确的决策""共享报酬""高效沟通""足够影响他人的能力""积极的态度"六个要素组成。领导力是前五个要素的总和与第六个要素

① 蒋莉，蓝劲松. 校长领导力的实践探索［M］. 杭州：浙江大学出版社，2012：5.

的乘积[①]（如图 0—2 所示）。

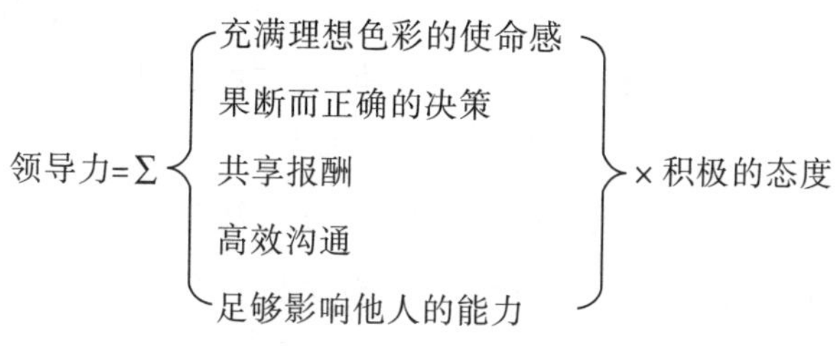

图 0—2　领导力模型

中国科学院“科技领导力研究”课题组认为，领导力是支撑整个领导过程的各种领导能力的总称。从领导过程来看，领导者应该具备制定组织战略规划的前瞻力，吸引追随者的感召力和影响力，引领组织成员实现组织目标的决断力与控制力。[②] 这五种关键的领导力组成了领导力五力模型（如图 0—3 所示）。

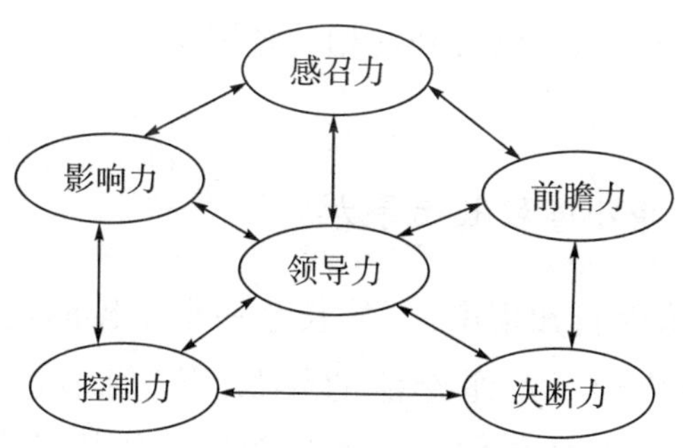

图 0—3　领导力五力模型

① 中国科学院“科技领导力研究”课题组，苗建明，霍国庆. 领导力五力模型研究［J］. 领导科学，2006（9）.

② 中国科学院“科技领导力研究”课题组，苗建明，霍国庆. 领导力五力模型研究［J］. 领导科学，2006（9）.

关于领导力的维度划分，博尔曼（L. G. Bolman）与迪尔（T. E. Deal）综合社会学、心理学、政治学和人类学中关于组织要素的观点，主张从“四力视角”观察组织，分别将组织看作工厂（结构领导力）、家庭（人力资源领导力）、竞技场（政治领导力）和神殿（象征领导力）。这四种视角可以帮助领导者更好地理解组织。其中，从结构领导力来看，对领导的基本挑战在于如何建构和谐的组织环境以及组建团队；从人力资源领导力来看，主要涉及领导对追随者的授权与个性化关怀的能力；从政治领导力来看，领导者面临的问题主要是如何高效处理组织内外部关系的能力；从象征领导力来看，对领导者的基本挑战主要在于如何通过组织庆典和仪式来创造团队精神。① 综上所述，本书将领导力定义为领导者在特定的组织环境中，运用权力，通过示范、说服、命令等途径，发挥人格魅力来引领追随者以及利益相关者制定并实现共同目标的能力。

（三）中小学校长领导力

教育家陶行知指出：“校长是一个学校的灵魂，要想评论他的学校，先评论他的校长。”② 何谓校长？根据《教育大辞典》的界定，校长是学校行政的最高负责人，对外代表学校，对内主持全面校务，由国家教育行政部

---

① 伦恩伯格，奥斯坦. 教育管理学理论与实践［M］. 孙志军，译. 北京：中国轻工业出版社，2003：37.

② 肖三杏. 校长的引领力［M］. 北京：国家行政学院出版社，2013：1.

门、有关办学团体、个人任命或委派，或通过一定程序推举产生。从中可以看出对校长的定义需要把握三点：一是校长是具有职位和职权的人；二是校长对内负责全校的教育教学与相关的行政事务；三是校长对外代表学校，具有法人资格。本书中的校长包括公办中小学的正/副校长，也包括民办中小学的正/副校长。

校长领导力是提高学校工作效率、形成卓越教育的强大动力，是衡量一所学校教育质量的重要指标之一。以校长能力的提升带动学校改进，被认为是校长能力的提高与作用的发挥，对学校改进具有重要的作用。正如萨乔万尼所认为的："在学校改进的过程中，建立一种和谐的人际关系极其重要。而能否营建出和谐的人际关系取决于校长的领导力。"但在有关校长领导力的文献中，"校长领导力"（principle's leadership）的内涵及维度并没有定论。

澳大利亚校长协会专业发展委员会总结出优秀校长需要具备以下五种能力。

（1）教育领导力（educational leadership）：优化学生学习与成长。

（2）文化和智慧领导力（cultural and wisdom leadership）：理解和认同社会价值观；行为符合伦理道德，反思信念、时间和行为；具有激情、开放性和勇气。

（3）组织领导力和管理（organizational leadership and management）：有一种视野，能够协作建立共同目标和未来方向，有创造力，激励他人，确保顺利运行，实现共同目标。

（4）课程和教学领导力（curriculum and pedagogical leadership）：提供一个理想的学习环境和教学环境，积极反映国内外趋势和动向，顺应时代潮流并不断进行评估。

（5）政治和社区领导力（political and community leadership）：能够与不同系统部门、家长、教师和社区成员沟通协商学校的未来和教育的福祉。

张爽认为，校长领导力是校长与教职工、学生、家长相互作用，并在推动学校目标的实现过程中，同时对师生与家长产生影响的一种能力。[①] 董君武认为，校长领导力是校长组织教职工在学校发展愿景和目标的引领下，动员与引导教职员工积极主动地参与学校办学理念和教育思想的规划与落实，并共同推动学校变革的一种能力。[②] 徐世贵等人将校长的领导力分为道德领导力、专业领导力、行政领导力。道德领导力是校长治校的基础条件，专业领导力是校长治校的核心力量，行政领导力是校长治校的辅助手段。其中专业领导力又包括课程领导力、教学领导力和教师专业发展领导力。[③] 孙绵涛认为校长领导力指的是校长在领导学校过程中的影响力，主要由校长的心理、动作、职位、非职位、领导活动过程、领导内容等要素构成。其中，心理、动作及（非）职位要素是形成校长领导

---

① 张爽. 校长领导力：背景、内涵及实践［J］. 中国教育学刊，2007（9）.

② 董君武. 学校变革与教育领导［M］. 北京：北京大学出版社，2010：1－2.

③ 徐世贵，郭文贺. 校长高效教学领导力提升策略［M］. 南京：江苏教育出版社，2012：4.

力主要的内在要素，校长领导活动的过程与内容是校长领导力形成的范围及表现。[①] 可见，学校的发展仅靠校长一人之力是远远不够的，必须靠校长发挥自己的领导力，将利益相关者吸引到学校发展的过程当中，同舟共济，才能更好地实现学校的发展目标。从这个意义上来讲，校长的领导力是一种校长与利益相关者相互作用的合力，在引领学校发展的过程中，校长妥善处理与各个利益主体的关系的能力，是衡量校长领导力的一个重要指标。

综上，本书把中小学校长领导力界定为：中小学校长在领导学校发展过程中所体现的一种综合品质、品行和品位，包括中小学校长结合自己的领导知识与能力引领学校教职工和相关利益主体共同制定学校发展目标，引领追随者开发实施校本课程，以及在实现组织目标过程中所体现的影响力，是能够对他人施加影响并赢得大批追随者的能力。本书从价值领导力、课程领导力与组织领导力三个维度对中小学校长领导力进行操作化的测量。[②]

① 孙绵涛．校长领导力基本要素探析［J］．教育研究与实验，2012（6）．

② 如无特别说明，本书中的校长特指中小学校长。

第一章　文献综述

由于领导力理论的复杂性和校长角色的专业性，校长领导力的研究呈多元化趋势。从笔者所搜集到的资料来看，学者们主要从领导力的理论发展、校长领导力分类标准、校长领导力的发展现状及影响因素等角度对校长领导力进行研究，研究视角多样，研究结论各不相同。

第一节　领导力研究脉络

领导力理论的产生与发展和领导理论的发展有密切的联系，绝大多数研究者在论述领导问题时，通常也会涉及领导力理论，由于不同的领导理论对领导者的能力和素质要求不同，通过梳理领导理论的发展脉络，可以看出领导力理论的发展轨迹。领导理论的发展可以分为四个阶段：第一个阶段是领导特质研究时期，强调领导者的个人特质；第二个阶段是领导行为研究时期，主要研究领导者的行为作风；第三个阶段是权变领导时期，强调行为主体依据因素的变化做出适当的调整；第四个阶段是变革型领导时期，强调领导与追随者之间的互动，是一种群体素质。

一、领导特质研究时期

20 世纪上半叶，西方经典管理理论先驱者的管理思想被引入教育领域的领导理论，并对学校领导实践产生了影响。这个时期的领导特质理论将注意力聚焦在领导身上，强调领导者的个人特质对组织效能的重要性。追随者之所以认同这种领导，通常是因为相信领导者通过出身、神职、政治/军事职位、某种信仰体系及文化习俗等渠道获得了颁布命令的权利。这一时期对领导的研究带有强烈的“伟人”视角——认为历史是由具有超凡特质的领导者塑造的。持“伟人”理论者认为，某些与生俱来的特质可以将领导者与非领导者区分开来。① 拉尔夫·斯托格蒂尔（R. M. Stogdill）对 1904 年至 1947 年发表的关于领导特质的 124 项研究进行了比较，归纳出领导的五种基本特质，即领导能力、成就、责任、参与、地位。②

在学校领导领域，关于校长特质的研究也有很多。有学者认为，校长是处于学校最高领导层的“英雄”，具有优于追随者的先天特质。“英雄”的主要任务就是发现组织发展过程中的疑难问题，并寻找最优的解决方案。由于校长拥有组织的主要权力，追随者都对校长寄予了解决困

---

① 文茂伟. 当代英美组织领导力发展：理论与实践［M］. 杭州：浙江大学出版社，2011：16-17.

② Stogdill R M. Personal Factors Associated with Leadership: A Survey of the Literature [J]. The Journal of Psychology, 1948, 25 (1).

难、排除威胁的期望。[1] 伯莱姆（R. Bolam）等人通过一项关于学校领导的实践研究发现，校长主要拥有公平、正直、战略思维和敏锐的观察力等领导特质。[2] 加德纳（Howard Gardner）对 11 位领袖人物进行了个案研究，发现领导者应该勇于创新、有坚强的人格、有全局意识和整体观念、善于反思、对人宽容、虚心向他人学习等。[3] 瑞斯廷（N. Restine）研究发现，校长的领导特质包括概念、人际、技术三大技能，以及隐性知识、文化知识、个人知识、研究知识、批判知识、政治知识与技艺知识等十项知识。[4] 领导特质研究具有重要的理论价值，其认识到了领导者的个人特性对领导绩效的重要影响，同时鉴别出领导者应具备的一些素质特征。

也有学者对领导特质理论持不同意见。如有的学者认为领导特质理论只强调了领导者的个人特质，忽视了领导者的行为、追随者及所处情境等因素对领导效能的影响；对领导力的提升而言，领导特质理论似乎限制了通过后天培养和发展领导者的意义。[5] 有的学者认为特质理论价值

---

① ［英］托尼·布什. 当代西方教育管理模式［M］. 强海燕，主译. 南京：南京师范大学出版社，1998：97.

② 刘春. 学校领导研究的知识图景探视［M］. 北京：中国社会科学出版社，2016：62.

③ 刘春. 学校领导研究的知识图景探视［M］. 北京：中国社会科学出版社，2016：62.

④ Nan R. Learning and Development in the Context（s）of Leadership Preparation［J］. Peabody Journal of Education，1997，72（2）.

⑤ 文茂伟. 当代英美组织领导力发展：理论与实践［M］. 杭州：浙江大学出版社，2011：19.

不大，容易导致一些混乱的结论，因为在某一项研究中被勉强分离出来的作为领导者的重要特征，在其他研究中不一定适用。[①] 汉菲儿等人针对研究中分离出来的校长特质，也指出校长特质差别较大，要制定一套适合所有校长的人格特质，似乎非常困难。[②] 秦萝群认为，特质理论始终未能确立一组特定的变量来描述成功的领导者，这导致其研究成果难以应用到工作中。[③]

二、领导行为研究时期

20 世纪 40 年代中期至 70 年代早期，领导学的研究转向行为研究，以寻求有效领导的答案。领导行为是指领导者对被领导者的控制和影响方式。行为理论强调一个高效的领导者应该具备哪些行为，而不是对谁应该是领导者作出判断。其基本假定是为达成组织目标，领导者会采取特定的领导类型，组织效能则取决于领导者的实际行为。在行为理论研究中，领导行为常被归为不同的领导风格或领导类型。这一时期各种领导行为研究及相关测评量表不断发展，多以问卷方式检验领导的外显行为，通过因素分析法进行资料归类。莱文（K. Lewin）等人早期关于民主、专制和放任的研究奠定了领导行为的理论基础，并界定了民主型、专制型和独断型的领导，但是对何种情境适

---

① 吴志宏. 教育行政学［M］. 北京：人民教育出版社，2014：127.

② 陈永明. 教育领导学［M］. 北京：北京大学出版社，2010：65.

③ 秦萝群. 教育领导理论与应用［M］. 台北：五南图书出版公司，2010：189.

合何种领导行为并未进行说明。尽管如此，这一开创性的研究依旧为后来的深入探索指明了方向。[①]

以李克特（Rensis Likert）为代表的密西根大学的研究者为领导行为研究做出了巨大贡献。他们将领导风格划分为专权式专制领导（exploitative authoritative）、仁慈式专制领导（benevolent authoritative）、协商式领导（consultative）和参与式领导（participative）四种形式。李克特在自己博士学位论文的基础上，与他人合作制定了抽样调查的方法，即李克特量表（Likert Scales）。[②] 此后的研究中最为著名的是20世纪40年代俄亥俄州立大学（Ohio State University）的学者进行的类似的领导行为研究，并归纳出领导行为的两维论，即结构维度和关怀维度。[③] 虽然该研究和其他研究明确了一系列领导行为，但并没有说明领导行为和领导效果之间的关系，也没有说明哪一类行为是最有效的。但对于关心、支持和以人为中心的行为，与下属的满足感、忠诚和信赖等高度一致，已经达成了共识。[④] 也有少数研究表明，有效领导行为需要兼

---

① Lewin K, Lippitt R. An Experimental Approach to the Study of Autocracy and Democracy: A Preliminary Note [J]. Sociometry, 1938, 1 (3/4).

② 陈永明. 教育领导学 [M]. 北京：北京大学出版社，2010：69.

③ Judge T A, Piccolo R F, Ilies R. The forgotten ones? The Validity of Consideration and Initiating Structure Inleadership Research [J]. Journal of Applied Psychology, 2004, 89 (1).

④ Seltzer J, Numerof R E. Supervisory Leadership and Subordinate Burnout [J]. Academy of Management Journal, 1988, 31 (2).

具上述两类行为。[①] 行为研究方法有助于增加我们对各类领导行为的理解，注重行为而非领导特质，强调领导培训的重要性，也意味着一般有志于领导的人只要努力，皆可有机会成功。

但该研究一定程度上忽视了情境的影响作用、领导类型分类标准不一、因果关系难以确定、理论与实践中的差距较大等问题，仅为高度复杂的领导过程提供了一个研究视角。领导行为错综复杂，绝非某个单一的答案所能尽述。行为论研究者聚焦于领导者的个人行为与组织产出，很少检验其间的历程，而其牵涉了领导者、被领导者、情境与其他因素的交互作用，难免有以偏概全之嫌。

三、权变领导研究时期

早在 20 世纪 40 年代，就有学者开始寻求更有效的领导研究方法。[②] 因为有效领导不仅受领导特质及领导行为的影响，还有其他影响因素，于是出现了权变研究。20 世纪 60 年代中后期至 20 世纪 70 年代，领导研究的主流是权变理论。权变理论认为，成功的领导者绝不是“强势”或“妥协”等字眼可以定义的，他应是一位能够根据情境，决定最适当的行动，并身体力行的人。他有远见且

① Fleishman E A, Harris E F. Patterns of Leadership Behavior Related to Employee Grievances and Turnover [J]. Personnel Psychology, 1962, 15 (1).

② Stogdill R M. Personal Factors Associated with Leadership: A Survey of the Literature [J]. The Journal of psychology, 1948, 25 (1).

具有弹性，不会视领导为困难的事。[①] 所谓“权变”指行为主体根据因素的变化所做的适当调整。从领导学角度来看，权变理论指领导者应该根据情境因素选择有效的领导方式。领导力的研究被放在一定的情境中，具备某种技能的人是否适合成为领导者，必须与其所处的具体情境匹配，情境因素一定程度上决定了校长的领导效能，领导力的有效性则取决于组织结构的特点、追随者的特征以及组织的内外部环境。[②]

赫塞和布兰德提出，追随者的“成熟度”是一个权变变量，影响着领导者的行为、方式，因此对不同成熟度的追随者应采取差异化的领导方式。[③] 豪斯的路径—目标理论指出，领导方式可以分为四种：指示型领导（directive leader）、支持型领导（supportive leader）、参与型领导（participative leader）和成就取向型领导（achievement-oriented leader）。路径—目标理论模型的核心是领导与下属的关系是围绕提高生产率和满意度而提供指导或支持。[④] 领导权变理论的优点使以往的领导理论黯然失色，但其也有不足。如权变理论对情境变量的整合未达成共识，受制于研究背景，权变理论虽然纳入了情境因素，研

---

① 秦萝群. 教育领导理论与应用［M］. 台北：五南图书出版股份有限公司，2010：210.

② Lawler，Edward E. Education，Management Style，and Organizational Effectiveness［J］. Personnel Psychology，1985，38（1）.

③ Hersey P，Blanchard K H. So You Want to Know Your Leadership Style?［J］. Training & Development Journal，1974，35（6）.

④ 陈永明. 教育领导学［M］. 北京：北京大学出版社，2010：78.

究者所主张的情境变量却各不相同，也无法穷尽所有的情境因素。当然，没有最佳的领导方法，有效的领导是领导者与情境匹配的结合体。

四、变革型领导研究时期

变革型领导理论诞生于20世纪70年代末，一度成为学界和企业界共同关注的焦点。作为一种复杂的现象，变革型领导主要有如下三个行为组成部分。一是魅力和感召力，即领导者的行为方式是追随者的榜样。领导者对追随者的价值观和感情诉求的影响过程是组织变革和愿景领导理论的核心。组织需要的是可以激励下属并使他们投身于变革的领导。变革型领导通过对追随者的价值感召，激发他们进行组织变革的能量和资源，追随者在变革型领导中得到钦佩、尊重和信任，并对领导者产生认同，希望效仿他们。二是智力激发。这在变革型领导者身上体现得很明显，他们通过为下属的工作提供意义和挑战来激励他们，激发团队精神，还通过质疑假设、重新定义问题、以新的方式处理旧的情况来激励追随者努力创新、创造。三是个性化关怀。变革型领导者通过扮演教练或导师的角色，关注每个追随者对成就和成长的需求，激励追随者尽可能地发挥潜力。

由于研究者对变革型领导理论是否适用于学校情境持有不同观点，对学校变革型领导的测量维度存在较大差异，影响较大的测量工具有Bass和Avolio、Kouzes和Posner研发的多因素领导问卷和领导行为问卷，以及郑熙橹、Leithwood 根据学校变革型领导力模型研发的学校领导力问卷与校长变革型领导力问卷。缴润凯等认为，校长变革型领导力的内涵可以从三个方面把握。第一，特指校长的个人领导能力，也包含校长与教职工相互作用的影响过程。第二，校长变革型领导力的直接作用对象是教师，主要通过影响教师的内在动机、价值观等发挥作用。第三，校长领导学校变革的最终目标是促进学生的发展。从变革型领导行为效能来看，校长变革型领导行为会对学校、教师与学生产生积极作用。其中，对学校的积极作用主要体现在愿景目标、学校文化、学校氛围、教学质量以及决策制定等五个方面，对教师的效用主要体现在教师的组织承诺与工作满意度方面，对学生的效用主要体现在学生的成绩、出勤率、升学率、辍学率及升级率等方面。[①]

可见，关于领导的研究可以使我们对领导的理解更加严谨，对领导观念的把握更精确。从领导力理论的变化可以看出领导经验变化的复杂情况。最早的现代领导学研究侧重于领导者特质与被领导者特质的区分，但并没有一套通用的特质能预测谁将成为有效的领导者。正因如此，人们开始将研究的注意力转向领导行为。20 世纪 40 年代到 70 年代早期，研究领导者行为与组织效能之间的关系成为焦点，核心突破在于确定了领导者的何种行为是可以增强组织效能的。20 世纪 60 年代中后期至 70 年代，领导

① 缴润凯，刘丹. 西方学校变革型领导力的研究述评及展望［J］. 外国教育研究，2017，44（8）.

研究的主流是权变理论，强调领导者应该根据情境因素选择有效的领导方式。20 世纪 80 年代前后变革型领导理论成为主流，该理论从发展基本概念的阶段转向了批判地审视这些概念并识别出大量调节变量的阶段。变革型领导者对追随者的价值观和感情诉求的影响是组织变革和愿景领导的核心要素。追随者对变革型领导者的态度是信任、欣赏、忠诚和尊重，这使他们能在高度激励下完成超出预期的工作。变革型校长不再依赖权力，而是通过权力以外的价值领导力，把学校利益与师生利益结合起来，实现教师的价值。当师生认同校长的愿景和组织时，便会产生强大的凝聚力，组织成员之间的合作会更加顺畅，每个人的集体意识也会随之增强。根据变革型领导理论框架（魅力感召、智力激发、个性化关怀），可以较为直观地理解校长个人层次（领导者的个人特质）、二元层次（领导者对追随者的影响）以及团体层次（领导者对组织团体的影响）上的领导力概念。变革型领导贯穿于中小学校长的价值领导、课程领导及组织领导三个维度，与本书的研究主旨契合，也为中小学校长领导力研究提供了强有力的理论支撑（如图 1—1 所示）。

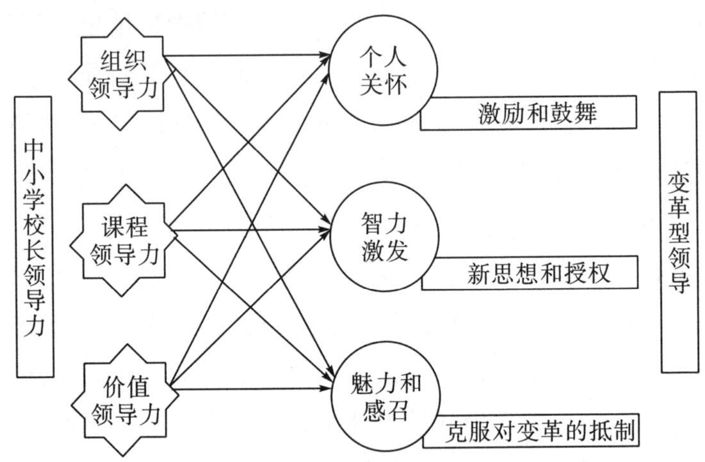

图 1-1　中小学校长领导力与变革型领导关系图

第二节　中小学校长领导力的分类标准

随着我国社会主要矛盾的变化，社会对中小学校长的需求更加多元。将中小学校长领导力划分为不同维度进行评价是提升中小学校长领导力的重要保障。国内外学者结合各国校长专业标准与专业立场，从不同视角对此展开了讨论，这也为本书构建中小学校长领导力研究框架提供了依据。

一、中小学校长的专业标准

20 世纪 80 年代，为了提高基础教育的质量，缓解公众对公共教育的各种批评与责难，提高中小学的办学绩效，世界各国持续进行了由政府主导和推动的各种教育改革，除了持续加大对教育的经费投入，令人瞩目的是推出了促进中小学校长专业发展的各种变革措施。在发达国家，中小学校长专业化成为一项重要的教育革新活动，各国根据自身教育实际开发了校长专业发展标准与指导体系，为中小学校长的遴选、考核与激励，为校长正确地履行自己的职责，有效提升学校管理水平等提供了专业的衡量依据。

1983 年，美国发布的《国家处在危机之中：教育改革势在必行》报告指出，针对基础教育质量危机，校长应该在学校变革中扮演关键的领导角色。为了使他们领导有力，教育委员会必须为他们提供提高业务水平的机会。① 在英国，1986 年以后，“英国政府的教育改革思想是，学校教育应当与国家的经济发展战略联系起来，政府聚焦于学校教育的输出，重在提高教育质量标准。随后的 1988 年教育改革法及其他的相应的政策，对校长提出了许多前所未有的新要求”，如“学校战略规划的制定”“学校的公关营销”等。② 1989 年，澳大利亚新南威尔士州以学校为中心的变革，推崇把部分权利和责任下放给学校，对其他州产生了深远的影响，教育政策制定者很快意识到“校长

① 吕达，周满声. 当代外国教育改革著名文献［M］. 北京：人民教育出版社，2004：1—22.

② 冯大鸣. 美、英、澳教育管理前沿图景［M］. 北京：教育科学出版社，2004：295—296.

专业发展是教育改革成功的重要保障”。[①] 在此背景下，20 世纪 90 年代以后，美国、英国、澳大利亚、中国相继出台了校长专业标准。

（一）美国的校长专业标准

美国早在 1996 年就制定了教育领导者标准，并在 2008 年根据不断变化的社会经济形势做了适度更新。2015 年 10 月，基于新的教育发展情境，结合教育领导的现实与预期，经过反复研讨与论证，美国推出了最新版教育领导者专业标准，即《教育领导者专业标准：2015》（*Professional Standards for Educational Leaders:2015*，PSEL2015）。该标准的十条一级标准以教育领导者与学生学习的关系为核心，以促进学生学业成功和幸福为目的，主要内容如下：（1）使命、愿景与核心价值观，（2）道德与职业规范，（3）公平与文化响应，（4）课程、教学与评价，（5）关爱与支持学生的共同体，（6）学校人事专业能力，（7）教职工专业共同体，（8）家庭、社区与学校合作，（9）运营与管理，（10）学校改进。该标准出台之后得到了人们的高度认可，认为它可以有效提升教育领导者的专业水平，从而促使学校教育质量的整体改进。该标准由专业机构和人员反复论证修订，具有较强的专业性，其强调了领导者的教育意义，以“学生发展与幸福”为教育

① 冯大鸣. 美、英、澳教育管理前沿图景［M］. 北京：教育科学出版社，2004：302—303.

本质，涵盖了“价值、智能与业务”三大体系，要求领导者统筹协调各种关系，使学生健康幸福成长，是经验与价值的有效统一。[①] 美国校长专业标准从 ISLLC1996，到 ISLLC2008，再到 PSEL2015，20 年间经过了三次论证与修订，最终成为一个相对成熟的专业标准，为校长提供了一个整全的学校领导知识框架，也为上级行政部门评价校长领导工作提供了参考。

（二）英国的校长专业标准

英格兰《国家校长标准》由国家学校领导学院（NCSL）负责制定和执行。国家学校领导学院的主要职能是为校长提供培训和专业发展支持，历时 18 个月，经过反复研究和修改，国家学校领导学院于 1988 年出台了《国家校长标准》，于 2004 年修订并正式颁布。在标准的制定和修订过程中，标准撰写校长频繁与地方教育局、高校、政府官员、专家协会和校长进行全国性的磋商，采用的主要方式是网站反馈、讨论会和调查问卷等。该标准被用于指导学校领导者的专业发展、校长评估和资格认证，其制定遵循了三个重要原则，即校长的工作应该是以学习为中心，聚焦领导和专业取向。该标准分两部分：校长的核心目标和领导的六个重要领域。校长的核心目标描述了校长要为学校提供专业的领导和管理。六个领域包括创造

① 刘建，张新平. 美国教育领导者专业标准（PSEL2015）：形成、特点及启示［J］. 教育研究与实验，2017（2）.

未来、领导教学、自我发展与团队合作、组织管理、保障问责制的实施、通过合作强化与社区的关系。每一个领域对应三个维度，每个维度下设具体指标，整个标准共计149 项指标。[①]

（三）澳大利亚的校长专业标准

《澳大利亚 2020 纲要》指出，要建立一个卓越的教育体系，让每个儿童都能接受最优质的教育。澳大利亚在基础教育改革的新战略《墨尔本宣言》中指出，校长在儿童和青年的发展过程中发挥着重要作用。2011 年澳大利亚教学与学校领导协会协同教育行政部门及一些重要的利益相关者，以全国已有的 50 多套“领导标准与能力框架”为参考依据，制定了《全国中小学校长专业标准》。[②] 该标准强调所有优秀领导者都应具备三大领导能力与素质，主要运用到领导教与学、发展自我与他人、引领学校创新与变革、学校管理、加强与社区之间的合作这五大领域的专业实践中。21 世纪以来，澳大利亚先后出台了一系列促进校长专业发展的政策，如《国家校长专业标准》《360 度评价框架》《360 评价框架用户指南》等，形成了一套涵盖目标理念、行为评价、实施指引的综合体系，为促进校长专业发展从“文本”层面走向“实践”层面，培育卓

---

① 魏志春，高耀明. 中小学校长专业标准研究［M］. 北京：北京大学出版社，2010：58.

② 刘莉. 澳大利亚《全国中小学校长专业标准》透析［J］. 教学与管理，2013（4）.

越教师提供了专业保障。[①]《360 度评价框架》是基于《校长专业标准》所研制的校长领导力评价指标体系。其中，愿景与价值引领主要包括“创建以生为本的学校”“注重师生潜力的培养”“鼓舞和激励并用”“注重道德表率”“创建包容性文化”，个人品质与社交技能主要包括“营造学习文化”“自我管理”“创新变革”“高标准问责”“能影响社区并与之合作”等内容。各项领导力要求与校长专业实践共同构成了《360 度评价框架》的 15 个模块共计 83 项可观测的外显行为，体现了《校长专业标准》中与校长领导力相关的学校规划、文化建设、道德引领、专业发展等要求。《360 度评价框架》充分汲取了现代管理和领导力评价的成功经验，结合教育实践，对校长领导行为进行了全景式的考察。[②]

（四）中国的校长专业标准

改革开放 40 余年以来，我国教育资源的配置方式、学校内部管理体制与分配制度、师资队伍的来源与构成、学生家长及社会的关注程度等，都处于不断的变革中。所有这些都对校长提出了专业化的要求，无论是“一位好校长就有一所好学校”的共识，还是实现“教育家办学”的期盼，都反映了来自国家与社会对提高校长领导水平，培

---

① 张欣亮，童玲红. 高等教育视域中澳大利亚校长专业发展鉴析 [J]. 外国教育研究，2015，42 (6).

② 张欣亮，童玲红，夏广兴. 澳大利亚中小学校长领导力评价方法透析 [J]. 外国教育研究，2014，41 (12).

育高素质校长队伍的迫切愿望。为明确中小学校长专业素养的基本要求，促进中小学校长的专业发展，深入推进义务教育均衡发展，我国教育行政部门与研究者从 2008 年开始，便针对中小学校长专业标准开展了专项课题研究，在充分调查的基础上，完成了校长专业标准文本。[①] 2013 年初，教育部颁布了《义务教育学校校长专业标准》，标志着校长工作的专业性得到了正式认定，也成为校长选聘、校长培训以及考核评价的主要参考依据。该标准将校长的专业职责划分为六个方面，即规划学校发展、塑造育人文化、领导课程教学、引领教师成长、优化内部管理、调试外部环境。

综上，各国设定的校长专业标准为校长遴选、培训和绩效管理提供了基本依据，这些标准均指向校长工作的核心目标，即促进学生的发展。这些标准虽然来自不同的国家和地区，但在指标内容设置上有一定的共性，如突出校长的教育领导者地位、强调校长促进学生成功和引领教师发展的职责、重视校长与教职工的合作、改进校长教育管理绩效评价、关注学校和社区的关系、完善校长个人的道德素养等。可见，当今世界各国教育面临着共同挑战，提高校长的领导和管理水平具有普遍性。一些发达国家的校长专业标准，无论形式还是内容，都对我国中小学校长领导力的维度划分具有参考价值。

---

① 教育部. 制定校长专业标准建设高素质校长队伍[EB/OL]. http://www.moe.gov.cn/jyb_xwfb/s271/201212/t20121224_146000.html.

二、博尔曼与迪尔的“四力框架”

博尔曼（L. G. Bolman）与迪尔（T. E. Deal）综合运用管理学、心理学、政治学与文化人类学理论，提出从结构领导力、人力资源领导力、政治领导力与象征领导力四个框架来理解组织关系，即“四力框架”①（见表1—1）。

表1—1　组织及其领导框架

	四力框架			
	结构领导力	人力资源领导力	政治领导力	象征领导力
核心概念	规则、角色、目标、政策、技术、环境	需要、技能、关系	权力、冲突、竞争、组织政治学	文化、意义、隐喻、仪式、典礼、英雄
领导形象	社会建筑	授权	鼓励	灵感
对领导的基本挑战	目标、技术、环境的和谐建构	一致的组织和个人需要	制定议程和发展权力基础	创造忠诚、美景、意义

（一）结构领导力

该维度的划分依据是组织管理学，从结构视角，将组织看作一个大的工厂，工厂的运行需要与其环境和技术契合的组织结构。组织将岗位角色与目标分配给参与者，并创建组织规则，营造和谐的组织环境，以促进各项活动的协调进行。当组织结构与组织目标不适合时，就需要进行

① 伦恩伯格，奥斯坦. 教育管理学理论与实践［M］. 孙志军，译. 北京：中国轻工业出版社，2003：37.

一定程度的组织重构。

（二）人力资源领导力

该维度的划分依据是组织心理学，将组织看作一个由需求各异、技能多元、感情丰富的人群组成的大家庭。这个群体有较强的学习能力，从人力资源领导的角度出发，应该适当地授权于家庭成员，对领导的关键挑战在于使组织目标与个人目标一致，为成员营造一种良好的"家庭"氛围。

（三）政治领导力

该维度的划分依据是政治学相关理论，将组织比作赛场或丛林，为了争夺权位与稀缺资源，组织中的各利益集团展开激烈的竞争。因为成员价值观及行为方式的差异，组织中的冲突长期存在。组织成员围绕共同的利益结成利益群体，当组织的权力过度集中或极度分散时，组织就会出现问题，此时，唯有使用灵活随机的政治技巧才能解决组织重构的问题。

（四）象征领导力

该维度的划分依据是文化人类学，将组织视作庙宇或剧院，从组织文化的视角，认为组织的管理主要依靠具有象征意义的典礼仪式或英雄神话来推动，而非管理制度。将组织视作一个大的剧院，成员在"戏台"上扮演着各自的角色，观众根据自己的观感形成印象，当演出失败时，典礼或仪式便失去了影响力，组织问题接踵而至，此时，领导需要用具有象征意义的神话来重构组织的美好愿景。

三、萨乔万尼的“五力模式”

在教育组织方面，萨乔万尼在《校长学：一种反思性实践观》中提出了五种领导力模式，以解释校长领导力与学校优异表现之间的关系。从技术领导力维度来看，校长被看作组织的“管理工程师”，强调校长基于权变理论，规划、组织、协调组织策略，以保证组织的高效管理能力；从人际领导力维度来看，校长被看作“人力工程师”，强调校长协调组织的人际关系，为组织成员的成长提供必要的支持的能力；从教育领导力维度来看，校长被看作“首席教师”，强调校长诊断教育问题，提供督导与评价，激发追随者的工作动机的能力；从象征领导力维度来看，校长主要扮演的是“首领”的角色，强调校长制定办学目标，提供统一愿景的能力；从文化领导力的角度来看，校长扮演的是“高级教士”的角色，主要强调校长创设一种文化结构紧密的价值观的能力。其中，技术领导力、人际领导力和教育领导力是保证学校运行所必需的基本力量，象征领导力和文化领导力是延伸力量，有助于学校获得非凡的责任感和非凡的成绩[①]（见表1—2）。

① 托马斯·J. 萨乔万尼. 校长学；一种反思性实践观［M］. 张虹，译. 上海：上海教育出版社，2004：130—131.

表 1－2　领导的力量与出色的学校教育

领导的力量	领导角色隐喻	理论建构	例子	反应	与优异的关系
技术的	管理工程师	规划和时间管理策略 权变领导理论组织结构	规划、组织、协调和制定日程表 操纵各种策略和情境，以保证最适宜的有效性	人们被作为一个机械系统的个体而受到管理，他们对高效管理的容忍度甚低	具备这些条件对于达到和保持例行公事式的学校权能很重要，但不足以达到优异
人力的	人力工程师	人类关系监控 心理学的动机理论 人际权能 冲突管理 群体凝聚力	提供必需的支持 鼓励成长和创造性 鼓起并保持士气 运用参与决策	人们高度满足于他们的人际需要。他们喜爱他们的领导者和学校，并以积极的人际行为做出应答。存在一种能促进学校工作的愉快的氛围	
教育的	首席教师	专业知识与承担教学有效性 教育大纲设计 临床督导	诊断教育问题以给教师忠告 提供督导与评价 提供在职进修 开发课程	人们对领导者强劲的专家权力做出积极的回应，并激发工作动机。他们欣然接受领导者所给予的援助和关心	具备这些条件对于例行公事式的权能是必不可少的。虽与出色的学校教育有很大关系，但仍不足以达到优异。缺乏这些条件将导致无效能状态

续表1—2

领导的力量	领导角色隐喻	理论建构	例子	反应	与优异的关系
象征的	首领	选择性的注意 确立办学目的示范	巡视学校 视察课堂 了解学生 主持典礼和仪式 提供统一的愿景	人们认识到对领导者和对学校有价值的事物，有一种秩序感和方向感，并乐意与他人共享这种感觉。他们以增进动机和献身精神来做出应答	虽然缺乏这些条件看来并不会给例行公事式的权能造成负面影响，但具备这些条件是达到出色的学校教育所必不可少的
文化的	高级教士	氛围、宗派、文化结构紧密的价值观——结构松散的系统 意识形态 “团结”的动机理论	阐明学校的宗旨和使命	学校作为一种仪式形态系统，学校中的人成为信奉者。他们是一种强健文化的成员，该文化为他们提供了一种能高度激发动机的关于个人意义、重要性和工作意义的意识	

四、学校领导的“五向度模型”

我国香港地区学者郑燕祥在《学校效能与校本管理：一种发展的机制》中，对上述两家之说进行了整合，提出了学校领导由结构领导、人际领导、政治领导、文化领导及教育领导五向度组成之假设。他指出，前四个向度可根据博尔曼与迪尔的框架界定，最后一个向度可根据萨乔万尼的概念定义。在郑燕祥看来，前两种分类中的结构领导力与技术领导可统合为结构领导，象征领导与文化领导可统合为文化领导，在人力资源领导和人际领导两种名称中取后者作为其定名。郑燕祥指出，可以从这个整合模式的五个向度描述及理解学校领导，因为这五个向度在不同的组织理论中已有根基，并兼有教育组织的特定本质。郑燕祥关于学校领导五向度的具体内涵见表1－3①：

表1－3　学校领导的“五向度模型”

领导向度	内涵
结构领导	校长发展明确的目标及策略，提供技术支持，以协调及实施学校的政策和工作
人际领导	校长支持成员合作，提高他们的责任感及满足感，并鼓励正面的人际关系
政治领导	校长能说服有关人士相互团结及支持，并能有效地解决他们之间的冲突

① 郑燕祥．学校效能与校本管理：一种发展的机制［M］．陈国萍，译．上海：上海教育出版社，2002：131.

续表1－3

领导向度	内涵
文化领导	运用个人魅力吸引成员注意，建立影响个人或小组的使命、价值及规范的学校文化
教育领导	校长鼓励教师专业发展及教学改进，诊断教育问题，对学校教育给予专业意见及指引

郑燕祥认为，对每个领导向度来讲，可以从情意领域、行为领域、认知领域三个基本范畴展开实践。表1－4中的例子可以说明每个领导向度是如何体现在这三个基本范畴上的。

表1－4　领导的三个范畴和五个向度的统合

	情意领域	行为领域	认知领域
结构领导	1. 鼓励成员通过渠道表达和沟通其感受，接受建立组织结构的必要性 2. 帮助成员在心理上做好准备，以完成所需的科技上的改变	1. 提供适当的设备和资源 2. 建立结构和程序，促进有效率的工作，并做出科技上的改变	1. 重视使用清楚的政策协调工作，以达成目标 2. 帮助成员理解结构、技术改进的功能和重要性
人性领导	1. 欣赏成员间良好的社会关系 2. 热衷建立学校的开放气氛 3. 通过个人魅力，解除成员间既存的交往上的界线	1. 创造机会，促进不同层面的社会互动 2. 组织活动，促进内外支持者间的友谊和合作联盟	1. 强调人性价值和接触 2. 强调教育和学校生活中社会关系的意义和价值
政治领导	1. 鼓励建立开放的气氛以处理成员间的多样性和冲突 2. 解除心理上的偏见 3. 帮助成员做有效的准备，以讨论多样性和冲突	1. 建立联盟，实现学校计划 2. 广邀成员参与决定 3. 利用不同的权力基础和策略，实现学校计划的改变	1. 以建设性的方式诠释冲突，并重视双赢解决方法的重要性 2. 强调作决定时的民主价值 3. 帮助成员理解参与的意义

续表1－4

	情意领域	行为领域	认知领域
文化领导	1. 运用个人魅力吸引成员的注意，完成学校愿景 2. 帮助成员对文化上的改变做好心理准备 3. 激励成员追求文化卓越	1. 设立行为模式，以显示对学校最重要的事物，并创造独特的学校文化 2. 安排机会，反省既存的行为规范，并做出文化上的改变	1. 鼓舞成员追求其工作的内在价值，并做出超乎期望的表现 2. 强调对学校和教育未来最重要的事物 3. 帮助成员内化学校价值的独特性
教育领导	1. 对教育和教师发展有强烈的专业投入 2. 激励成员热爱儿童和教育，并热烈追求教学和学习的卓越	1. 促进有效学习和教学的实践，并革除教育的弊病 2. 提出课程设计和教育学中未开发的新的理念 3. 利用信息科技，促进教育技术上的改变	1. 告知对教育最重要的事情，并激励成员的专业精神 2. 帮助成员在全球化和高科技的新纪元欣赏并建立教育的价值、信念愿景和目标

从结构领导的情意面来看，领导者可以鼓励追随者通过不同渠道交流他们的内在感受，使其了解建立与变革学校组织结构的必要性。就领导行为来看，领导者可以为追随者提供所需的资源。就认知层面来看，领导者要注重帮助成员理解组织结构变化的作用与目的。

为了实现人性领导的情意面，学校领导者要着力营造开放的学校氛围，鼓励成员间建立和谐友好的关系，并积极消除成员间的隔阂。从领导行为来看，领导者可以积极组织促进成员友谊的活动。从认知层面来看，领导者强调教育生活中社会关系的意义和价值。

从政治领导的情意面来看，学校领导者鼓励通过和谐开放的组织氛围消除成员间的偏见。从行为面来看，领导者鼓励成员参与学校的联盟合作项目以推动学校的发展。

从认知面来看，领导者重视成员参与学校的建设管理，强调民主决议的重要性。

从文化领导的情意面来看，学校领导者主要通过魅力感召，激励成员追求卓越的文化。从行为层面来看，领导者会创造能显示学校特色文化的行为模型，并通过认知层面，帮助成员内化学校的独特价值。

从教育领导的情意面来看，学校领导者鼓励教师追求专业成长。从行为层面来看，领导者主要通过革除教育的弊端，提出新的课程教学理念，鼓励教师利用信息科技提高教育技术。从领导者的认知面来看，他们着力激励成员的专业精神，帮助追随者确立在全球化与信息化的时代背景下建立和发展教育的价值。①

第三节　中小学校长领导力的研究现状及影响因素

从前文的分析可以看出研究者对中小学校长领导力的关注重点各不相同，但也有共同之处，如文化领导力、教育领导力、人际领导力等。郑燕祥的“五向度模型”是对博尔曼与迪尔的“四力框架”以及萨乔万尼“五力模式”的有机整合，并得到了国内外学者的广泛认同。本书对中

① 郑燕祥. 学校效能与校本管理：一种发展的机制［M］. 陈国萍，译. 上海：上海教育出版社，2002：198－201.

小学校长领导力的维度划分主要是根据“五向度模型”进行整合与提炼，并结合调研及我国中小学校长领导力的基本分类框架，围绕校长的价值领导力、课程领导力及组织领导力三个维度展开。

一、中小学校长领导力研究现状

（一）价值领导力

1. 校长价值领导力的内涵及构成研究

20 世纪 90 年代，美国领导学专家 R. J. House 提出了基于价值观的领导理论，他将价值领导定义为领导者将自己崇高的价值观注入组织，并将其作为种子要素促进组织文化的孕育。在此组织文化中，通过信仰的沟通、愿景的传递以及领导实践，不断强化领导者的核心价值观，努力使追随者认同、内化并形成持久的行为动机，激励追随者为实现共同的组织目标而付出更多的努力。组织领导的要素包括领导的价值观、动机、行为、组织愿景与组织文化等。[①] 在我国，石中英教授是最早对价值领导力进行界定的学者。他认为价值领导力是领导者结合人类的基本价值、社会主流价值以及组织的特殊价值，对组织个体的价值观念进行规范与引领，以有效解决组织管理中的难题，

① 吴维库，富萍萍，刘军. 基于价值观的领导［M］. 北京：经济科学出版社，2002：25.

最终实现组织愿景的能力。[①] 他把校长的价值领导力划分为价值识别能力、价值引导能力、价值辩护能力、价值整合能力以及价值实践能力。李政涛指出，校长的价值领导力是指校长对教育过程中核心价值思想的鉴别、倡导、整合、运用、转化和创造的能力。[②]

刘宪从教育行政管理者的视角，将校长价值领导力界定为校长根据学校发展实际作出准确的价值定位，形成具有学校特色的办学理念，以规范、引领教师的个人价值观，并通过创设学校课程文化、精神文化、制度文化、行为文化及物质文化等多种途径实现学校的发展目标。[③] 陈丽认为，校长的价值领导力是校长立足学校的内外部因素，识别、建构、认同和践行学校核心价值观的能力。[④] 魏志春等人指出，校长的价值领导作为一种新的管理理念，主要强调以下两点。(1) 立足规划意识，提炼一所学校的教育哲学。校长要树立强烈的规划意识，并在这种强烈的规划意识指导下，系统提炼学校的办学思想，确定一所学校的培养目标。校长必须系统地考虑一所学校的办学理念、发展定位和培养目标，进而把它们提炼成一所学校的教育哲学。(2) 把价值领导当作一个动态的实施过程，而不是一个静态的“文本”。很多学校过去也制订计划文本，但是这种计划文本仅仅是学校装点门面的“墙壁文

---

① 石中英. 谈谈校长的价值领导力 [J]. 中小学管理，2007 (7).

② 李政涛. 校长如何实现价值领导力? [J]. 中小学管理，2011 (1).

③ 刘宪. 区域教育领导力的探索与实践 [J]. 当代教育科学，2011 (2).

④ 陈丽. 校长领导力八讲 [M]. 上海：华东师范大学出版社，2011：62.

件”或“抽屉文件”，校长并没有把办学理念与价值引领结合在一起，没有真正地实施、实现价值领导。学校办学理念的真正价值体现为它的实施过程对全校师生潜移默化的影响。①

2. 校长价值领导力意义研究

R. J. House研究发现，基于价值的领导行为最能引发追随者的情感共鸣，从而形成具有较强凝聚力的团队合作文化，最终获得良好的绩效，提高领导行为的有效性。② 余科豪认为，“以价值为本的领导”对系统研究校长的价值领导力有较大的参考价值。领导力的内涵不仅包括所处领导位置所赋予的权力以及领导的个人魅力，还强调领导个人的价值观对追随者的影响，强调领导者与追随者之间共享价值观的作用。③ 当前，我国正处于传统社会向现代社会，农业社会向工业社会、信息化社会转变和发展的时期，人们的价值观多元。首先，学校作为育人场所，是社会主义主流价值观传播和形成的重要阵地，这就迫切需要校长提高价值领导力。其次，教育是培养人的社会实践活动，有社会功能和育人功能。社会功能是指教育具有传承合理价值观、认同主流价值观的使命。育人功能即为人的发展服务，是教育的本质功能，种种原因导致当

---

① 魏志春，高耀明. 中小学校长专业标准研究［M］. 北京：北京大学出版社，2010：2.

② 吴维库，等. 以价值为本领导行为与领导效能在中国的实证研究［J］. 管理工程学报，2003（4）.

③ 余科豪. 干部价值领导力提升机制研究［D］. 南昌：南昌大学，2014.

前有些教育行为违背了教育的本质，纠正此种现象迫切需要有价值领导能力的校长。最后，价值领导作为一种文化领导理念，是全校教职工共同遵守的价值观和行为方式的总和，是学校长期发展中所积淀的。校长仅仅依靠硬性制度管理、物质激励远不能解决学校发展的问题。这就要求校长建立以价值观为基础的干群关系，尊重人的自我意识，满足人自我实现的愿望。通过引导教职员工认同学校的共同价值、发展愿景，激发他们实现学校目标的动机，最大限度地发挥人的自觉性、主动性和创造性，一种新的领导能力——价值领导力便应运而生。[①]

3. 提升校长价值领导力的策略研究

通过价值来实现高效领导，是近几年比较受关注的领导方式。现实中，校长的价值领导存在表面化、功利化与行政化倾向，这些都是需要改进的地方。苏霍姆林斯基将思想领导放置在校长领导学校发展的首位，其次才是行政领导。[②] 校长的价值领导应该着力创建具有校本特色的学校文化，并以此引领教职工的价值追求。[③] 学校发展的逻辑起点应是主动建构学校的核心价值，是一个价值思考—实践设计—智慧行动的螺旋式发展过程。学校发展的核心路径应是提升校长的价值领导力，应明确理念，率先垂

---

① 陈丽. 校长领导力八讲［M］. 上海：华东师范大学出版社，2011：66.

② 蔡汀，王义高，祖晶. 苏霍姆林斯基选集［M］. 北京：教育科学出版社，2001：608.

③ 陈万华. 校长价值领导力应着眼学校发展［N］. 中国教育报，2012-10-30（005）.

范，提升校长价值领导力的象征性；营造氛围，培育文化，提升校长价值领导力的文化性；建立机制，科学管理，提升校长价值领导力的技术性；加强沟通，协调一致，提升校长价值领导力的人际性；加强督导，坚持听课，提升校长价值领导力的教育性；加强授权，民主决策，提升校长价值领导力的团队性。① 石中英认为，校长要想提高自己的价值领导力，可以通过广泛的阅读提高价值领导意识；在深刻理解并掌握社会主流价值观的基础上，树立科学的现代教育价值观；并建立一个平等、开放的价值讨论空间。② 李克勤等研究发现，校长可以通过学习反思、实践历练以及自觉自律等途径提升价值领导力。③ R. J. House 认为可以从以下几个方面提升价值领导力：(1) 建立一个跟随者所期望的愿景，并积极正向地表达自己实现目标的勇气与决心；(2) 向追随者传递这种价值观，并制定配套的政策；(3) 为追随者制定具有挑战性的发展目标，并通过组织共享的价值观加以引导与激励，将组织利益与个人利益挂钩，实现个人的价值。④ 代蕊华认为，价值领导涉及价值的形成、认同与实现过程，基于学校的发展需要与价值领导的需求，可从以下几个方面提

---

① 王水发. 基于校长价值领导力视角的学校发展逻辑 [J]. 教育研究，2012，33 (9).

② 石中英. 谈谈校长的价值领导力 [J]. 中小学管理，2007 (7).

③ 李克勤，袁小平. 小学校长价值领导力调查研究 [J]. 湖南师范大学教育科学学报，2018，17 (5).

④ 吴维库，等. 以价值为本领导行为与领导效能在中国的实证研究 [J]. 管理工程学报，2003 (4).

升校长的价值领导力：(1) 校长必须注重提炼和确立核心价值，(2) 注重价值的引领与认同，(3) 注重价值的践行与提升。[①]

综上，我国学者主要围绕校长价值领导体系的建立以及如何转化为领导实践等进行了探讨，对价值领导力与其他类型领导力的异同、价值领导力与组织绩效的关系、价值领导力的影响因素等问题关注较少。[②] 笔者认为，校长价值领导研究应借鉴领导理论研究成果，拓展研究范围；加强实证研究，构建价值领导行动模型；积累实践案例，提供价值领导示范；挖掘、继承传统文化中的相关思想资源。

(二) 课程领导力

2001 年，教育部颁布了《基础教育课程改革纲要(试行)》这一课程领域的纲领性文件。其中第 16 条规定了三级课程管理制度："为保障和促进课程对不同地区、学校、学生的要求，实行国家、地方和学校三级课程管理。"正是这场综合性很高的改革，推动了校长课程领导的产生。校长在学校课程领导中扮演着什么样的角色，国内外学者对此并未达成共识。萨乔万尼指出，校长在课程领导中扮演着技术领导、人际领导、教育领导、象征领导

① 代蕊华. 校长要不断提升价值领导力 [N]. 中国教育报，2015-07-09 (006).

② 刘艳茹. 我国中小学校长价值领导研究新进展 [J]. 中小学管理，2018 (1).

及文化领导五种角色。① Bradely 认为，根据课程领导的不同境遇，校长主要扮演了课程指导者、矛盾协调者、课程倡导者、课程服务者等角色。② 我国台湾地区学者认为，校长在课程领导过程中扮演了九种角色：新趋势感知者、课程任务的制定者、事务协调者、课程管理者、课程评价者、改革激励者、教师发展推动者、课程文化倡导者、课程资源整合者。③ Brubaker 主张校长应与追随者建立一种创造性的关系，通过发挥自己的智慧，开发成员的潜力，当一名创造性的课程领导者。

1. 课程领导力的内涵研究

随着课程改革的不断推进，课程领导已经从课程管理中分离出来，成为课题理论研究的一个领域。近年来，尽管国内外对课程领导的研究较多，但对其定义还未形成统一的界定。不同学者从不同角度作了解释，主要包括塑造学校愿景、建立课程目标、引领相关人员参与课程规划、课程实施与评价、组织结构再造、充分利用家长和社区资源等方面④(详见表 1—5)。

---

① 托马斯·J. 萨乔万尼. 校长学：一种反思的实践观. [M]. 张虹，译. 上海：上海教育出版社，2004.

② Bradley L H. Curriculum Leadership and Development Handbook [M]. New Jersey: Prentice Hall, 1985: 92—94.

③ 刘冬梅. 国内“校长课程领导力”的研究概况 [J]. 教学与管理，2011 (24).

④ 谢翌等. 学校课程领导引论 [M]. 北京：高等教育出版社，2012：19—20.

表 1−5 校长课程领导的内涵比较

	课程领导的内涵
林明地 (2000)	1. 塑造学校愿景 2. 培养教师课程专业能力 3. 鼓励相关人员参与课程规划 4. 助长内部的课程领导 5. 与社区保持对话 6. 以提升学生学习品质为目的
吴清山、林天佑 (2001)	1. 设计课程目标与计划 2. 管理与发展学校的方案 3. 视察与辅导教学改进 4. 发展教师专业能力 5. 评量学生学习结果 6. 塑造课程发展文化
黄旭钧 (2003)	1. 建立课程发展目标 2. 连结国家、地方课程 3. 课程开发与管理 4. 成员专业发展 5. 学生学习改进 6. 课程专业文化塑造 7. 组织结构再造 8. 资源整取与支持 9. 社区参与的鼓励 10. 课程与教学评鉴
欧用生 (2000)	1. 创建学校发展愿景 2. 决定各单位课程 3. 设计校本课程方案 4. 发挥学校的自主性 5. 建立学校社区 6. 发挥转型的课程领导

续表1－5

	课程领导的内涵
张民生 （2005）	1. 创设学校愿景和课改方案 2. 建立配套的课程开发组织 3. 激发教师内在动力，推动教师专业发展 4. 实现学校全面综合发展 5. 获得家长与社区的支持 6. 在反思实践中总结成功经验，并形成课程制度文化

随着课程改革的持续推进，课程领导的内涵也越来越丰富，既包含学校文化层面的要求，也包含课程开发技术指导，还包含校本课程执行。作为课程领导的关键人物，校长所发挥的强有力的领导是课程领导取得成效的关键。校长的课程领导力对课程的形成、实施、改革与发展有重要影响，其既能影响师生课程领导效能的有效发挥，也能影响学生的学业成就。① 裴娣娜指出，课程领导力是校长根据学校办学目标，合理开发和整合教育资源，引领教师创造性地实施学校课程，全面提升学校教育质量的能力。② Lee认为，课程领导力是校长根据学校发展目标，引领教师专业发展，开发校本课程，并对课程进行监测与反思，建立学校课程文化并累积课程资源的能力。③ 袁晓

① 李定仁，段兆兵. 试论课程领导与课程发展［J］. 课程·教材·教法，2004（2）.

② 裴娣娜. 学校教育创新视野下中国基础教育课程改革的实践探索［J］. 课程·教材·教法，2011，31（2）.

③ 袁晓英. 区域课程领导力建设的理论与实践［M］. 上海：上海三联书店，2012：22.

英认为，校长的课程领导力具有综合性的特点，从自我领导、人的领导和课程的领导三个维度构成了课程领导力的“合金”。[①] 赵文平则指出，校长课程领导力主要涉及学校课程理念和目标的发展定位，并据此开设学校的课程门类；引领学校教师参与学校课程开发；统筹和开发利用课程资源的能力。[②]

2. 校长课程领导力的问题及改进策略研究

有学者对上海市 271 所高中及中小学的 400 位校长进行了问卷调查，结果发现，校长关注课堂，用于教学指导的时间有限（约 40%），校长课程领导意识淡薄，有 13.9%的校长认为课程实施无须校长领导，全靠教师自律；校长对课程设计的含义及其具体领导作用理解模糊；课程领导较为孤立，缺少同行者；校长在课程实施中的协作伙伴关系有待加强，超过 60%的校长仍在关门办学，在围墙中抓教育。[③] 王越明认为，一些校长对课程领导力的认识不到位，缺乏课程开发与资源整合的能力，课程执行的严肃性也有待加强，课程管理与课程目标脱节，缺乏科学完善的课程评价机制，与新课改的要求还存在很大的差距。[④] 也有研究者指出，从校长课程领导的现实情况来

---

① 袁晓英. 区域课程领导力建设的理论与实践［M］. 上海：上海三联书店，2012.

② 赵文平. 校长的学校课程结构领导力探析［J］. 中国教育学刊，2013(5).

③ 陈明宏. 校长课程领导的研究［D］. 上海：华东师范大学，2007.

④ 王越明. 有效教学始于校长课程领导力的提升［J］. 中国教育学刊，2010(3).

看，主要存在课程领导权力缺失、缺乏课程领导团队、课程领导角色模糊、缺乏课程领导专业知识与技能、缺少课程领导的时间等问题。[①]

许多学者针对校长课程领导力的现状及存在的问题进行了分析，并提出了相应的改进策略。

首先，提升校长的课程领导力需要使校长理解并掌握教育规律，提高校长对校本课程的规划力、判断力与执行力，校长要始终围绕提高教学质量的目标，加强学校课程与教学计划的规划与领导。[②] 杨明全指出，在当前我国教育制度创新的语境下，校长的课程管理应转向更专业化的课程领导，校长应确立新的课程发展观，在课程领导过程中使教师明白自己的角色，把学校打造成“学习型组织”。[③] 袁晓英指出，校长课程领导力的提升，需要更新校长传统的课程管理观念，增强课程领导意识，在课程领导的理论学习以及实践反思中积淀领导实践智慧。[④]

其次，增强校长对课程实施氛围的营造，并努力实践。姚海涛建议，以课题研究成果来检测校长课程领导力，以“项目合作”为载体，促进学生综合素质的提高，

---

① 李朝辉，马云鹏．校长课程领导的境遇及解决策略［J］．全球教育展望，2006，35（6）．

② 杨连明．回归课堂：提升校长课程领导力的有效途径［J］．上海教育科研，2008（3）．

③ 杨明全．制度创新语境下课程领导的转型与超越［J］．中国教育学刊，2010（2）．

④ 袁晓英．区域课程领导力建设的理论与实践［M］．上海：上海三联书店，2012：207－210．

为教师专业成长搭建平台；以课题研究引领学校内涵发展。提升校长课程领导力，关键在于带领研究团队在课程实践中发现问题、研究问题，并通过掌握课程教学的本质来推动问题的解决。① 王丽萍指出，校长应站在数字化时代学校课程文化建设的高度，带领教师团队切实加强学校课程建设与实施。② 李志贵指出，校长进入一线课堂听课，发现问题并引领教师解决问题是实现课程领导的重要途径；中小学校长领导力的核心在于提高教师创新课程设计的能力，使课程体现学校办学特色，让课程符合学生个性化发展的需要是校长课程领导的目标追求。③

最后，强化校本研修管理与评价。何灿华指出，校长课程领导力是校长在实践中综合运用各类课程资源与灵活实施课程计划而形成的校本化推动力。提高校长课程领导力的根本在于赋予校长课程设置的自主权，让校长最大限度地根据学校实际开发和实施校本课程。④ 罗明福指出，在基础教育课程改革中，应该强化校长地方课程与校本课程观念，加强校本研修管理与评价。⑤ 随着校长课程领导行为的拓展与认识的深化，校长课程领导实践的智慧也愈

---

① 姚海涛. 以课题为载体，提升校长课程领导力——以《沪港中学项目合作，促进学校内涵发展》课题为例 [J]. 上海教育科研，2009 (3).

② 王丽萍. 基于选择教育的学校课程领导实践 [J]. 上海教育科研，2012 (3).

③ 李志贵. 校长课程领导力的实践途径 [J]. 人民教育，2011 (20).

④ 何灿华. 提高教学有效性：增强课程领导力之旨趣 [J]. 中国教育学刊，2010 (2).

⑤ 罗明福. 浅谈提高校长课程领导力的“八强化” [J]. 中国教育学刊，2011 (S1).

加丰富。校长的课程领导力实践智慧是一种实践经验与理性知识的合金，这种实践智慧源自校长的课程领导实践，又高于实践，并对未来的课程领导实践有指导价值。这是一种从课程认识到课程实践再到课程反思，再指导课程实践的螺旋上升的过程。

（三）组织领导力

长期以来，无论是研究人员还是社会大众，都将领导力视作一种以领导者为中心或个体层面的现象。当被问及领导力的定义时，很自然地就能想到一个人为一群追随者提供方向和灵感。在定义领导作为一个人、角色或过程的三种主要方法中，它最常从个人的角度进行研究。事实上，领导力很少只在个人层面发挥作用。相反，领导力是一个复杂的、动态的过程，在这个过程中，通常属于领导力保护伞下的行为角色可能被多个个体占据，并在领导者和团队层面进行交换。

1. 组织领导力的内涵研究

进入 21 世纪，随着组织面临的内外部环境越来越复杂，个体领导力的局限日益显现，组织领导力的重要性不言而喻。Yammarino 等指出，最近 20 年，学者们聚焦于领导力的多层次研究。在组织变革发展过程中，某种程度上领导者和追随者不可避免地相互依赖。领导者和追随者双方都被视为从个体的情况上升到更高层次（组织层面），于是产生了组织层面的领导力分析，并形成了一种二元关系，即领导者作为一个群体与追随者联系在一起。领导涉及从个人层次到更高的组织层次的运动[①]，在这种思路下，Walker 等提出了团队领导力的概念，即领导团队朝着共同目标或愿景奋斗的能力。能够代表团队领导的行为主要包括：明确共同的战略目标、强调设立团队绩效的评价标准、鼓励相互信任和接受团队成员之间的潜在的多样性、认可团队活动和成就、建立沟通网络、倡导、缓冲和共享团队信息，以提高团队的绩效等。[②] 部分学者关于组织领导力的表述详见表 1—6。

表 1—6 组织领导力的相关表述

学者	观点
Russell 等[③]	组织领导能力是组织协作和组织学习等过程的结果，这些过程反过来又为组织成员提供知识、技能和能力等资源，帮助形成长期的绩效
Bliese 等[④]	组织领导力是领导引发组织变革的集体影响过程中体现出的能力

① Yammarino F J，Dansereau F. Multi-evel Nature of and Multi-level Approaches to Leadership [J]. The Leadership Quarterly，2008，19 (2).

② Walker A G，Smither J W，Waldman D A. A Longitudinal Examination of Concomitant Changes in Team Leadership and Customer Satisfaction [J]. Personnel Psychology，2008，61 (3).

③ Russell C J，Kuhnert K W. New Frontiers in Management Selection Systems: Where Measurement Technologies and Theory Collide [J]. The Leadership Quarterly，1992，3 (2).

④ Bliese P D，Halverson R R，Schriesheim C A. Benchmarking Multilevel Methods in Leadership: The Articles，the Model，and the Data Set [J]. The Leadership Quarterly，2002，13 (1).

续表 1—6

学者	观点
Brown 等①	组织领导力强调将组织中的个体领导者联合起来，使组织产生一种集体的联合领导力，而非个体能力的简单加总
Mccauley 等②	组织领导力是组建联盟实现组织目标，并维持成员忠诚与承诺等集体工作所需的基本组织能力。组织领导力发展的目标是使每一个组织成员时刻理解并承担组织需要的领导力责任以及如何执行领导力责任
Carmeli 等③	组织领导力是一种能为企业发展制定实施战略，为组织创新提供动力，以最终实现提高企业绩效的目标
文茂伟④	作为集体能力的领导力在个体领导力之外，还包括个体、团队以及情境等因素相互作用产生的动力

2. 组织领导力的发展研究

Day 等强调领导力发展的多层性，第一层是领导者个

① Brown M E，Gioia D A. Making Things Click：Distributive Leadership in an online Division of an Offline Organization [J]. The Leadership Quarterly，2002，13 (4).

② McCauley，Cynthia D.，and Ellen Van Velsor，eds. The Center for Creative Leadership Handbook of Leadership Development [M]. John Wiley & Sons，2004：417—437.

③ Carmeli A，Gelbard R，Gefen D. The Importance of Innovation Leadership in Cultivating Strategic Fit and Enhancing Firm Performance [J]. The Leadership Quarterly，2010，21 (3).

④ 文茂伟. “组织领导力发展”内涵探讨 [J]. 外国经济与管理，2011，33 (12).

人的发展，第二层是关系发展，第三层是组织文化的发展。[①] 文茂伟指出，组织领导力发展的成效取决于实体层次、关系层次与集体层次上各要素的协调情况，并对创新领导中心的领导力发展框架作了修正（如图 1－2 所示）。[②]

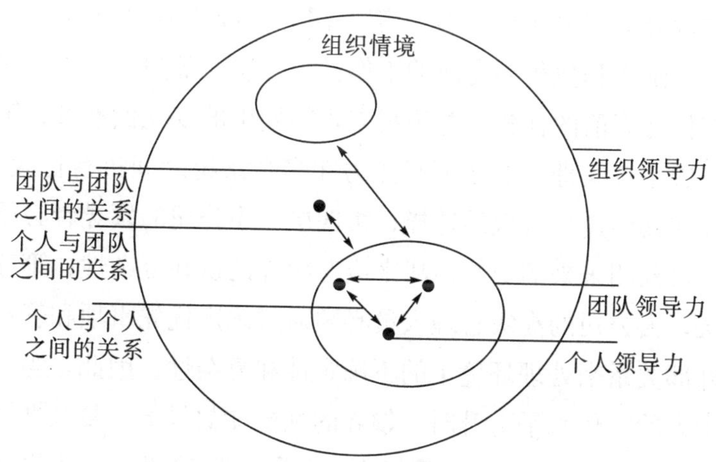

图 1－2　组织领导力各要素之间的关系

Boies 等的研究表明，当团队成员感知到团队成员之关系的差异时会导致消极的团队结果，如团队冲突、满意度下降、幸福感下降。反过来，这些结果可能会影响团队

① Day D V，Harrison M M. A Multilevel，Identity-based Approach to Leadership Development ［J］. Human Resource Management Review，2007，17 (4).

② 文茂伟. "组织领导力发展"内涵探讨 ［J］. 外国经济与管理，2011，33 (12).

的凝聚力、协调和信任，集体领导随之产生。① 集体领导是一个动态领导过程中定义的领导，是有选择地利用其技能和专业知识在一个网络中有效地分配领导角色的过程。② Hooijberg 等提出了一个关于不同组织层次领导力需求差异的开创性讨论，并提供了一个理论框架，将组织结构分为三到五个层次。第一层，一线主管必须能够理解、阐明和执行要完成的工作；第二层，部门经理必须能够执行当前的任务，并为将来可能发生的变化做准备；第三层是总经理，他必须有能力在多个系统之间进行比较，并在其中进行有效的选择；第四层，小公司的领导者必须通过预测未来的组织挑战来应对额外的认知复杂性；第五层，大公司的高级管理人员必须通过确定优先事项和管理外部关系来处理环境中的不确定性和复杂性。因此，当一个人的工作水平上升时，领导的性质在数量上（复杂性增加）和质量上（与环境的互动）都会发生变化。③ Mumford 等提出了一个由四类领导技能需求构成的模型：认知技能、人际关系技能、商业技能和战略技能。不同的组织级别对领导技能的需求存在差异，即组织更高级别的

---

① Boies K, Howell J M. Leader-member Exchange in Teams: An Examination of the Interaction between relationship Differentiation and Mean LMX in Explaining Team-level Outcomes [J]. Leadership Quarterly, 2006, 17 (3).

② Friedrich T L, Vessey W B, Schuelke M J, et al. A Framework for Understanding Collective Leadership: The Selective Utilization of Leader and Team Expertise Within Networks [J]. Leadership Quarterly, 2009, 20 (6).

③ Hooijberg R, Jerry) Hunt, James G, Dodge G E. Leadership Complexity and Development of the Leaderplex Model [J]. Journal of Management, 1997, 23 (3).

工作需要更高级别的领导技能。[①]

Bartol 等认为，领导力的发展可以理解为系统资本、社会资本和人力资本三种资本的综合发展。其中，系统资本指充分利用关系网络的能力，包括直接或间接访问自己的关系或他人的网络资源，由此，关系网络资源是增强系统资本的主要方式，因为大部分资本都能嵌入相互熟悉的网络当中。社会资本则是在互惠和社会交换的基础上，通过与不同个体的直接联系产生的。以领导成员交换的形式与下属建立积极的领导关系已经被证明对与工作相关的态度和执行力有积极的影响。在领导能力发展的背景下，对组织而言，人力资本指个人拥有的知识与技能，人力资本的重点是发展个人能力。对个人能力的强烈关注可以帮助建立领导者的能力，但要解决实际的领导能力，要更多地关注对人的影响过程。[②]

随着组织变革的发展，领导力理论经历了由个体领导到集体领导、由静态领导到动态领导、由领导追随者到追随者自我领导、由自上而下到自下而上的领导、由局部到系统的领导的发展趋势。图 1－3 蕴含了组织领导力发展过程中的多种转变。组织领导是一种广泛的领导策略，是

---

① Mumford T V，Campion M A，Morgeson F P. The Leadership Skills Strataplex：Leadership Skill Requirements Across Organizational Levels [J]. Leadership Quarterly，2007，18 (2).

② Bartol K M，Zhang X. Networks and Leadership Development：Building Linkages for Capacity Acquisition and Capital Accrual [J]. Human Resource Management Review，2007，17 (4).

平衡个人、团队与组织关系，促进组织变革的重要途径。①

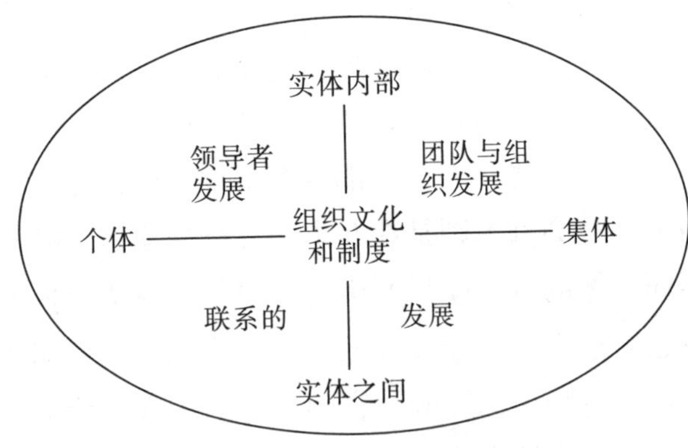

图 1−3　领导力发展框架

本书强调中小学校长领导学校发展过程中的能动性、动态性与协调性。正如尤克尔所言："与领导效能相关度最高的三类变量，是领导者自身特征、追随者特征以及情境的特征。"② 可见中小学校长领导力的发挥受到一系列因素的限制，根据已有研究、田野调查、本书的研究目的以及数据的可获得性，我们将影响中小学校长领导力的因素划分为中小学校长相关特征以及学校相关特征。

---

① 曲阳. 中庸型领导对组织领导力发展的影响及演化机制研究［D］. 天津：南开大学，2014.

② 尤克尔. 领导学（全球版·原书第 8 版）［M］. 朱舟，等译. 北京：机械工业出版社，2014：9.

二、中小学校长领导力影响因素研究

（一）校长的相关特征

通过回顾已有研究，可以发现数以百计的研究探讨了个人特质、技能与领导者的出现、领导效能和职业晋升之间的关系。Stogdill 在文献综述中得出的早期结论，得到了随后的文献评述与元分析的证实。[①] 有些个人特质和技能可能提高领导者的效能，但无法保证领导者的效能改善。拥有个人特质的领导者可能在某一情境下有效，在不同情境下却无效。有学者研究发现，人口学特征以及心理的差异对领导行为的影响较大。[②] Zagorsek 的研究表明，性别、年龄、工龄等因素对领导力具有不同程度的影响。与男性领导者相比，女性领导者在推进工作与激励维度上得分更高，女校长更善于处理人际关系，更倾向于合作关系，女校长强调建立自己与教师之间的长期信任关系，而男校长则专注于完成任务和实现学校目标。[③] 从性别与领导风格的关系来看，女性领导由于自身情感细腻、有亲和

---

① Zaccaro S J，Foti R J，Kenny D A. Self-monitoring and trait-based Variance in Leadership：An Investigation of Leader Flexibility Across Multiple Group Situations [J]. Journal of Applied Psychology，1991，76 (2).

② 纳哈温蒂. 领导学：领导的艺术与科学：第 7 版 [M]. 刘永强，程德俊，译. 北京：中国人民大学出版社，2016：86.

③ Allan Walker，Haiyan Qian. Deciphering Chinese School Leadership：Conceptualisation，Context and Complexities [M]. New York：Routledge，2018：53.

力、耐心等而具有天然的优势，相较于男性领导，其领导风格更倾向于民主型。[①] Berson 研究发现，领导风格对愿景领导的影响主要体现为领导者会根据自己的领导风格创设相应的组织愿景。变革型领导风格的领导者善于激发追随者的智力、为员工提供个性化的关怀，其倾向于提出独特、乐观的价值观导向以及具有挑战性的愿景内容。与之相反，交易型领导风格的领导者关注组织绩效的提升，主张权变奖励，其倾向于提出与经济利益挂钩的愿景内容。[②]

从年龄与领导力的关系来看，年龄对领导力的影响并不显著，只不过工龄越长的领导者会更多地使用构建愿景的方式加强其领导。[③] 也有研究发现，校长的受教育程度、教学时长、地位、个性与校长的领导风格相关。有学者将校长领导行为分为两个维度："关心人"和"关心生产"。研究表明，年龄和职称对校长"关心人"的行为有影响，校长的教学时长和其所接受的培训对"关心人"以及对"关心生产"两个维度都有影响。相关研究亦证实了校长的领导行为与性别、教学年限、校长任职年限和受教

---

① 庞庆华，李铭珍．女企业家领导风格及其影响因素分析：一个多案例研究［J］．中国人力资源开发，2017（2）．

② Berson Y，Shamir B，Avolio B J，et al. The Relationship between Vision Strength，Leadership Style，and Context［J］. The Leadership Quarterly，2001，12（1）.

③ Zagorsek H，Jaklic M，Stough S J. Comparing Leadership Practices between the United States，Nigeria，and Slovenia：Does Culture Matter?［J］. Cross Cultural Management：An International Journal，2004，11（2）.

育程度显著正相关。缺乏领导力培训会损害校长领导的有效性。有学者通过混合方法比较了领导实践中那些申请并选择担任校长的人被分配到该职位后具有更高的内在动机，更注重学生的学习，视野更清晰，并和教师保持着更密切的沟通。[①]

加里·尤克尔对领导力研究所关注的变量进行了归类，认为领导者特征与领导力高度相关，主要包括领导者特质（动机、人格特质）、价值观、自信心、管理技能等。[②] 其中，领导者充沛的精力与高压力容忍度与领导效能相关（Bass，1990）。[③] 充沛的精力和高压力容忍度有助于管理者应对大多数快节奏、长时间的管理工作，使之更容易应对紧张的人际环境，如严厉的上级、麻烦的下属、不合作的同级等。除了能作出更好的决策，具有高压力容忍度和自控力的领导者更有可能保持冷静、镇定，在危机中为下属提供自信、果断的指导。Goodstadt 指出，个人的“控制点”与领导效能高度相关，拥有强内控点倾向的人相信领导过程中发生的事件更多地取决于他们自己的行动，而非运气或不可控制的力量。相反，拥有外控点倾向的人相信个人情况大多由命运决定，自己无力改变现

---

① 于川，杨颖秀. 小学校长职业动机与学生成就关系研究——基于学生认同感与参与度的视角 [J]. 教育发展研究，2015，35（22）.

② 尤克尔. 领导学（全球版·原书第 8 版）[M]. 朱舟，等译. 北京：机械工业出版社，2014：9.

③ Bass B M，Avolio B J. Developing Transformational Leadership：1992 and beyond [J]. Journal of European Industrial Training，1990（14）.

实状况。强内控倾向与管理效能正相关。[①]

通过整理学习与领导相关的文献，可以发现在动态复杂的教育生态中，组织必须持续调适、创新和自我再造，领导者也必须足够灵活，善于从错误中学习，改变其内在的假设和信念，并重新定义自己的心智模式。在变革环境中，成功领导的一项最重要胜任素质就是从经验中学习和适应变革的能力，强调“学会如何学习”，这是一种以内在观照分析自身认知的过程并找到改进方式的能力，它也与“自我意识”有关，即对自身长处和局限的了解。[②] 在一项针对1800名高级军官的研究中，“学习能力”与受访者自我报告的职业成就相关[③]，这项能力被美国和欧洲的高层管理者视为影响成功的关键因素。[④] 从经验中学习和适应变革的能力与个人特质和技能有关，比如个人成就导向、情绪稳定性、自我监控和内控点。拥有这些个人特质的领导者有意愿取得卓越的成就，他们充满求知欲，有开放的心态，他们积极寻求关于自身长处和不足的反馈。[⑤]

---

① Goodstadt B E, Hjelle L A. Power to the Powerless: Locus of Control and the Use of Power [J]. Journal of Personality and Social Psychology, 1973, 27 (2).

② Argyris C. Teaching Smart People How to Learn [J]. Harvard Business Review, 1991, 69 (3).

③ Zaccaro S J, Mumford M D, Marks M A, et al. Cognitive and Temperament Determinants of Army Leadership [J]. Manuscript in Preparation, 1997.

④ Van Velsor E, Leslie J B. Why Executives Derail: Perspectives Across Time and Cultures [J]. Academy of Management Perspectives, 1995, 9 (4).

⑤ Spreitzer G M, Kizilos M A, Nason S W. A Dimensional Analysis of the Relationship between Psychological Empowerment and Effectiveness, Satisfaction, and Strain. [J]. Journal of Management, 1997, 23 (5).

潘炳如指出，幼儿园园长自身的自我效能感对园长领导力有显著正向影响。① 一般来说，“自我效能感”一词与自尊、自信等概念有关。班杜拉将自我效能感定义为个人对完成特定行为所需的一种能力、信念。② 自我效能感在管理、心理研究领域都是一个极为重要的变量。研究发现，自我效能感是领导者所特有的（Jex & Bliese，1999）。③ 多数针对领导者自我效能感的研究都发现自我效能感与领导效能正相关（Bass，1990）。④ 自信对于领袖魅力型领导至关重要，已有研究探讨了自我效能感如何影响领导者的行为。缺乏自信心的领导者不太可能努力去影响他人并取得成功。拥有高度自信的领导者往往会为自己设置具有挑战性的目标，积极尝试困难的任务并主动解决问题，同时也会向追随者传递更高的绩效期望，增加追随者的集体效能，并产生绩效优势，最终推动期望的变革（Paglia & Green，2002）。⑤ 具有高自我效能感的领导者

---

① 潘炳如. 幼儿园园长领导力影响因素分析及提升对策［J］. 广西社会科学，2017（9）.

② Bandura A. Human Agency in Social Cognitive Theory［J］. American Psychologist，1989，44（9）.

③ Jex S M，Bliese P D. Efficacy Beliefs as a Moderator of the Impact of Work-Related Stressors：A Multilevel Study［J］. Journal of Applied Psychology，1999，84（3）.

④ Bass B M，Avolio B J. Developing Transformational Leadership：1992 and Beyond［J］. Journal of European Industrial Training，1990，14（5）.

⑤ Paglis L L，Green S G. Leadership Self-Efficacy and Managers' Motivation for Leading Change［J］. Journal of Organizational Behavior：The International Journal of Industrial，Occupational and Organizational Psychology and Behavior，2002，23（2）.

在面对挫折时会更加坚定不移、乐观地完成任务。这种行为表现会提高追随者、同级与上级对支持该项工作的承诺水平。领导者在面临危机时表现出来的果断与智慧会增加追随者克服困难的勇气。而自我效能感较低的领导者在面临困难时则可能出现延迟处理并推卸责任的情况（Kipnis & Lane，1962）。[①]

自我效能感是工作绩效的一个重要预测变量，有学者通过元分析发现自我效能感和领导者工作绩效的相关系数为 0.38。[②] Wood 和 Bandura 等人通过实证研究发现，领导者自我效能感对组织工作绩效有显著正向影响，相关系数大于 0.70。[③] 陆昌勤等人发现，自我效能感与领导者工作绩效的相关系数为 0.26～0.40，与管理创新的相关系数为 0.30，自我效能感成为区分优秀领导者与平庸领导者的一项重要指标。[④] 具体到教育领域，研究发现教师教学自我效能感对教师教学质量有显著正向影响[⑤]，校长的自我效能感能对校长的工作绩效有显著正向影响。[⑥] 朱新

① Kipnis D，Lane W P. Self-confidence and Leadership [J]. Journal of Applied Psychology，1962，46 (4).

② Sadri G，Robertson I T. Self-efficacy and Work-Related Behaviour：A Review and Meta-Analysis [J]. Applied Psychology，1993，42 (2).

③ Wood R，Bandura A. Social Cognitive Theory of Organizational Management [J]. Academy of Management Review，1989，14 (3).

④ 陆昌勤，方俐洛，凌文辁. 管理者的管理自我效能感 [J]. 心理学动态，2001 (2).

⑤ 周文霞，郭桂萍. 自我效能感：概念、理论和应用 [J]. 中国人民大学学报，2006 (1).

⑥ 何华敏，等. 校长的社会技能与自我效能感对其工作绩效的影响 [J]. 现代教育管理，2013 (9).

秤指出，加强中小学校长自我效能感的研究，有利于克服传统培训中忽视自我观念培养与训练的缺陷。[①]

（二）学校的相关特征

1. 学校情境特征与校长领导行为研究

根据领导力行为与权变理论的观点，领导力与学校情境特征紧密相关。多数学者认为，学校任何单一的特质甚至组合都无法解释或预测领导的有效性，个人特质与其所在的环境相互作用，进而影响个体的特征。学校情境特征（包括学校组织单元的类型、规模、任务结构、组织文化以及对外部环境的依赖度等）与领导行为高度相关。[②③]也有研究发现，校长领导力受到一系列组织特征的影响，如学校位置、学校水平、学校文化以及学校效能等。[④⑤]Lewin 将个人行为看作个人因素与组织环境因素的函数，即个人的领导行为是由个人因素与组织环境因素的互动决

① 朱新秤. 中小学校长自我效能探究：分析与对策［J］. 教育研究与实验，2006（2）.

② 尤克尔. 领导学（全球版・原书第 8 版）［M］. 朱舟，等译. 北京：机械工业出版社，2014：9.

③ Goldring E，Huff J，May H，et al. School Context and Individual Characteristics：What Influences Principal Practice?［J］. Journal of Educational Administration，2008，46（3）.

④ 李剑萍，张涛. 山东省普通高中校长领导行为的调查研究［J］. 当代教育科学，2006（16）.

⑤ 唐京，程正方，应小平. 校长领导行为与校长类型［J］. 心理学探新，1999（3）.

定的。[①] Getzels 等人认为，成员的行为特性主要由组织和个人两个向度的互动所决定。[②]

庞庆华等指出，组织所处的生命周期与领导风格紧密相关。企业处于成熟阶段更有可能产生民主型领导风格，组织处于生长发展阶段时，领导偏向于用制度规范来执行命令，多采用专断型风格；从组织规模来看，有学者指出，组织规模与领导民主型风格负相关，组织规模越大，领导越倾向于专制独断的领导风格，反之亦然[③]；Berson 等发现，组织规模与愿景的强度正相关。规模较大的组织具有复杂的等级结构，身处其中的领导者需要处理较多的有关运营、流程和冲突方面的问题。在这种情形下，领导者很难提出高强度的愿景，反而在规模较小的组织内，领导者更容易提出激励人心的愿景。[④] 情境文化如学校组织结构、员工组成、专业训练和社会文化，都足以影响和塑造学校校长的行为，也能塑造校长的价值和信念，间接改变他们的领导行为和态度情境因素。Lewin 指出，组织情境文化是影响及塑造学校成员价值及信念，并间接改变他

① Lewin K. Formalization and Progress in Psychology [J]. University of Iowa Studies in Child Welfare, 1940, 16 (3).

② Getzels J W, Guba E G. Social Behavior and the Administrative Process [J]. The School Review, 1957, 65 (4).

③ 庞庆华，李铭珍. 女企业家领导风格及其影响因素分析：一个多案例研究 [J]. 中国人力资源开发，2017 (2).

④ Berson Y, Shamir B, Avolio B J, et al. The Relationship Between Vision Strength, Leadership Style, and Context [J]. The Leadership Quarterly, 2001, 12 (1).

们行为及态度的外在诱因。[①] 组织文化会在影响校长领导行为的过程中间接地与校长的个人特征（如个人信念、价值、态度及性格）互动，诱因越受成员重视，其对师生的行为表现就会产生越大的效应，对教育结果的影响也就越大。

郑燕祥对情境文化的影响过程进行了研究，发现不同的情境文化作为情境诱因可以直接或间接地影响校长的表现，即影响他的心理动机、努力程度及表现策略，进而影响他的领导效能；其他客观的情境因素，例如课堂组成特征、组织结构、学生成分及物质条件等，会限制学校成员的表现，影响他们对学校效能的贡献。[②] Cheng 通过个案研究发现，怀有共同的学校使命，是激励校长及教师的重要动力。[③] 根据文化学者 Smircich 的观点，对于学校的组织文化与教育效能的关系，常运用功能主义的方法来探讨。总的来讲，组织文化从以下几个方面影响学校的运作及教育效能：其一，向成员传达对学校的一种认同感；其二，帮助成员产生对学校的投入感；其三，提高校内各种社会关系和建制的稳定性；其四，作为培养意识的工具，

---

① Lewin K. Defining the "Field at a Given Time" [J]. Psychological Review, 1943, 50 (3).

② 郑燕祥. 教育领导与改革：新范式 [M]. 上海：上海教育出版社，2005：409－414.

③ Cheng Y C. School Effectiveness as Related to Organizational Climate and Leadership Style [J]. Educational Research Journal, 1986, 1 (1).

指引及塑造学校成员的行为表现。[①] 作为外部因素的管理自主权与社会认可度对领导力有显著正向影响。[②] 与舒适稳定的环境相比，复杂动态的环境更容易催生愿景型领导。[③] Macpherson 等人指出，校长的课程领导力主要受学校的课程架构、学校情境以及学校的组织结构三方面的影响。[④]

以上研究表明，在我国，校长领导受多层次背景因素的影响，这些变量共同起作用，影响中小学校长领导力。但也有研究者指出，学校的基本特征（例如校龄、宗教背景、学校规模）与中小学校长领导力并无显著相关性。[⑤]

2. 办学自主权与学校发展研究

"自主权"一词最初指的是对自我管理与决策免于外部干预的一项合法性规定。[⑥] 之后延伸到教育领域，便形成了"学校自主权"的概念。Arcia 等人认为，学校自主

① Smircich L. Concepts of Culture and Organizational Analysis [J]. Administrative Science Quarterly, 1983, 28 (3).

② 潘炳如. 幼儿园园长领导力影响因素分析及提升对策 [J]. 广西社会科学, 2017 (9).

③ 范雪灵，王小华. 愿景型领导研究述评与展望 [J]. 经济管理，2017，39 (12).

④ Macpherson I, Brooker R, Aspland T, et al. Enhancing the Profile of Teachers as Curriculum Decision-makers: Some International Perspectives [J]. Curriculum Development, 1999: 41.

⑤ 郑燕祥. 教育领导与改革：新范式 [M]. 上海：上海教育出版社，2005：264－265.

⑥ Berka W, Groot J D, Penneman H. Autonomy in Education: Yearbook of the European Association for Education Law and Policy － Volume III (1998) [J]. Interlending & Document Supply, 2010, 38 (4).

权包括人事招聘、教学管理与教师评价自主权。[①] 陈伯璋认为学校自主权包括学校资源的分配使用权，以及学校管理与教学的自主经营权。[②] 2013 年，经济合作与发展组织（OECD）在 TALIS 调查中将办学自主权分为雇佣教师、学校预算分配、决定授课内容、确定教师薪酬等方面。[③] Galdwell 认为，学校自主权指学校能够自主管理并分配学校资源的权力。吴志宏认为学校自主权就是学校的教育教学权、人事调配权、财产管理权等。现有研究结合办学自主权与学校发展的关系得出了不一致的结论，如彭说龙等学者就指出，最大限度地放宽办学自主权有利于学校自主创新。[④]

关于办学自主权的内涵，学者们并没有达成一致，也就很难判别复杂的办学自主权对学校教育的影响。已有研究指出，办学自主权的大小与学校自主创新能力显著正相关，最大限度地放宽管理自主权对学校自主创新有重要影

---

① Arcia G, Macdonald K, Patrinos H A, et al. School Autonomy and Accountability [J]. System Assessment and Benchmarking for Education Results (SABER). Human Development Network. Washington DC: The World Bank, 2011: 2.

② 陈伯璋. 学校本位经营的理念与实务 [M]. 北京：九州出版社，2006：79.

③ OECD. TALIS 2013 Technical Report [C]. Paris: OECD Publishing, 2014: 50-53.

④ 彭说龙，苏骏锋. 办学模式与高校自主创新能力关系的实证研究 [J]. 高教探索，2010 (6).

响。[①] 也有研究显示教育分权对学生学业成绩有重要影响。[②] Woessmann的研究表明，给予学校绩效目标方面的自主权会对学生产生负向影响，这方面的权力应该被集中。[③] 相反，也有学者通过实证研究证明在一个有效的评估和监控机制下给予学校实现办学目标的自主权，将有助于提高学生成绩。[④] 李小土等发现，人事自主权的大小会对教师激励机制与教学成绩产生显著影响。[⑤] Galdwell等人指出，当学校拥有人事自主权与财政自主权的时候，能够最大限度地满足相关利益主体的差异化需求，并根据教育环境的变化及时作出调整，提高学校教育决策的科学性。[⑥] 有学者结合PISA测试成绩探究了学校自治的影响，结果表明，在发展中国家和低绩效国家，自治对学生的成绩有负面影响，但在发达国家和高绩效国家影响是积

---

① 彭说龙，苏骏锋. 办学模式与高校自主创新能力关系的实证研究［J］. 高教探索，2010（6）.

② Bishop J H，Woessmann，Ludger. Institutional Effects in a Simple Model of Educational Production［J］. Education Economics，2004，12（1）.

③ Woessmann L. International Evidence on School Competition，Autonomy，and Accountability：A Review［J］. Peabody Journal of Education，2007，82（2－3）.

④ 薛海平. 教育分权管理制度对农村中小学学生数学成绩影响实证研究［J］. 教育科学，2010，26（4）.

⑤ 李小土，刘明兴，安雪慧. 西部农村教育财政改革与人事权力结构变迁［J］. 北京大学教育评论，2008（4）.

⑥ Gaffney M. The self-transforming school［Book Review］［J］. Leading and Managing，2014，20（1）.

极的。[①]

综上，学界关于中小学校长领导力的影响因素并没达成一致，因为研究者对领导力的定义不完全一致。从已有研究来看，多数学者关注了学校特征、追随者特征及校长个人属性的影响，而较少关注到办学自主权的影响。办学自主权对于学校发展、教师教学质量以及学生学业成绩的影响具有显著的国别和地区差异。国内外学者从理论上探析了办学自主权作为一种制度在激发学校活力、提升学校教育绩效中的作用。结合田野观察，对一所学校的领导者而言，政府给了多大程度的教师招聘权，给了多少办学经费，给了多大程度的价值设置权，可能都会对校长领导力产生影响。但目前鲜有研究关注办学自主权对中小学校长领导力的影响。结合以上分析，根据研究需要，本书重点关注学校发展规划自主权、课程开发自主权、教师招聘自主权与经费使用自主权与中小学校长领导力的关系。

① Hanushek E A, Link S, Woessmann L. Does School Autonomy Make Sense Everywhere? Panel estimates from PISA [J]. Journal of Development Economics, 2013 (104).

第四节　文献评析

一、已取得的研究进展

（一）对于转变领导行为，提升中小学校长领导力已基本达成一致

纵观国内外关于变革型领导的研究，自 1978 年变革型领导理论提出以来，该理论便在企业管理与行政管理领域引起了广泛关注。20 世纪 90 年代，变革型领导理论被引入教育领域，与传统改革奉行的自上而下、由外而内的强制性改革不同，校长变革型领导模式将学校组织成员视为学校变革的参与者与策划者，推崇自下而上、由内而外的自发性变革。实施变革型领导，发挥校长的愿景与魅力感召、对教职工的专业发展与生活给予个性化关怀并激发激励教师不断成长在本质上印证了一种世界性的趋势：转变中小学校长领导行为，实施变革型领导，提升中小学校长领导力，促进校长专业发展在未来会更加凸显其重要价值。变革型领导理论已经成为西方领导理论研究的新范式，我国关于变革型领导的实证研究也已经起步，尽管国内外教育情境存在较大差异，但最终的改革指向是基本一致的，由此也间接论证了立足中国教育大地探讨转变校长领导行为，提升中小学校长领导力的研究价值。

（二）对于中小学校长领导力的基本内容已初步认同

在我国，对中小学校长领导力维度进行划分的主要目的是为促进校长专业发展，培养一支高素质的校长队伍提供参考依据。在已有研究中，国内外学者对中小学校长领导力的基本内容已初步认同。国内学者将中小学校长领导力的内容聚焦于“规划学校发展”“营造育人文化”“引导课程教学”“优化内部环境”“调适外部环境”等方面。澳大利亚学者从“领导教与学”“发展自我与他人”“领导学校创新与变革”“学校管理”“加强与社区之间的合作”五个方面对校长领导力的维度进行了划分。类似的校长领导力维度在西方国家的研究中也得到了普遍认同，与我国校长领导力维度的划分基本一致。这为本书构建研究框架提供了重要的理论参考。

（三）对于中小学校长领导力影响因素的研究已取得一定成果

已有的关于中小学校长领导力影响因素的研究尽管较为碎片化，但也在校长个人特征与学校特征层面取得了一定的成果。Zagorsek 等学者发现，校长的性别、年龄、工龄、人格特质、价值观等变量均与中小学校长的领导力高度相关。在校长的个人特征中，较为重要的影响因素就是自我效能感。自我效能感与领导效能正相关，拥有高自我效能感的领导者会为自己设置具有挑战性的目标，也会向追随者传递更高的绩效期望，增加追随者的集体效能，并产生绩效优势，最终推动期望的变革。此外，Getzels、Guba、Lewin 等学者指出，领导者的领导水平受个人特征与组织特征的双重作用。学校特征如学校类型、规模、性质、组织文化等变量与领导行为高度相关。在学校特征中，办学自主权是一个极为重要的影响因素，国内外学者对办学自主权的划分也基本一致，其对学校发展具有重要意义已是学界共识。在以往关于中小学校长领导力影响因素的研究中，不管是质化研究还是量化研究都取得了一定成果，为本书解释变量的选择提供了重要的参考依据。

二、待完善的研究空间

研究者对校长领导的研究不仅有助于我们全面了解当前中小学校长领导力的研究状况，也为我们进一步完善中小学校长领导力研究体系提供了实践指导，不过这些研究仍存在一些不足。

（一）缺乏系统研究

现有研究主要围绕中小学校长领导力展开，主要集中在校长课程领导力的思辨与实证研究上，在校长的价值领导力与组织领导力方面则以思辨或经验借鉴为主。学者们结合领导学与教育学相关理论提出了提升中小学校长领导力的策略。一些学者在研究单一维度的中小学校长领导力时也会涉及其他维度的论述，但较为零散，与国外的中小学校长领导力研究相比，在广度与深度上都存在明显的差距，系统、规范的中小学校长领导力研究匮乏。在这里，笔者参考我国香港地区学者郑燕祥提出的“五向度模型”，结合中小学校长对领导力的划分，即多数中小学校长在谈及校长领导行为的时候，基本都从学校办学文化、校本课程开发、组织保障三个方面进行重点介绍，普遍认为学校特色文化是引领学校发展的灵魂，校本课程开发是使学校文化落到实处的具体举措，组织内外部关系的协调管理是促进学校文化与课程开发得以有效实施的关键保障，提出中小学校长领导力由价值领导、课程领导与组织领导三维度组成之假设，即认为校长的价值领导力是推动学校发展，创设特色校园文化，设置共同的组织目标将组织成员紧密联系在一起的一种引领力；课程领导力是将学校的发展愿景落到实处的关键途径；组织领导力是校长的价值领导力与课程领导力得以有效发挥的基本保障，三个维度相互作用，相互影响，不可或缺。

（二）“自下而上”的基于中小学校长视角的研究较为缺乏

纵观中西方教育改革的动力，无论是政治的、经济的，还是社会的因素，中小学校长队伍建设基本都是以国家的政策方针为强大的推动力，各级政府对中小学校的变革一般采取“自上而下”的推进模式。由此，学界也将“自上而下”作为校长专业发展的主流分析视角。中西方学者对中小学校长领导力问题的研究一般从各国对校长专业发展的标准出发，探讨中小学校长领导力如何提升，如何结合专业标准促进校长专业发展等问题，但是基于中小学校长的视角“自下而上”地分析校长领导力的影响因素的研究较少。任何形式的校长队伍建设措施最终都要通过学校去落实，能否促进校长专业发展应以能否提升中小学校长领导力、促进学生成长为价值取向。可见，基于中小学校长领导力提升的视角的研究对于校长专业发展，促进校长队伍建设具有较强的现实意义。

（三）研究方法存在局限

目前，已有诸多学者意识到了中小学校长领导力对学校变革、教师发展、学生成长的重要性，并得出了许多具有启发意义的结论。这些研究一般采用文献法、问卷调查法、访谈法等，有的以量化研究为主，也有个案研究，却鲜有采用量化与质化相结合的方式对中小学校长领导力的影响因素进行考察的。笔者认为，有必要采用混合研究法对中小学校长的领导行为进行讨论，即通过问卷调查，从整体上把握中小学校长领导力水平的现状与差异。但如果缺乏复杂个案所提供的丰富材料，量化研究的结论可能就是零碎的，所以，结合访谈法深入分析中小学校长领导力差异背后的原因，可以帮助我们深刻地了解中小学校长领导实践的复杂性与特殊性。

三、研究框架

结合前文的分析可知，构建中小学校长领导力研究框架是一项复杂的系统工作。尽管研究者对中小学校长领导力的关注重点有所不同，但在校长的价值领导力与教育领导力方面高度一致。校长领导行为是一个超越个体、角色的概念，是一种交互影响的过程，强调领导是一种基于共同价值观的合作者的集体行为。[①] 在反思传统中小学校长领导力研究不足的基础上，结合国内外校长专业标准共同关注的问题，本书主要参考郑燕祥的“五向度模型”对中小学校长领导力进行划分。郑燕祥教授结合博尔曼等人的“四力框架”与萨乔万尼的“五力模式”，提出了关于中小学校长领导力的“五向度模型”假设，并进行了实证研究，结果表明五向度领导力之间高度相关，并与学校组织的优异表现正相关。该模型在学界得到了广泛应用，并取得了较为一致的研究结论。可以说“五向度模型”假设是成立的，并具有较强的科学性。

本书以郑燕祥的“五向度模型”为中小学校长领导力的基本分类框架，同时借鉴了我国中小学校长评价指标的分类，构建了中小学校长领导力的基本维度，即价值领导力、课程领导力与组织领导力。这三个维度均源于“五向度模型”，其内涵也与“五向度模型”中的界定大致相同，但仍有三点需要说明：

一是“文化领导力”，笔者倾向于称之为“价值领导力”。郑燕祥提出的“文化领导力”不仅重视学校独特文化的创造，也强调校长运用个人魅力吸引成员的注意，完成学校愿景，并鼓舞成员追求工作的内在价值，帮助成员

① 陈永明. 教育领导学［M］. 北京：北京大学出版社，2010：227.

内化学校价值的独特性。结合陈永明在中小学校长评价指标中对价值领导力的界定[①]，可以说“价值领导力”不仅包括学校文化创造，也包括学校愿景的规划，内涵更广。

二是“教育领导力”，笔者倾向于称之为“课程领导力”。考虑到教育领导力的表述过于宽泛，本书主要关注的是校长的课程领导力，包括校长引领教师团队整合教育资源建设校本课程的能力，学校课程实践的组织、决策与调控能力。为了与后文的研究内容在表述上保持一致，故本书采用“课程领导力”代替“教育领导力”。

三是“结构领导力、人际领导力与政治领导力”，笔者将其统称为“组织领导力”。因为“结构领导力、人际领导力与政治领导力”既涉及了组织结构的构建，也涉及了组织人际协调与管理，还涉及组织内外部优质教育资源的利用。结合陈永明的界定，即包括内部组织结构与人际管理和外部环境协调，“组织领导力”体现此向度领导力的内涵，且与本书中小学校长领导力的内涵更契合，故采用“组织领导力”的说法。

从价值领导力、课程领导力、组织领导力三个维度的内在逻辑来看，校长的价值领导力是引领学校制定发展规划，创设学校特色文化的一种能力。学校作为育人的文化场所，育人是根本目的。学校通过文化传承与文化创造培养学生的智慧与情感，与其他组织相比，包含更多的人文价值取向。所以，校长的领导首先是教育思想的领导。树

① 陈永明. 教育领导学［M］. 北京：北京大学出版社，2010：236.

立学校办学理念，形成学校办学特色，兴建学校文化等有关价值、哲学问题的思考是教育领导活动的核心内容。课程领导力是校长引领教职工根据学校发展理念制定并实施校本课程的一种能力。领导学校课程开发是丰富学校办学内涵、缔结并传承学校历史文化、提升办学质量的重要途径。组织领导力是促使组织成员创设必要的组织架构，从而保障价值领导和课程领导有效落实的一种能力。从性质上来讲，组织领导力是促进和支持校长价值领导与课程领导在学校现实化的保证（如图 1—4 所示）。

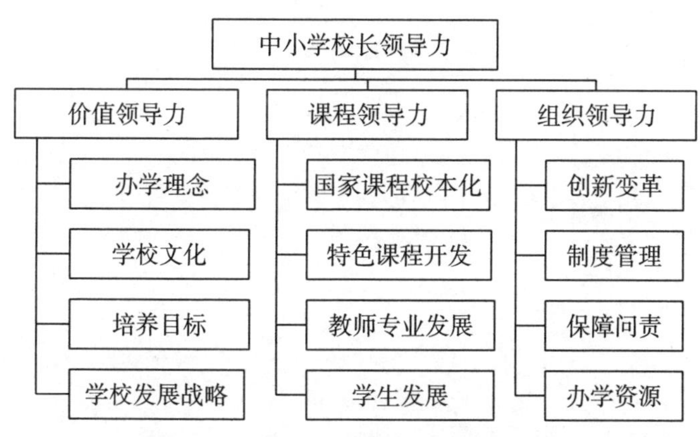

图 1—4　中小学校长领导力结构示意图

在中小学校长领导力内在要素系统中，价值领导力决定着学校改革和创新的方向，是学校长远发展的基础性前提。在多元价值取向的现实环境中，唯有树立以学生为本的教育观，才能回归教育的本质。课程领导力从根本上决定着学生发展的规格和质量，是促进学生个性与创造性发展的基础。组织领导力是学校改革和发展的前提、支撑和保障。三个领导力的优化组合可以不断促进校长的专业发展，引领学校改进，进而扩大中小学的自组织功能，成为自我革新、自我生长、具有强大适应能力的教育生态系统，从而全面提高学校教育质量，实现基础教育优质、均衡发展。

第二章 研究设计

改革开放以来，我国的教育结构、教育体制、教育目的发生了重大变革。教育作为一种意识形态，反映了我国经济、政治发展的整体脉络。20 世纪 90 年代以来，教育改革的重心聚焦于“素质教育”，改革趋势逐渐由宏观教育体制改革转变为中观学校层面的改进，由片面追求升学率转变为对人才教育质量的追求。传统的学校发展模式与师资培养模式已经不能满足现代教育发展的需求。有关学校改进的研究和实践大量开展，学校唯有变革才能应对素质教育改革带来的冲击与挑战。中小学校长领导力是实现学校变革，提高教师内在需求层次，激励教师不断成长，提高学生学业成绩的核心力量。中小学校长领导力已经成为衡量学校办学质量的重要指标，对此学界已经基本达成共识。[①] 但是将中小学校长领导力作为因变量，探讨中小学校长领导力影响因素的研究较为稀缺。当我们对中小学校长领导力的影响因素无法作出切实判断的时候，实证调

---

① Leithwood K，Jantzi D. Transformational Leadership：How Principals can Help Reform School Cultures ［J］. School Effectiveness and School Improvement，1990，1 (4).

查就成为不可或缺的步骤，本书便是对这个社会事实的呈现、分析与解释。从研究范式来看，本书本着实证研究的精神，根据研究的具体情境引入混合研究方法。在完成实证研究的前提下，本书的调查问卷接受了多次中小学校长与专家的论证、预调查，并借助社会科学统计软件，反复检验、修正调研工具，最终打磨成形。对整个研究而言，本章通过研究设计，将数据收集、数据处理及数据分析等研究内容结构化，从而凸显和强调核心问题，是学理阐释向实证调查转向的重要环节。

第一节　研究范式与方法

一、研究范式

美国学者高尔等人认为，包括实验研究在内的任何一种研究方法都不足以对教育的各个方面进行全面的考察。于是，教育研究界逐渐形成了各种研究者阵营，他们为了研究某个特定的教育问题而使用他们开发的某种特定的方法。[①] 这些研究方法基本上可以归纳为两类：定量研究方法和定性研究方法。在 20 世纪七八十年代，鉴于人们对定量研究方法的认识不足，一定程度上定性研究方法开始

① 高尔（Gall，M.），高尔（Gall，J.），博格（Borg，W）. 教育研究方法：第六版［M］. 徐文彬；等译. 北京：北京大学出版社，2016：424－426.

占据上风（Teddlie & Tashakkori，2003）。[①]

如今，定量与定性研究在社会科学与教育领域已经实现了和谐共生。瓦莱利（Garacelli）[②]指出，混合研究法是有计划地将不同类型（定量和定性）的方法结合起来，以便对感兴趣的现象（包括其背景）有更详细的了解，并对评价研究结论有更大的信心。赛贝尔（Sieber）概括了定量研究和定性研究相结合的原因，认为混合研究在研究设计、数据收集和数据分析阶段均有效。例如，在研究设计阶段，定量数据可以帮助识别具有代表性的样本，定性数据可以通过概念界定以及工具研发来帮助研究定量的组成部分；在数据的采集与分析阶段，定量数据可以帮助评估定性数据的可概括性，并为定性发现提供新的线索，而定性数据可以在解释、澄清、描述、验证定量结果等方面发挥重要作用。[③] 研究者逐渐认识到这两种研究方法如果形成合力能更有效地推动教育研究。本书的目的在于结合教育变革的宏观背景，了解校长价值领导力、课程领导力及组织领导力现状，并对这个过程进行深度描述，探寻这些深度描述所传达的经验。因此，本书采用了定量研究与定

---

① Teddlie C，Tashakkori A. Major Issues and Controveries in the Use of Mixed Methods in the Social and Behvioral Sciences [M]. Handbook of Mixed Methods in Social & Behavioral Research，Thousand Oaks，CA：Sage 2003：3－50.

② Greene J C，Caracelli V J，Graham W F. Toward a Conceptual Framework for Mixed-Method Evaluation Designs [J]. Educational Evaluation and Policy Analysis，1989，11 (3).

③ Sieber S D. The Integration of Fieldwork and Survey Methods [J]. American Journal of Sociology，1973，78 (6).

性研究相结合的混合研究法。

二、研究方法

Small（2011）指出，大多数实证混合研究都使用了两种或两种以上不同类型的数据收集方法。这些实证文献按照三个标准进行分类：不同类型的数据组合起来的动机、数据收集顺序的程度以及多个数据源嵌套的级别。从数据组合的动机来看，多数学者将其归为两类：确认性或互补性。确认是为了验证从一种数据中得到的结果与从另一种数据中得到的结果，也称为三角验证；互补设计的最大价值在于一种类型的数据能够弥补另一种类型的数据的不足。从数据的收集顺序来看，主要分为顺序设计（sequential designs）——研究者利用混合研究的几个优势，理解并发现关联背后的机制，一定情况下，序列研究在本质上可以完全迭代；并行设计（concurrent designs）——研究者认为顺序设计是不切实际的，当数据收集的顺序无关紧要，或者在一个给定的时间内需要多种类型的数据时应选择并行设计；嵌套设计（nested designs）——相同的参与者、组织或实地收集多个数据类型的程度，嵌套设计允许互补设计在整套研究中更深入地渗透到单个单元。基于嵌套设计的研究在随机对照试验中尤为常见，在这种嵌套研究中，通常对所有参与者进行调查，随机选择一个子样本进行深度访谈或观察。

本书根据研究问题的特点以及实地操作的可行性，采取嵌套设计的方式，即在问卷采集数据的过程中，同时通过访谈和观察采集相关资料。

（一）问卷法

问卷法主要通过书面语言或通讯形式进行数据采集，即研究者根据研究目的，编制科学系统的问题发给被调查对象，请求其客观填写答案，然后对回收的问卷进行整理与分析。美国社会学家艾尔·巴比将问卷视为社会调查的支柱。在教育领域的定量研究中，问卷调查法是最常用的资料收集方法。本研究的第一阶段主要通过问卷调查的方式收集资料，目的是了解特定区域内的中小学校长领导力状况。具体实施时，主要通过自主研发的《中小学校长领导力调查问卷》对东部、中部、西部 5 省 15 市的 500 名中小学校长进行问卷调查，经过统计分析，基本上了解了样本省份中小学校长领导力的整体情况。

（二）访谈法

所谓访谈法，指通过与研究对象的交谈来搜集所需资料的调查方法。[①] 在定性研究中，访谈通常是访谈者与被访谈者之间有目的地谈话。通过访谈者结构化或非结构化的引导，在被访谈者的回答中搜集语言资料，以了解被访谈者的背景信息与内心世界。对实证研究而言，访谈既可以作为收集资料的主要方式，也可以配合其他的研究方

① 白芸. 质的研究指导［M］. 北京：教育科学出版社，2002：42.

式，辅助资料的收集。[①] 从本质上说，访谈和问卷都是沟通的过程，访谈是以口头问答的方式搜集信息，被访者先听后说，灵活性强。访谈者在访谈过程中能采用灵活的态度，根据被访者的具体情况，有选择地使用事先准备好的访谈提纲，提出比问卷更有深度的问题，并根据访谈中所获得的言语信息或非言语信息展开深入的探讨，也可以根据不同的访谈对象，采用不同层次的访谈方式，从而获得丰富生动的资料。

在本书中，无论是学校领导还是教师，他们的思想、意义的获得等都是需要关注的内容，这些内容不但在文件中很难反映出来，而且也很难通过观察得到。此外，还有很多事情发生在过去，或者即使发生在现在也无法直接观察出来，因此仍需要进行必要的访谈。某种程度上，访谈是比观察还要重要的一种研究方法。此外，本书研究的是一种较为复杂的教育现象，需要通过深度访谈了解校长、教师的态度与信念，才能结合他们内心最真实的想法阐释客观数据背后的动机和原因。为深入了解中小学校长的领导实践情况，笔者组织了教育领域的专家，针对校长领导学校发展过程中的不同利益主体，如学校中层管理人员、学科教师、家长与教育行政人员等，设计了相应的中小学校长访谈提纲、教师访谈提纲、家长访谈提纲。其中，中小学校长访谈提纲包括校长在本校任职前的相关经历、对价值领导力、课程领导力、组织领导力、办学自主权、个

① 袁振国. 教育研究方法［M］. 北京：高等教育出版社，2000：176.

人成长与学校发展的看法。教师访谈提纲主要包括教师的基本信息、对学校文化创设、校本课程设置的态度与积极性，以及对校长引领教师专业发展的看法。家长访谈提纲主要涉及子女的学习情况以及家校合作情况。

从具体的访谈类型来看，为了全面展示中小学校长的领导实践行为，笔者根据统计结果，结合试调研阶段的考察，考虑到访谈的方便性与可进入性，先后在河南省郑州市、湖北省武汉市与荆州市挑选出能代表不同办学水平的若干所学校，通过非参与式观察，在基础教育场域结合正式、非正式、结构化与非结构性访谈策略，感受和体悟中小学校长领导学校发展的过程与状态，并用相机和录音设备等记录真实的合作过程，以获得与研究问题相关的翔实资料，以期能总结中小学校长领导力的实践困境及影响因素。

（三）文献法

长期以来，领导力问题一直是人们思考的主题。从19世纪末至今，领导力理论研究经历了特质理论、行为理论、权变理论以及变革型理论四个阶段。大量的领导力研究都集中于领导效力的决定因素，研究者试图找出那些决定领导者影响追随者、达成任务目标的领导特质、能力、行为、权力来源或情境因素。在研究前期，笔者通过查阅国内外大量的文献资料，总结了领导力的相关研究，尤其是与中小学校长领导力相关的研究，梳理了研究思路，厘清了中小学校长领导力的内涵与维度，并明确了中小学校长领导现状、面临的问题及对策，夯实了研究的理论基础。

根据混合研究要保证研究信度和效度的惯常做法，本书采用了以下六种方法以确保研究的可靠性。(1) 注意数据来源和方法的多样性；(2) 在数据收集程序和分析上采用了三角验证法，如通过数据结果和个案信息进行对比，从校长那里获得的信息与从中层领导者、普通教师那里获得的信息进行对照，用文献分析法、深度访谈法、非参与式观察所获得的资料相互对照等；(3) 使用多个案并进行个案比较；(4) 在被访谈者允许的情况下，对访谈内容全程录音，并做好访谈笔记；(5) 在条件可能的情况下，将转录的访谈内容返给被访谈者过目；(6) 不断反思，以消除研究中可能的偏见。

三、技术路线

本书的技术路线大致分为六步。第一步，通过文献梳理和田野观察，确定研究的切入点与理论框架，初步制订实施计划。第二步，通过与中小学校长、教师、教育行政部门人员、家长等利益相关者的访谈，借鉴成熟的量表，根据本书的研究主题编制调查问卷。第三步，对初编问卷进行专家效度检验，并结合中小学校长的意见对问卷进行修订。第四步，编制调研说明，确定调研区域，明确抽样对象和抽样方法，开展正式的问卷调查和访谈。第五步，分析问卷数据，整理访谈资料。第六步，撰写研究论文。具体的研究技术路线如图 2-1 所示：

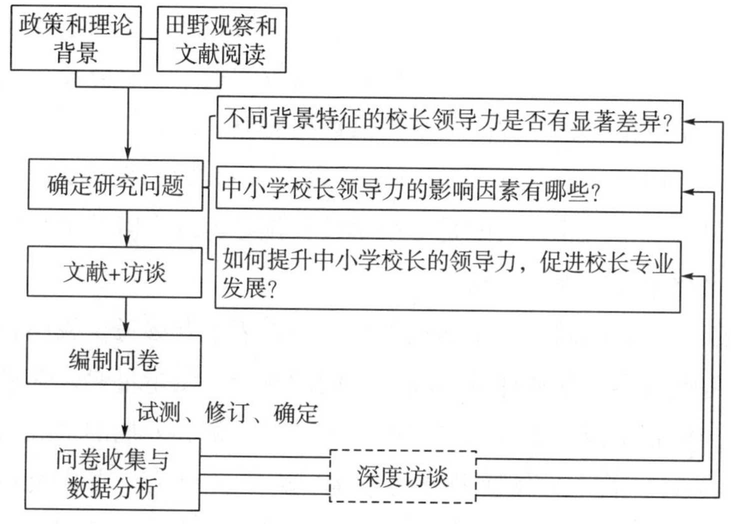

图 2—1　技术路线图

第二节　数据来源

一、调查工具

结合前期的理论构建与田野调研，笔者将中小学校长领导力划分为价值领导力、课程领导力及组织领导力三个维度，参考国内外相关的调查问卷，初步编制了《中小学校长领导力现状调查问卷》。

问卷内容主要由三部分构成，第一部分是学校的基本信息，包括学校性质、学段、学校地理位置、学校规模等题项；第二部分是校长的基本信息，主要涉及校长的人口学变量，包括性别、职称、年龄、学历、任职年限、专业背景、经济收入、所在省份和地域等题项，为研究校长人口学变量与领导力的关系提供数据支撑；最后一部分主要围绕中小学校长领导力测评量表以及自我效能感设置题目，其中需要说明的是中小学校长领导力量表以及自我效能感量表的理论依据。

笔者编制的中小学校长领导力量表主要参考了我国香港地区学者郑燕祥的学校“五向度模型”测量量表。郑燕祥整合了博尔曼等人的“四力框架”与萨乔万尼的“五力模式”，将学校领导划分为结构、人际、政治、文化及教育领导五个向度，并认为“五向度模型”全面地阐释了学校领导的内涵，因为这五个向度在各种组织理论中都有深厚的根基，并兼有教育组织的特定本质。在描述校长领导的多元特性方面，大量研究者以“五向度模型”为基础进行了实证研究，有力地支持了此模式的效度和综合性。①例如，郑燕祥运用“五向度模型”研究了校长领导与学生、教师、学校表现之间的关系，结果表明校长领导的五向度与学校效能、与教师的关系、组织文化的强度、教师团体表现，以及学生对学校、教师和学习的态度等方面存

① 此类文献见：Yuen B Y，Cheng Y C. A Contingency Study of Principal's Leadership Behavior and Teachers' Organizational commitment [J]. Educational Research Journal，1991，6：53－62.；Cheung W M，Cheng Y C，Tam W M. Parental Involvement in School Education：Concept，Practice and Management [J]. Journal of Primary Education，1995，5（2）：57－66.；Ching Shum L，Cheong Cheng Y. Perceptions of Women Principals' Leadership and Teachers' Work Attitudes [J]. Journal of Educational Administration，1997，35（2）.

在一种稳定的正面的相互关系。众多研究都支持领导的五向度模式能有效预测不同层面的学校表现[①]，结果表明五向度领导力之间高度相关，并与学校组织的优异表现正相关，弱领导力则负相关。该模型得到了国内外学者的广泛应用，取得了较为一致的研究结论。笔者参考郑燕祥的量表并作了修订，修订的原则是：第一，使其语言更加符合汉语的表达习惯；第二，充分考虑我国中小学办学的性质与特点；第三，基本结构与评分标准不变，量表的计分采用李克特 7 级计分法。

关于最后一部分的自我效能感量表，以往的研究通常采用国际通用的由 Schwarzer 等人编制的一般自我效能感量表（General Self Efficacy Scale，GSES），为了使该量表符合我国中小学校长的实际情况，笔者对该量表进行了适当的修订，修订后的自我效能感量表包括 6 个题目，采用李克特 5 级计分法，目的是了解校长自我效能感与领导力之间的关系。正式调查问卷的结构如图 2—2 所示。

① Cheng Y C. Principal's Leadership as a Critical Factor for School Performance：Evidence from Multi-Levels of Primary Schools ［J］. School Effectiveness and School Improvement，1994，5（3）.

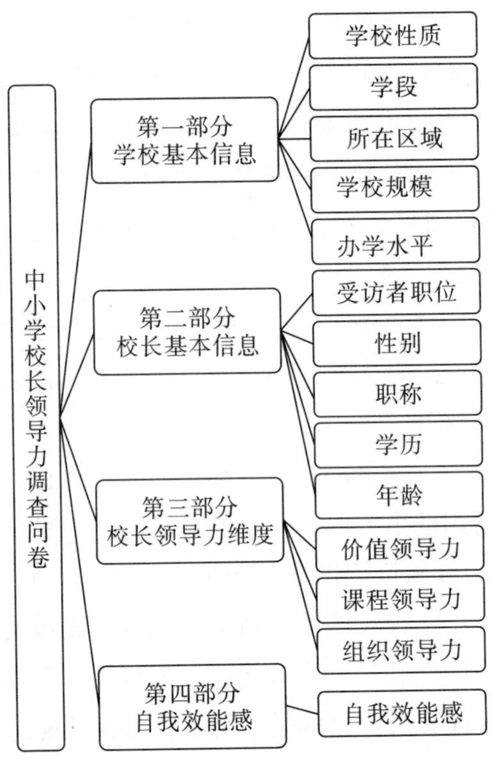

图 2-2 中小学校长领导力调查问卷的结构

根据中小学校长领导力所包含的三个维度，笔者对初编问卷进行了专家效度检验。邀请了两位教育学教授、5名经济学博士、3位心理学博士对问卷的40个项目进行了语义分析和归类，删除了维度归属模糊的项目，对项目进行了专家项目效度检验。另外，笔者走访了湖北省10所不同层次的中小学，邀请了12位中小学校长进行了小规模试测，并请他们说出了对此问卷的一些想法和观点，在问卷填答的过程中，笔者认真准确地记录了他们为何选择其中某项答案的原因。大部分校长能在15～20分钟内完成，说明问卷题量适当。在 10 所中小学当中，通山县城市小学两所，农村中学 3 所，英市农村小学两所，城市小学 1 所，中学两所。试调研结束之后，笔者结合中小学校长的建议，对问卷中不易理解或使其有威胁感的题项进行了修订，使问卷更符合中小学校长的现实情况。

二、调查取样

在不同的具体的社会调查中，调查对象的总体、样本规模要求、精确度要求、总体结构和分布等因素可能各不相同，要选择和确定一个高质量的样本，必须综合各方条件，例如总体规模与结构、精确度或典型度要求、抽取人数、经费、研究者自身的主客观条件等，制定一个符合各方条件要求的合理的抽样方案。抽样方案当然是越精确越好，但应该是结合实际情况的精确度最大化，而非罔顾客观现实、盲目追求抽样的精确度。事实上，抽取样本的代表性越高，其各方面的要求越严格，研究者达到这些要求的条件越苛刻，抽样的可行性就不高，或者受到的阻力就很大；样本的典型性越强，越有赖于研究者自身对调查情况和调查对象的了解以及他的主观判断。有学者指出，一个科学的抽样设计应该满足目的性、可测性、可行性与经济性四条原则。抽样方案设计应该在优先考虑可行性、目的性的基础上，进一步增加方案的可测性，同时减少所需资源。[①]

对一项社会调查而言，首先需要解决的就是选择抽样对象的问题。我们都知道，如果每项社会调查都采取普查的方式，获得的资料显然最为全面与理想。但是调查研究人员常常会在时间、经费、人力等方面遇到难题，甚至陷入困境，从而不得不在庞大的总体与有限的时间、人力、经费这两者之间寻求新的途径。[②] 经过长期的探索和实践，以现代统计学和概率论为基础的现代抽样理论，以及不断发展、完善的各种抽样方法，正好适应了现代社会调查的发展和应用的需要，成为社会调查知识体系中必不可少的一部分。可以说，抽样方法是架在研究者十分有限的人力、财力、时间与庞杂的、广阔的、纷繁的、多变的社会现象之间的一座桥梁。有了它的帮助，研究者可以方便地从较小的部分推论到很大的整体。

结合上述标准，研究者制定了分层随机抽样的样本选择方案。分层随机是研究者根据有关信息，按照一定的标准，先将目标总体划分为若干层次，然后从各层次随机抽取个体以组成总样本。分层随机抽样的第一个优点是在不增加样本规模的前提下降低抽样误差，提高抽样精度；第二个优点是非常便于了解总体内不同层次的情况，便于对

---

① 谭祖雪，周炎炎．社会调查研究方法［M］．北京：清华大学出版社，2013：43－52．

② 风笑天．社会调查原理与方法（第三版）［M］．北京：首都经济贸易大学出版社，2011：35．

总体中不同的层次或类别进行单独研究，或者进行比较。① 本书所使用的样本包括省、市（县）、乡镇学校，采取逐步推进的抽样策略，即遵循样本省—样本市（县）—样本乡镇—样本学校的顺序。

（一）样本省的选择

根据区域经济、社会、地理环境和教育发展的特点，选择在全国范围内具有代表性的省份。其中，东部地区主要选择浙江和广东两省；中部地区主要选择湖北和河南省为代表；西部地区主要选择四川省。

（二）样本市（县）及乡镇的选择

在样本省确定之后，结合样本省教育厅的建议与各省经济文化特点，各省选择 2～5 个样本市（县）。在样本市（县）确定之后，再按照同样的标准选择样本乡镇，每个市（县）选择 2～5 个乡镇。样本省、市、乡镇的样本分布见表 2—1。

表 2—1 调研省、市（县）样本分布

地区	样本省	样本市（县）
东部	浙江省	杭州市、金华市、台州市
	广东省	广州市、中山市、佛山市

① 风笑天. 社会调查原理与方法（第三版）[M]. 北京：首都经济贸易大学出版社，2011：56.

续表2-1

地区	样本省	样本市（县）
中部	河南省	郑州市、南阳市
	湖北省	武汉市、荆州市、咸宁市
西部	四川省	成都市、达州市、遂宁市、西昌市

（三）样本学校的选择

在样本市（县）确定之后，我们按照相同的标准选择5～10所中小学。为使研究的样本更具代表性，我们在进行样本选择时，分别根据学校的办学水平、学校层次、学校位置（城市、县镇、乡村）等进行分层随机抽样。

本书综合运用了定量调查和定性调查两种形式进行数据采集，因此在样本描述部分，对问卷调查和访谈调查的样本分别进行描述。

三、样本描述

（一）问卷样本描述

2018年10—12月，面向广东、浙江、湖北、河南与四川等省份共发放问卷500份，回收问卷470份，回收率为94％。在剔除变量缺失较多、答案呈明显规律性或答案明显不合理的样本之后，得到有效问卷437份，问卷有效率为92.98％。

在437份有效问卷中，有108个样本校长所在学校位于东部地区，占总样本的 24.7%；有 156 个样本校长所在学校位于中部，占总样本的 35.7%；有 173 位校长所在学校位于西部，占总样本的 39.6%。从样本的学段特征来看，小学校长有 312 位，占总样本的 71.4%；初中校长有 90 位，占总样本的 20.6%；九年一贯制学校的校长有 35 位，占总样本的 8%。从样本所在学校排名来看，调查样本所在学校在本县排名最差的有 9 所，占总样本的 2.1%；在本县排名中下的学校有 75 所，占总样本的 17.2%；在本县排名中等的学校有 127 所，占总样本的 29.1%；在本县排名中上的学校有 177 所，占总样本的 40.5%；在本县排名最好的学校有 49 所，占总样本的 11.2%（见表 2—2）。

表 2—2　中小学校长的基本特征

类别		百分比（%）
所属经济区域	东部	24.7
	中部	35.718.3
	西部	39.6
学校性质	公办	92.7
	民办	7.3
学段	小学	71.4
	初中	20.6
	九年一贯制学校	8.0
地理位置	城市	36.6
	县镇	38.4
	农村	25.0

续表2－2

类别		百分比（%）
学校在本县排名	最差	2.1
	中下	17.2
	中等	29.1
	中上	40.5
	最好	11.2
性别	男	65.4
	女	34.6
政治面貌	中共党员	88.6
	其他	11.4
年龄	39 岁及以下	18.3
	40～49 岁	60.4
	50～59 岁	19.7
	60 岁及以上	1.6
最初学历	大专及以下	72.6
	大学本科	27.2
	研究生	0.2
职称	暂未评级	1.6
	三级	2.3
	二级	8.0
	一级	53.3
	高级	34.6
	正高级	0.2
本校任职年限	2 年及以下	37.1
	3～5 年	38.4
	6～10 年	14.4
	11 年及以上	10.1

从样本分布的地理位置来看，调查样本所在学校位于城市的有 160 所，占总样本的 36.6%；调查样本所在学校位于县镇的有 168 所，占总样本的 38.4%；调查样本所在学校位于乡村的有 109 所，占总样本的 24.9%。从校长的行政职务来看，中小学正校长有 208 位，占总样本的 47.6%；副校长有 229 位，占总样本的 52.4%。从样本校长的职称来看，暂未评级的校长有 7 位，占总样本的 1.6%；职称为三级的校长有 10 位，占总样本的 2.3%；职称为二级的校长有 35 位，占总样本的 8%；职称为一级的校长有 233 位，占总样本的 53.3%；高级职称的校长有 151 位，占总样本的 34.6%；正高级职称的校长仅有 1 位，占总样本的 0.2%。从样本校长的受教育水平来看，最初学历为高中或以下的校长有 107 位，占总样本的 24.5%；大专学历的校长有 210 位，占总样本的 48.1%；本科学历的校长有 119 位，占总样本的 27.2%；研究生学历的校长有 1 位，占总样本的 0.2%。从样本校长的年龄分布来看，29 岁及以下的校长有 12 位，占总样本的 2.7%；30～39 岁的校长有 68 位，占总样本的 15.6%；40～49 岁的校长有 264 位，占总样本的 60.4%；50～59 岁的校长有 86 位，占总样本的 19.7%；60 岁及以上的校长有 7 位，占总样本的 1.6%。

（二）访谈样本描述

本书主要采取的是方便抽样的方法，在问卷发放的过程中，选择有代表性的不同层次学校的中小学校长、教师以及学生家长进行访谈。从问题的提出到前期试调研、从正式调研到数据分析，访谈贯穿整个研究的全过程。笔者正式访谈的中小学校长共计 28 人，教师 25 人，学生家长 18 人，教育行政部门人员 6 人，部分样本的信息见表 2—3。

表 2—3　访谈样本描述

走访学校	访谈对象	简介
英市实验①小学	校长 1 人 教师 2 人	英市是津市下辖的县级市，英市实验小学位于英市中心城区，始建于 1934 年，目前共有 26 个班级，1300 多名学生，教职员工 71 人。该校曾被省教育厅授予“中小学办学实力 50 强学校”“省教育改革先锋”“省科研兴校实验学校”等荣誉称号
英市第三小学	校长 1 人 教师 3 人	英市是津市下辖的县级市，英市第三小学创建于 1965 年，2001 年被市政府首批命名为公办示范学校。学校有 27 个班级，1800 名学生，教职工 90 人，学校一直以质量求生存，以创新求发展，以“规范＋特长”为办学追求
津市附属学校	校长 3 人 教师 4 人	津市附属学校是一所九年一贯制学校，创建于 2017 年，位于津市高新区的核心区域，占地 118 亩。学校以至善教育为主题，衍生为“立己达人，明德至善”的教育思想
岑镇南小学	校长 2 人 教师 3 人	岑镇是英市下辖的一个乡镇。南山小学是岑镇 2015 年在原中学校舍基础上新建的小学，生源主要来自岑镇下属乡村。布局调整后，行政村没有学校保留，最远的学生上学的通勤时间约为两小时，距离约 28 千米。南山小学的办学目标是“爱国崇善、善思敏学、健体雅趣、明辨笃行”
岑镇中学	校长 1 人 教师 2 人	岑镇是英市下辖的一个乡镇。岑镇中学办学质量在全津市 190 余所初中里排名百名开外，学校当前处于生存无忧，探索优质发展阶段。学校领导班子从课程教学入手，引领学校变革

① 依据学术惯例，本书中所涉及的地名和人名均作了匿名处理。

续表2—3

走访学校	访谈对象	简介
英市二中	校长 2 人 教师 2 人	英市是津市下辖的县级市，英市二中的前身是 1912 年创办的晴川书院，1953 年更名英市第二中学至今。学校占地面积 15019 平方米，现有两栋教学楼（24 间教室），一栋办公楼（40 间办公室）。十二五期间，英市二中以晴川文化为根，确立了“风清立雪”的校训，“风清”讲做人，风清气正、自然和谐；“立雪”指做事，向上进取、矢志不移
成水区中南师范大学附属实验学校	校长 3 人 教师 5 人 家长 8 人	中南师范大学附属实验学校位于锦江市中心城区，创建于 2017 年，占地面积 25596 平方米，是一所九年一贯制的寄宿制学校。以“尊重人、激励人、成全人”为办学理念，校训为“阳光仁爱、刚毅智雅”，形成了以“爱的教育”为基础，以“推己及人，由家而国”为体现的良好校风
英市	教研室 1 人	湖北省下辖地级市
草镇	文化站 1 人	英县下辖的一个乡镇
津市	教育局 1 人	津市下辖县级市
成水区	教体局 1 人	锦江市市辖区，位于中心城区
……	……	……

（三）样本检验

1. 信度检验

信度是用估计测量误差大小的尺度来说明问卷测验结果中测量误差所占的比率。Cronbach α 系数是 Cronbach 于 1952 年创立的，用于评价问卷的内部一致性。Cronbachα 系数取值在 0 到 1 之间，Cronbach α 系数越高，信度越高，问卷的内部一致性越好。录入正式的样本数据之后，笔者对中小学校长领导力量表的信度进行了检验，中小学校长领导力量表共有 34 个题项，Cronbach α 系数为 0.967，信度较高。

2. 效度检验

效度是指问卷测验的准确性，即测验能够反映所要测量特性的程度，既包括问卷测验的目的，也包括测量目标的精确度和真实性。

1）第一次因素分析

将“中小学校长领导力量表”34 个题项全部纳入因素分析程序，通过主成分分析法，以最大方差进行旋转。结果显示，中小学校长领导力的内部一致性系数（α）为 0.973，Bartlett's 卡方值达到显著程度，Bartlett's 球形度检验近似卡方值为 15111.827，价值领导力、课程领导力、组织领导力三个维度的内部一致性系数在 0.546 至 0.845 之间，显示问卷的内部一致性良好。因素分析后共萃取了 3 个因素，3 个因素的特征值分别占总特征值的 30.963%、20.733%、17.498%，3 个因素的特征之和可以解释总变量的 69.195%（见表 2—4）。

表 3—4 解释的总方差

成分	初始特征值			提取平方和载入			旋转平方和载入		
	合计	方差（%）	累积（%）	合计	方差（%）	累积（%）	合计	方差（%）	累积（%）
价值领导力	20.152	59.271	59.271	20.152	59.271	59.271	10.528	30.963	30.963
课程领导力	1.919	5.644	64.914	1.919	5.644	64.914	7.049	20.733	51.697
组织领导力	1.455	4.280	69.195	1.455	4.280	69.195	5.949	17.498	69.195
提取方法：主成分分析									

表 2—5 显示的是旋转后的因素载荷值，主要采用的是 Kaiser 标准化的正交旋转法。通过因素旋转，各个因素所对应的题项有了明确的解释：因素 1 代表价值领导力，主要对应 B 部分中小学校长领导力量表中的 1、3、5、6、7、8、9、10、13 题；因素 2 代表课程领导力，主要对应 B 部分中小学校长领导力量表中的 11、12、15、16、17、19、21、29 题；因素 3 代表组织领导力，主要对应 B 部分中小学校长领导力量表中的 2、4、14、18、20、23、24、26、27、28、30、31、32、33、34 题。3 个因素对应的题项与量表预设的 3 个二级指标相对应。量表中的 22 题与 25 题没有被纳入任何一个因素，在第二次因素分析中，考虑将变量 22 与 25 删除后，再观察新的因素模型。

表 2—5　中小学校长领导力负荷矩阵

	成分		
	价值领导力	课程领导力	组织领导力
B21—32			0.810
B21—34			0.797
B21—24			0.772
B21—31			0.764
B21—26			0.757
B21—27			0.731
B21—23			0.710
B21—33			0.704

续表2—5

	成分		
	价值领导力	课程领导力	组织领导力
B21—30			0.673
B21—18			0.659
B21—20			0.646
B21—14			0.640
B21—28			0.614
B21—2			0.610
B21—4			0.583
B21—15		0.845	
B21—16		0.842	
B21—19		0.747	
B21—17		0.738	
B21—29		0.650	
B21—11		0.574	
B21—21		0.648	
B21—12		0.553	
B21—22			
B21—25			
B21—10	0.700		
B21—3	0.671		
B21—6	0.654		
B21—8	0.616		
B21—5	0.599		

续表 2—5

	成分		
	价值领导力	课程领导力	组织领导力
B21—1	0.595		
B21—7	0.593		
B21—13	0.574		
B21—9	0.546		

2）第二次因素分析

检验结果显示，中小学校长领导力的内部一致性系数（α）为 0.973，Bartlett's 卡方值达到显著程度，价值领导力、课程领导力、组织领导力三个维度的内部一致性系数在 0.547 至 0.845 之间，显示问卷的内部一致性良好。因素分析后共萃取了三个因素，三个因素的特征值分别占总特征值的 32.148%、21.718%、18.328%，3 个因素特征之和可以解释总变量的 72.194%（见表 2—6）。

表 2—6　解释的总方差

成分	初始特征值			提取平方和载入			旋转平方和载入		
	合计	方差（%）	累积（%）	合计	方差（%）	累积（%）	合计	方差（%）	累积（%）
价值领导力	19.752	61.725	61.725	19.752	61.725	61.725	10.287	32.148	32.148
课程领导力	1.899	5.935	67.660	1.899	5.935	67.660	6.950	21.718	53.866
组织领导力	1.451	4.533	72.194	1.451	4.533	72.194	5.865	18.328	72.194
提取方法：主成分分析									

表 2—7 显示的是旋转后的因素载荷值，主要采用的是 Kaiser 标准化的正交旋转法。通过因素旋转，各个因

素所对应的题项有了明确的解释：因素1代表价值领导力，主要对应B部分中小学校长领导力量表中的1、3、5、6、7、8、9、10、13题；因素2代表课程领导力，主要对应B部分中小学校长领导力量表中的11、12、15、16、17、19、21、29题；因素3代表组织领导力，主要对应B部分中小学校长领导力量表中的2、4、14、18、20、23、24、26、27、28、30、31、32、33、34题。3个因素对应的题项与量表预设的3个二级指标相对应。Cronbach α系数显示，中小学校长领导力量表具有良好的结构效度。

表2-7 中小学校长领导力负荷矩阵

	成分		
	价值领导力	课程领导力	组织领导力
B21-32			0.814
B21-34			0.798
B21-24			0.777
B21-31			0.770
B21-26			0.755
B21-27			0.732
B21-23			0.711
B21-33			0.702
B21-30			0.674
B21-18			0.663
B21-20			0.642

续表2－7

	成分		
	价值领导力	课程领导力	组织领导力
B21－14			0.615
B21－28			0.614
B21－2			0.588
B21－4			0.573
B21－15		0.845	
B21－16		0.842	
B21－19		0.747	
B21－17		0.738	
B21－29		0.650	
B21－11		0.574	
B21－21		0.648	
B21－12		0.553	
B21－10	0.554		
B21－3	0.698		
B21－6	0.668		
B21－8	0.657		
B21－5	0.610		
B21－1	0.599		
B21－7	0.596		
B21－13	0.591		
B21－9	0.547		
Cronbachα	0.891	0.940	0.963

第三章　中小学校长价值领导力影响因素

随着我国教育改革的不断深入，价值领导的重要作用在教育领域日益凸显。1985 年《中共中央关于教育体制改革的决定》提出："学校逐步实行校长负责制，有条件的学校要设立审议机构。"[①] 1993 年《中国教育改革和发展纲要》提出："中等及中等以下各类学校实行校长负责制。"[②] 自此，校长负责制成为我国中小学普遍采用的领导体制。校长负责制的提出为校长价值领导的出现提供了良好的制度环境。2017 年《国家教育事业发展"十三五"规划》再次强调"完善中小学、中等职业学校校长负责制"[③]。随着教育行政部门管理权限的下放，校长逐渐成了促进学校发展、提升学校效能的第一责任人。校长如何基于学校师生特点，规划出有利于学校自身发展的宏伟蓝图，越来越成为大家关注的焦点。校长作为一所学校愿景

---

① 教育部. 中共中央关于教育体制改革的决定[EB/OL].（1985－05－27）[2018－11－21]. http://www.moe.gov.cn/jyb_sjzl/moe_177/tnull_2482.html.

② 教育部. 中国教育改革和发展纲要[EB/OL].（1993－02－13）[2018－11－21]. http://www.moe.gov.cn/jyb_sjzl/moe_177/tnull_2484.html.

③ 国务院. 关于印发《国家教育事业发展"十三五"规划》的通知［Z］. 2017－01－19.

的规划者与实践者，学校灵魂或精神是由校长的价值意识支撑的。校长以宏观深远的视野，构建了一套清晰明确的教育理念，坚守此信念发挥示范作用，并在实践中持续反省自身，将能发挥价值领导的作用，提升学校经营品质。

校长的价值领导代表着一种办学价值取向，是学校办学的灵魂。校长的主要功能在于以愿景激发、支持组织成员的努力，并塑造具有共同价值的生命共同体文化。因为价值观念是凝聚成员向心力和激发成员动机的力量，校长所传递、建构的价值观念能否被成员理解、认同与内化，是学校发展的基础。① 石中英表示，价值领导的过程是将共同价值观付诸实践，体现在学校理念、制度、行为乃至环境建设之中。校长的价值领导力是确定学校价值理念、宣传学校的价值理想、凝聚师生员工的价值共识、坚定信守学校价值方向的能力。② 表 3－1 为部分样本学校的办学理念。

表 3－1　部分调研学校的办学理念

学校	校长	办学理念
英市三小	杨校长	学校以“顺应童心，生动成长”为办学理念，构建了“完善人格、智慧头脑、健康体魄、审美情趣”校本核心素养目标体系

① 陈圣谟. 学校价值领导的理念与实践［M］. 台北：丽文文化，2010：4.

② 石中英. 谈谈校长的价值领导力［J］. 中小学管理，2007 (7).

续表3－1

学校	校长	办学理念
英市实验小学	王校长	学校以“从生活开始，为生命奠基”为办学思想，并将办学思想建立在“人是生活的人、教育是生活的教育、学校是生活的学校、学生是生活的学生”的基础之上
津市张巷小学	朱校长	学校践行“让学生在美的陶冶中成长，让学校在美的创造中发展”的办学理念；以“做最好的自己，创更美的人生”为校训；以“厚德树人、博学美教”为教风；以“文雅守纪、乐学自强”为校风；以“敏学、善言、探究、创新”为学风
英市二中	唐校长	学校以“风清立雪”为校训，以“心中有爱，眼中有人，手中有法”为教风，以“心中有梦想，手中有方法，脚下有行动”为学风
南山红叶小学	周校长	“打造现代的书香门第，培养有民族文化底蕴的现代书香少年”的办学目标，在发展学校办学特色的基础上，提炼出“以书香为伴，与生命同行”的办学思想，通过恪守“写好字，读好书，做好人”的校训，实施“以书育德、以书启智、以书品美、以书怡心、以书健体”的办学策略
索市草岭小学	牛校长	以“书法教育”作为学校的办学特色。以‘传承毕昇文化 构建墨香校园’为办学理念，以‘塑造字品人品俱佳的师生形象’为办学目标，自主研发校本教材，依托地理资源和现有人力资源，已基本形成常态化势态
通川南小	陈校长	校园文化建设主题是：育优雅学生，培优雅老师，建清雅校园
英县盘城小学	肖校长	学校以“厚德、勤学、乐善、笃行”为校训，盘城小学的成员亲切地称呼自己为“小草人”，学校发扬“小草精神”，彰显传统文化，弘扬国学经典，着力打造以儒家经典为底色，以足球为亮色的书香校园

续表 3-1

学校	校长	办学理念
英市洪文小学	邓校长	学校秉持“注重儿童体验，唤醒生命活力”的办学理念，坚守“崇文尚武”的校训。“崇文”是达成体验学习的目标，“尚武”是践行体验学习的方式。学校从“养正课堂”向“养正课程”延伸、扩大、升级，通过“品味传统、经典诵读、校园科技、武术文化”四大载体解读养正教育内涵，实现从“养正理念”到“养正课程”直到“养正教育”的飞跃
……	……	……

在教育变革的背景下，不同学校背景、不同个人特征的校长价值领导力是否存在差异？影响中小学校长价值领导力水平的因素有哪些？我们应该如何提升中小学校长的价值领导力？这是本章需要解决的问题。

第一节　中小学校长价值领导力描述统计分析

一、概念操作化

校长个人的办学价值理念很大程度上影响着学校的物质文化、精神文化、制度文化及行为文化的培育。学校文化是校长带领全体师生为实现学校先进的价值观而逐步形成的文化体系的总和。自 20 世纪 80 年代起，学校组织文化成为解释学校之间或国际间学校效能差异的重要变量，组织文化是影响员工工作态度及生产力的支配因素。[①] 而校长对学校文化的创设与引领是提升成员工作满意度、投入及表现的重要前提。校长的价值领导力则是将学校建设成为一个具有共同使命感和责任心的组织的能力。校长带领教职工参与创设学校的核心价值理念，制定学校愿景规划，形成共同的价值取向，打造学校特色文化，实现价值领导，真正实现从管理学校走向领导学校。

本章的被解释变量中小学校长价值领导力，是将问卷中的中小学校长领导力量表通过因素分析法降维得到的 9 个价值领导力题目，如为学校形成明确的教育使命与理念；激发教职工的责任感，使其热爱学生和教育事业；精心策划并明确学校发展规划的进度与时限；对教职工的工作、生活需要高度关怀等，取其得分均值作为价值领导力得分进行分析。由于本章主要考察中小学校长价值领导力的差异及影响因素，通过纯粹的理论思辨难以达成，有必要结合微观的实证分析。

二、描述统计与差异分析

（一）校长价值领导力的整体情况

从表 3－2 可以看出，校长领导力总水平的平均分为 5.29 分，价值领导力为 5.35 分，校长领导力总水平及价

① 郑燕祥. 教育领导与改革：新范式 [M]. 上海：上海教育出版社，2005：411.

值领导力得分均高于一般水平（4 分），表明中小学校长的价值领导力水平普遍较高。

表 3－2　中小学校长领导力总体情况

	最小值	最大值	均值	标准差
价值领导力	1.00	7.00	5.35	1.17
领导力总水平	1.00	7.00	5.29	1.15

（二）基于中小学校特征的校长价值领导力差异

为调查中小学校长的领导力现状，笔者编制了问卷，并按照科学、严格的抽样程序，获得了宝贵的一手资料。但单从校长个体的价值领导力得分无法判断其在样本总体中所处的位置，有必要从中小学校长任职的学校特征进行价值领导力差异分析。

表 3－3　校长价值领导力水平的区域差异

	区域	频数（人）	均值	标准差	F
价值领导力	东部	108	5.20	1.26	13.09***
	中部	156	5.72	1.11	
	西部	173	5.11	1.07	
领导力总水平	东部	108	5.19	1.21	23.57***
	中部	156	5.76	1.04	
	西部	173	4.94	1.06	

从表 3－3 可以看出，东部地区校长价值领导力均值为 5.20，中部地区校长价值领导力均值为 5.72，西部地

区校长价值领导力均值为 5.11，中部地区校长价值领导力最高。不同区域的中小学校长领导力总水平存在显著差异（$F=23.57$，$p<0.001$）。从校长的价值领导力维度来看，不同区域的校长价值领导力存在显著差异（$p<0.001$）。事后效应检验发现，从领导力总水平得分来看，中部地区校长领导力显著高于东部与西部地区，将东部与西部校长领导力进行比较，可以发现西部校长的领导力总水平得分最低。从校长的价值领导力维度来看，中部地区校长得分显著高于东部和西部地区（$p<0.001$），东部地区校长得分高于西部（$p<0.1$）。

表 3－4　校长价值领导力水平的地理位置差异

	地理位置	频数（人）	均值	标准差	F
价值领导力	城市	160	5.60	1.20	6.03^{**}
	县镇	168	5.23	1.14	
	农村	109	5.17	1.11	
领导力总水平	城市	160	5.66	1.12	14.07^{***}
	县镇	168	5.15	1.11	
	农村	109	4.98	1.12	

将校长任职学校的地理位置划分为城市、县镇和农村，调查校长源自城市学校的一共 160 人，来自县镇学校的 168 人，源自农村学校的 109 人，采用单因素方差分析考察校长领导力的地理位置差异情况。从表 3－4 可以看出，城市校长价值领导力均值为 5.60，县镇校长价值领导力均值为 5.23，农村校长价值领导力均值为 5.17，农

村校长价值领导力最低，不同地理位置的校长领导力总水平存在显著差异（$F=14.07$，$p<0.001$）。从校长价值领导力维度来看，城市校长的价值领导力与县镇、乡村校长存在显著差异（$p<0.01$），但县镇校长的价值领导力与农村校长的价值领导力不存在显著差异（$p>0.05$）。

表 3—5　校长价值领导力水平的学校性质差异

	学校性质	频数（人）	均值	标准差	T
价值领导力	公办	405	5.35	1.17	0.02
	民办	32	5.32	1.17	
领导力总水平	公办	405	5.29	1.16	0.31
	民办	32	5.22	1.06	

将校长所在学校类型分为公办与民办两类，调查样本中公办中小学 405 所，民办中小学 32 所。采用独立样本 T 检验对不同学校类型的校长领导力进行差异比较。从表 3—5 可以看出，公办学校校长价值领导力均值为 5.35，民办学校校长价值领导力均值为 5.32，公办学校校长价值领导力更高。在校长领导力总体水平以及价值领导力维度上，公办中小学校长领导力与民办并无显著差异。

表 3—6　校长价值领导力水平的学段差异

	学段	频数（所）	平均值	标准差	F
价值领导力	小学	312	5.36	1.19	0.82
	初中	90	5.25	1.12	
	九年一贯制学校	35	5.54	1.16	

续表3－6

	学段	频数（所）	平均值	标准差	F
领导力总水平	小学	312	5.29	1.17	0.61
	初中	90	5.24	1.14	
	九年一贯制学校	35	5.49	1.02	

将校长任职学校的类型划分为小学、初中和九年一贯制三类，调查样本校长一共312位，初中校长90位，九年一贯制学校校长35位。采用单因素方差分析考察不同学校类型校长领导力的差异情况。从表3－6可以看出，不同学校类型的校长领导力总水平以及价值领导力维度均不存在显著差异。

表3－7　学校不同发展阶段的校长价值领导力差异

	学校发展阶段	频数（所）	平均值	标准差	F
价值领导力	生存困难	23	5.18	1.05	25.35***
	发展不足	99	4.68	0.99	
	发展变革	197	5.35	1.01	
	优质发展	118	5.96	1.13	
领导力总水平	生存困难	23	5.00	1.03	31.82***
	发展不足	99	4.57	0.95	
	发展变革	197	5.30	1.06	
	优质发展	118	5.95	1.10	

将调查样本校长所在学校的生存和发展阶段划分为生存困难、发展不足、发展变革与优质发展4类，调查样本

中，目前处于生存困难的学校有 23 所，发展不足的学校有 99 所，发展变革的学校有 197 所，优质发展的学校有 118 所。采用单因素方差分析考察不同学校发展阶段的校长组织领导力的差异情况。从表 3－7 可以看出，处于生存困难的学校校长价值领导力均值为 5.18，处于发展不足的学校校长价值领导力均值为 4.68，处于发展变革的学校校长价值领导力均值为 5.35，处于优质发展的学校校长价值领导力均值为 5.96，处于发展不足的学校校长价值领导力最低。不同发展阶段的校长领导力总水平以及组织领导力维度均存在显著差异。

事后效应检验发现，从校长领导力总体水平来看，校长的领导力总水平呈现出优质发展＞发展变革＞发展不足＞生存困难的趋势（$p<0.001$）；从价值领导力维度来看，优质发展学校的校长组织领导力仍然显著高于其他发展阶段的校长；学校处于生存困难阶段的校长组织领导力最低。

（三）基于校长个体特征的价值领导力差异

表 3－8　校长价值领导力水平的年龄差异

	年龄	频数（人）	均值	标准差	F
价值领导力	29 岁及以下	12	4.88	0.89	1.05
	30～39 岁	68	5.16	1.26	
	40～49 岁	264	5.40	1.12	
	50～59	86	5.39	1.22	
	60 岁及以上	7	5.44	1.68	

续表3－8

	年龄	频数（人）	均值	标准差	F
领导力总水平	29 岁及以下	12	4.72	0.96	1.85
	30～39 岁	68	5.04	1.26	
	40～49 岁	264	5.36	1.09	
	50～59	86	5.33	1.19	
	60 岁及以上	7	5.48	1.48	

从样本校长的年龄分段来看，29 岁及以下的校长有 12 人，30～39 岁的校长有 68 人，40～49 岁的校长共 264 人，50 岁以上的校长共 93 人。采用单因素方差分析考察不同年龄段校长领导力差异。从表 3－8 可以看出，从总体上看，29 岁及以下校长的价值领导力均值为 4.88，30～39 岁校长的价值领导力均值为 5.16，40～49 岁校长的价值领导力均值为 5.40，50～59 岁校长的价值领导力均值为 5.39，60 岁及以上校长的价值领导力均值为 5.44，29 岁及以下校长的价值领导力最低。不同年龄段校长领导力总水平不存在显著差异。在校长价值领导力维度上，不同年龄段校长领导力不存在显著差异。

表 3－9　校长价值领导力水平的性别差异

	性别	频数（人）	均值	标准差	T
价值领导力	男	286	5.18	1.16	0.46
	女	151	5.67	1.14	
领导力总水平	男	286	5.09	1.15	3.98*
	女	151	5.68	1.06	

表3—9显示，在调查样本校长中，男校长286人，女校长151人。领导力总水平因校长性别而存在显著差异（$p<0.05$）。男校长价值领导力均值为5.18，女校长价值领导力均值为5.67，女校长价值领导力更高，在价值领导力维度校长性别未呈现出显著差异。

表3—10　校长价值领导力水平的学历差异

	学历	频数（人）	均值	标准差	F
价值领导力	高中或以下	3	5.33	1.91	0.53
	大学专科	102	5.23	1.09	
	大学本科	314	5.38	1.19	
	研究生	18	5.50	1.21	
领导力总水平	高中或以下	3	4.88	1.68	2.27^{+}
	大专及以下	102	5.06	1.08	
	大学本科	314	5.36	1.17	
	研究生	18	5.60	1.07	

本次调研数据中，学历为高中或以下的校长有3人，学历为研究生的有18人，大学专科学历的校长有102人，大学本科学历的校长有314人。采用单因素方差分析对校长领导力的学历差异进行检验。表3—10显示，从校长领导力总水平来看，不同学历的校长存在显著差异（$p<0.1$），但在校长组织领导力维度，高中或以下学历校长的价值领导力均值为5.33，大专及以下学历校长的价值领导力均值为5.23，大学本科学历校长的价值领导力均值为5.38，研究生学历校长的价值领导力均值为5.50，大

专及以下学历校长的价值领导力最低。不同学历背景的校长领导力差异不显著（$p>0.05$）。

表 3－11　校长价值领导力水平的职称差异

	职称	频数（人）	均值	标准差	F
价值领导力	三级及以下	162	5.35	1.17	1.13
	二级	35	5.07	1.14	
	一级	233	5.39	1.18	
	高级及以上	132	5.40	1.20	
领导力总水平	三级及以下	162	5.30	1.17	1.99
	二级	35	4.93	1.14	
	一级	233	5.35	1.15	
	高级及以上	162	5.30	1.17	

此次调查中，三级及以下职称的校长有 162 人，二级职称的校长有 35 人，一级职称的校长 233 人，高级及以上职称的校长有 132 人。采用单因素方差分析对不同职称的校长价值领导力进行差异检验。表 3－11 显示，不同职称校长的价值领导力总水平存在显著差异，事后效应检验发现，拥有高级职称的校长价值领导力显著高于二级职称的校长（$p<0.1$），职称为一级的校长价值领导力显著高于二级职称的校长（$p<0.05$），其他职称的校长价值领导力不存在显著差异（$p>0.05$）。

表 3－12 校长价值领导力水平的本校任职年限差异

	任职年限	频数（人）	均值	标准差	F
价值领导力	两年及以下	162	5.32	1.14	2.09
	3～5 年	168	5.34	1.22	
	6～10 年	63	5.63	1.12	
	11 年及以上	44	5.08	1.10	
领导力总水平	2 年及以下	162	5.33	1.11	4.00**
	3～5 年	168	5.28	1.19	
	6～10 年	63	5.57	1.13	
	11 年及以上	44	4.81	1.06	

为比较不同任职年限的校长领导力差异，将校长在本校的任职年限分为两年及以下、3～5 年、6～10 年、11 年及以上四组，采用单因素方差分析考察在本校不同任职年限的价值领导力差异。表 3－12 显示，从校长领导力总水平来看，不同任职年限的校长存在显著差异（$p<0.01$）。从校长价值领导力维度来看，不同任职年限的校长的价值领导力不存在显著差异。

事后效应检验发现，在本校任职年限在两年及以下的校长领导力总水平显著高于任职年限超过 11 年的校长（$p<0.01$），在本校任职 3～5 年的校长领导力总水平显著低于任职时长为 6～10 年的校长（$p<0.1$），但显著高于任职时长为 11 年及以上的校长（$p<0.05$），在本校任职 6～10 年的校长领导力总水平显著高于任职年限超过 11 年的校长（$p<0.001$）。在价值领导力子维度上，在

本校任职年限为 6～10 年的校长价值领导力显著高于任职年限为 5 年及以下的校长（$p<0.10$），也显著高于任职年限为 11 年及以上的校长（$p<0.05$）。

第二节　中小学校长价值领导力影响因素的回归分析

在本章第一节当中，我们通过单因素方差分析与独立样本 T 检验两种方式对校长领导力的总体特征以及不同学校背景、不同校长特征的价值领导力差异性进行了分析。从校长领导力的总水平来看，处于不同区域、不同发展阶段、不同年龄、不同性别、不同任职年限的校长的领导力存在显著差异。从价值领导力的差异比较来看，不同地理位置及不同学校发展阶段的校长价值领导力差异显著。经过差异性分析，我们发现了不同学校特征及校长特征可能对其价值领导力产生影响。与校长领导力总水平相比，价值领导力维度的比较则更为细化。在差异性分析当中，我们所采用的单因素方差分析和独立样本 T 检验只能大致度量两个变量之间的关联性，这种关联是否受到其他因素的干扰？此时，我们有必要采用多元回归分析方法，在控制其他解释变量的基础上，探析特定解释变量对因变量的影响程度。

本节首先根据理论与实践经验，对校长价值领导力的影响因素提出理论假设；其次，根据研究问题的需要选择适切的计量模型，并对相关变量进行界定与测量；再次，利用华中师范大学“中小学校长领导力”项目437份数据对影响中小学校长价值领导力的因素进行验证，并依据回归结果进行解释。

一、研究假设

从中小学校长领导力与学校发展的关系来看，Harris认为校长领导力是促进学校变革、改进与发展的关键。[①]Cheng研究发现，校长的文化领导对学校发展及改进有相当大的贡献[②]；黄亮等通过PISA2012上海数据发现，校长的目标引领力能显著预测学生的阅读素养[③]。在确信中小学校长领导力存在积极影响之后，学界开始探究中小学校长领导力的影响因素。在任何回归分析被运用到社会科学研究中的时候，研究者总是会或明确或含蓄地提出无数的假设。[④]

结合已有研究和田野调查，我们假设：

（1）校长的价值领导力存在性别差异，

（2）校长职称、学历、年龄与其价值领导力呈正相关，

① Harris A，Muijs D. Improving Schools through Teacher Leadership. Professional Learning [M]. London：Open University Press，2004：13－26.

② Cheng Y C. Leadership Style of Principals and Organisational Process in Secondary Schools [J]. Journal of Educational Administration，1991，29（2）.

③ 黄亮，赵德成. 校长领导力对学生学业成就的影响——教师教学投入与学校自主权的调节作用 [J]. 教育科学，2017，33（3）.

④ 贝里. 理解回归假设 [M]. 余珊珊，译. 上海：格致出版社，2012：2.

(3) 校长价值领导力存在显著的区域、城乡差异，

(4) 在控制校长人口学变量之后，校长的学习投入、自我效能感与校长的价值领导力的关系有待验证，

(5) 学校发展阶段与校长价值领导力呈正相关，

(6) 办学自主权对价值领导力的影响有待验证。

二、变量界定与模型设定

(一) 变量界定

本部分采用定量分析方法，探究影响中小学校长价值领导力的因素，主要涉及以下变量：

1. 因变量

校长价值领导力。结合前期的理论构建与田野调研，参考借鉴郑燕祥的“五向度模型”量表，本书中的被解释变量价值领导力是通过因素分析法降维得到 9 个价值领导力题目，单一维度包含“为学校形成了明确的教育使命、信念、理念”“树立了一切为了学生，以学生为中心的校风、教风”等，取其得分均值作为价值领导力得分进行分析。量表采用 7 点计分法，“1”为“完全不符合”，“7”为完全符合。“1”到“7”代表符合程度由低到高，校长价值领导力均值为 5.35 分，标准差为 1.17 分。

2. 解释变量

1) 办学自主权

综合国内外学者对学校自主权的阐释，本书将办学自

主权划分为四个方面，也与 OECD 的划分原则基本保持一致，即认为办学自主权具体包括学校发展规划权、课程开发自主权、教师招聘自主权与经费使用自主权四类，分别按照李克特五级等级赋值，1 代表“完全没有”，5 为“完全拥有”，数字越大表明拥有的自主权越高。样本校长制定学校发展规划自主权均值为 3.97 分，标准差为 1.15 分；开发校本课程自主权得分为 3.89 分，标准差为 1.25 分；教师招聘自主权得分 2.40 分，标准差为 1.55 分；经费预算自主权得分 3.6 分，标准差 1.33 分。

2）学习投入

校长的学习投入与其价值领导力关系密切，但国内外关于学习投入的测量指标并未达成一致，笔者主要参考了艾斯丁（Alexander Astin）对学习投入的界定①，从学习投入的数量方面进行可操作的测量。在问卷中，我们通过问题“您每周阅读总时长________小时?”来衡量一位校长的学习投入情况，从数据可以看出，校长每周平均阅读 7.61 小时，标准差为 6.04 小时。

3）自我效能感

自我效能感的测量是针对所涉及研究领域特定活动和行为完成度的自我评估。目前国内外关于管理者自我效能感的测量还未达成共识。② 本书通过借鉴与修订

---

① Axelson R D, Flick A. Defining Student Engagement [J]. Change: The Magazine of Higher Learning, 2010, 43 (1).

② 陆昌勤，方俐洛，凌文辁. 管理者的管理自我效能感 [J]. 心理学动态，2001 (2).

Schwarzer 等人编制的一般自我效能感量表，得到 6 个自我效能感题目，如“我能有效地解决工作中出现的问题”“在我看来，我擅长于自己的工作”“我相信自己能有效地完成各项工作”等，其均值为 4.06 分，标准差 0.84 分，该量表的 α 系数为 0.830。

4）学校发展阶段

结合田野调查，学校所处的发展阶段与其价值领导力关系密切，在问卷中，我们的问题是“学校目前的生存与发展现状是?”选项“1”代表生存困难，“2”代表发展不足，“3”代表发展变革，“4”代表学校处于优质发展阶段。

3. 控制变量

校长领导力水平受到多种因素的影响，根据已有文献及田野调查，本书主要选择学校特征与校长特征两个方面的自变量进行分析。具体而言，各变量的处理方法如下：

1）学校特征

学校特征主要包括所在的区域、地理位置、学段、学校性质，均为二分变量，分别以西部、农村、九年一贯制、民办学校为参照。

2）校长的个人特征

校长的性别为二分变量，分别以非党员与女性为参照；职称为定序变量，1 代表“未评级”，2 代表“三级”，3 代表“二级”，4 代表“一级”，5 代表“高级”，6 代表“正高级”；校长的年龄为连续变量，校长平均年龄为 44.54 岁，标准差为 6.75。关于变量的描述性统计详见表 3—13。

表 3－13　校长价值领导力的变量界定与测量

变量维度	变量名称	变量界定与测量	均值	标准差
校长领导力	价值领导力得分	9 个价值领导力题目得分均值	5.35	1.17
校长特征(P)	性别	1＝男；0＝女	0.65	0.48
	职称	1＝未评级，2＝三级，3＝二级，4＝一级，5＝高级，6＝正高级	4.18	0.80
	年龄	连续变量	44.54	6.75
	自我效能感	6 个自我效能感题目得分均值	0.00	1.00
	学习投入	连续变量	7.61	6.04
学校特征(S)	所属经济区域	1＝东部，2＝中部，3＝西部	2.15	0.79
	地理位置	1＝城市，2＝县镇，3＝农村	1.88	0.78
	学段	1＝小学，2＝初中，3＝九年一贯制	1.37	0.63
	学校性质	1＝公办，0＝民办	0.93	0.26
	学校发展阶段	1＝生存困难，2＝发展不足，3＝发展变革，4＝优质发展	2.94	0.84
办学自主权(A)	制定发展规划自主权	1＝完全没有，2＝很少拥有，3＝一般，4＝较多拥有，5＝完全拥有	3.97	1.16
	课程开发自主权	1＝完全没有，2＝很少拥有，3＝一般，4＝较多拥有，5＝完全拥有	3.89	1.26
	教师招聘自主权	1＝完全没有，2＝很少拥有，3＝一般，4＝较多拥有，5＝完全拥有	2.41	1.55
	经费预算自主权	1＝完全没有，2＝很少拥有，3＝一般，4＝较多拥有，5＝完全拥有	3.61	1.34

注：(1) N=437，(2) 表中虚拟变量均值（×100）后即为取值为 1 类别的样本占比。此处注释全书通用。

（二）模型选择

本书使用多元线性回归模型分析校长领导力的影响因素。具体计量回归模型的方程表达式如下：

$$V_i = \beta_0 + \beta_j \sum_{j=1}^{J} P_{ji} + \beta_k \sum_{k=J+1}^{K} S_{ki} + \beta_l \sum_{l=K+1}^{L} A_{li} + \varepsilon_i$$

（公式 3—1）

V_i 表示第 i 个校长的价值领导力，P 表示校长的个人因素，S 表示校长所在学校的特征，A 代表办学自主权。J、K、L 分别表示校长个人因素、学校特征以及办学自主权的变量个数，j、k、l 分别表示第 j、k、l 个自变量，β 为对应自变量对 V 的偏效应，ε 是模型无法解释的随机误差。

三、数据分析

（一）相关分析

在检验假设之前，要检验各变量之间的线性相关程度。本书采用 Pearson 相关系数法分析校长个人特征、学校情境特征、办学自主权与校长价值领导力之间的相关性。

表 3—14 的相关性分析结果显示，校长的性别与其价值领导力在 0.01 水平（双侧）上显著负相关，校长的年龄与其价值领导力在 0.05 水平（双侧）上显著正相关，校长的自我效能感与其价值领导力在 0.01 水平（双侧）

上显著正相关，校长学习投入与其价值领导力在 0.01 水平（双侧）上显著正相关，学校所处的地理位置与其价值领导力在 0.01 水平（双侧）上显著负相关，学校现在的生存与发展阶段与其价值领导力在 0.01 水平（双侧）上显著正相关，校长拥有的学校发展规划自主权、课程开发自主权、教师招聘自主权、经费预算自主权均与其价值领导力在 0.01 水平（双侧）上显著正相关。从表 3－14 可知，本书的自变量与因变量相关性良好，满足进一步数据检验的条件。

表 3－14　各变量的相关系数

变量	1	2	3	4	5	6	7	8	9	10	11	12	13	14	15	16
1	1															
2	0.047	1														
3	0.021	－0.198**	1													
4	0.4028	0.510**	－0.098*	1												
5	0.5022	0.174**	－0.154**	0.110*	1											
6	0.6011	0.093	－0.094*	0.087	0.152**	1										
7	0.2759**	－0.113*	－0.158**	0.082	0.026	－0.002	1									
8	0.2888**	－0.194**	－0.002	－0.229**	－0.032	－0.034	0.339**	1								
9	－0.0938	0.064	－0.014	0.348**	0.080	0.059	0.437**	0.082	1							
10	0.140**	0.145**	0.107*	0.059	0.089	－0.035	－0.124**	－0.110*	－0.214**	1						
11	－0.300**	0.104*	0.028	0.142**	0.148**	0.036	－0.163**	－0.366**	－0.084	－0.057	1					
12	－0.196**	0.017	－0.020	0.013	0.221**	0.055	－0.131**	－0.151**	0.016	0.049	0.199**	1				
13	－0.274**	0.022	0.015	0.049	0.172**	0.126**	－0.219**	－0.313**	0.024	0.083	0.250**	0.606**	1			
14	－0.227**	0.005	0.018	－0.088	－0.004	0.037	－0.359**	－0.213**	－0.288**	0.055	0.150**	0.206**	0.223**	1		
15	－0.138**	－0.042	－0.001	0.005	0.169**	0.018	0.060	－0.084	0.141**	－0.019	0.101*	0.496**	0.357**	0.227**	1	
16	－0.196**	0.115*	－0.017	0.039	0.355**	0.162**	－0.063	－0.150**	0.006	0.013	0.341**	0.482**	0.452**	0.199**	0.356**	1

注：变量1－16分别代表性别、年龄、学历、职称、自我效能感、学习投入、区域、城乡、学段、学校性质、学校发展阶段、学校发展规划自主权、课程开发自主权、教师招聘自主权、经费预算自主权与价值领导力。

（二）回归分析

多元回归分析基于不同的目的，可以分为预测型回归与解释型回归两类。两类回归分析的主要差异体现在操作上：预测性回归为了以最少的自变量来达成对被解释变量最大的解释力，主要采用的方法是逐步回归法；解释型回归则强调解决研究者所关注的各自变量之间的关系，并着力提出一套最合理的回归模型。因此，本书先采用逐步回归分析，验证各解释变量与因变量之间的强弱，以此来决定哪些解释变量应纳入和何时纳入回归方程式，得到的回归模型摘要详见表 3－15：

表 3－15　校长价值领导力影响因素回归模型摘要

模型	R	R^2	调整 R^2	变化值统计			
				R^2 变化值	F 变化值	Sig. F 变化值	Durbin-Watson
1	0.482[a]	0.233	0.231	0.233	131.960	0.000	
2	0.545[b]	0.298	0.294	0.065	40.011	0.000	
3	0.590[c]	0.348	0.437	0.050	33.251	0.000	
4	0.609[d]	0.371	0.365	0.024	16.203	0.000	
5	0.618[e]	0.382	0.375	0.011	7.733	0.006	
6	0.624[f]	0.390	0.381	0.007	5.097	0.024	2.027

由表 3－15 可知，6 个模型的 F 检验值都达到了显著性水平，分别为 $F1=131.960$（$p=0.000$）、$F2=40.011$（$p=0.000$）、$F3=33.251$（$p=0.000$）、$F4=$

16.203（p =0.000）、$F5$ =7.733（p =0.006）、$F6$ = 5.097（p =0.024）。Durbin-Watson＝2.027 接近 2，表明残差之间相互独立。另外，6 个模型的容忍度值在 0.534 到 0.963 之间，方差膨胀系数 VIF 最大值为 1.873，说明自变量之间没有线性重合问题。

结合表 3—15 的回归结果与研究目的，表 3—16 采用的是解释性回归分析，仔细检视每一个被纳入分析的解释变量与其他变量的关系，对每一个解释变量的个别解释力都予以讨论和交代。

表 3—16　校长价值领导力的影响因素

变量维度	自变量	因变量：校长价值领导力		
		模型 1	模型 2	模型 3
校长特征 (P)	性别	−0.513*** (0.107)	−0.262* (0.120)	−0.081 (0.109)
	年龄	0.016+ (0.009)	0.007 (0.009)	0.016+ (0.008)
	受教育年限	0.050 (0.035)	0.026 (0.035)	0.036 (0.031)
	职称	−0.063 (0.074)	−0.112 (0.081)	−0.083 (0.073)
	自我效能感	0.399*** (0.053)	0.339*** (0.052)	0.242*** (0.048)
	学习投入	0.022** (0.009)	0.021* (0.008)	0.016* (0.007)

续表3－16

变量维度	自变量	因变量：校长价值领导力		
		模型 1	模型 2	模型 3
学校特征（S）	城市		－0.044 (0.157)	－0.171 (0.142)
	县镇		－0.093 (0.138)	－0.161 (0.124)
	东部		－0.079 (0.150)	－0.228 (0.139)
	中部		0.258^{+} (0.145)	0.039 (0.133)
	小学		－0.088 (0.199)	－0.027 (0.178)
	初中		－0.167 (0.218)	－0.192 (0.196)
	学校性质		0.007 (0.230)	－0.093 (0.212)
	学校发展阶段		0.350*** (0.067)	0.280*** (0.060)
办学自主权（A）	发展规划自主权			0.222*** (0.052)
	课程开发自主权			0.164*** (0.048)
	教师招聘自主权			0.055^{+} (0.033)
	经费预算自主权			0.095* (0.040)
	常数	4.365*** (0.672)	4.167*** (0.730)	1.907** (0.687)

续表 3－16

变量维度	自变量	因变量：校长价值领导力		
		模型 1	模型 2	模型 3
	N	437	437	437
	R^2	0.177	0.234	0.390

注：(1) * ，** ，*** 分别表示在 5%、1%和 0.1%的水平上显著，此处注释全书通用；(2) 括号内为标准误差。

表 3－16 是校长价值领导力影响因素的多元线性回归分析结果。领导特质理论一度十分流行，这种理论认为某些人天生就具有成为领导者的一系列素质。斯托克蒂尔指出，校长的个人素质如校长的能力、自信心、学位、知识等对校长领导力有重要影响。[①] 由此，模型 1 主要依据校长个人特征变量，将校长的性别、年龄、受教育年限、职称、自我效能感、学习投入纳入方程模型，模型中的 $R^2=0.177$，表明自变量解释了校长价值领导力 17.7%的差异。回归结果表明：与女校长的价值领导力相比，男校长的价值领导力显著低 0.513 分（$p<0.001$）；与年轻的校长相比，随着年龄的增长，校长的价值领导力显著增加 0.016 个单位（$p<0.1$）；从校长的受教育年限来看，学历越高的校长价值领导力略高于学历低的校长，但不同受教育年限之间的校长价值领导力差异未达到显著性水平；

① Lord R G, De Vader C L, Alliger G M. A Meta-Analysis of the Relation between Personality Traits and Leadership Perceptions: An application of Validity Generalization Procedures [J]. Journal of Applied Psychology, 1986, 71 (3).

校长的自我效能感对校长的价值领导力有显著影响，即校长的自我效能感越高，越能正向影响校长的价值领导力（$p<0.001$）；学习投入作为领导能力构成的基础，是校长领导学校发展的核心竞争力，回归结果显示学习投入在0.1%显著水平上正向影响校长价值领导力，即学习投入每增加1个单位，校长的价值领导力显著提升0.022个单位。

模型2在模型1的基础上加入了学校特征变量。斯托克蒂尔指出，尽管领导者的个人素质非常重要，但环境也非常重要。他指出，一个人仅仅拥有这些个人素质，还不足以成为领导者。个人素质必须适应环境的要求，或者与环境达成某种平衡。① 模型2加入学校特征变量之后，R^2由模型1的0.177变为0.234，模型2中所有自变量解释了校长价值领导力23.4%的差异，模型的拟合优度进一步提高。具体而言，男女校长价值领导力的差异依然显著，但加入学校特征变量之后，校长价值领导力的性别差异逐渐缩小，由模型1中的0.513缩小为0.262（$p<0.05$）；校长年龄、受教育年限变量对校长价值领导力略有影响，但没有通过显著性水平检验；自我效能感变量对校长的价值领导力有显著正向影响，与模型1相比，自我效能感对中小学校长价值领导力的影响从0.399变为0.339，表明学校特征一定程度上起到了调节作用；从学

① 乔恩·L. 皮尔斯，约翰·W. 纽斯特罗姆. 领导力：阅读与练习：第4版[M]. 北京：中国人民大学出版社，2009：91.

习投入对校长价值领导力的影响来看，学习投入在5%的显著水平上正向影响校长价值领导力的提升。与模型1相比，学习投入对校长价值领导力的影响有所降低，表明学校特征变量加入之后，有效调节了由于学习投入差异引起的校长价值领导力差异。

以农村校长价值领导力为参照，城市、县镇校长的价值领导力均未通过显著性水平检验；与西部地区校长的价值领导力相比，中部地区校长价值领导力显著高出0.258分（$p<0.1$），东部地区校长价值领导力略微高于西部地区校长价值领导力，但没有通过显著性水平检验；不同学段之间校长价值领导力不存在显著差异；在控制其他因素的基础上，学校目前的生存发展状态越好，越能正向预测校长的价值领导力（$p<0.001$）。

模型3在模型2的基础上加入了制定学校发展规划自主权、课程开发自主权、教师招聘自主权与经费预算自主权，R^2从模型2中的0.234变为0.39，模型3中的自变量解释了中小学价值领导力39%的差异，模型的拟合优度得到进一步提高。样本中小学以公办为主，绝大部分是政府为满足社会公共需要举办的，政府及其教育行政部门是中小学的直接领导者和具体管理者。政府主导或直接制定学校发展计划固然有助于实现政府对教育领域的全面管理，但也导致了政府对教育领域“管得过细、过多、过严”的现象。从外部关系来说，如何调整政府与中小学的关系是基础教育管理体制改革的难点，改变政府对中小学的管理行为，赋予校长相应的办学自主权是教育体制改革的关键。

鉴于此，模型 3 加入了办学自主权变量，结果显示，在控制其他因素的基础上，校长价值领导力的男女性别仍存在略微差异，女性校长的价值领导力高于男性校长的价值领导力，但二者的差异没有通过显著性水平检验；从年龄变量的影响结果来看，年龄变量的估计值正向显著，校长的年龄越大越有利于提高校长的价值领导力；校长的受教育年限与职称对其价值领导力的影响均未通过显著性水平检验；从自我效能感与校长价值领导力的关系来看，校长自我效能感越高，越能正向预测其价值领导力（$p<0.001$）。与模型 2 相比，模型 3 中的自我效能感对校长价值领导力的影响由模型 2 中的 0.339 变为 0.242，表明办学自主权变量的加入对自我效能感变量起到了一定的调节作用，但自我效能感对校长价值领导力的影响呈现较强的稳定性；从学习投入与校长价值领导力的关系来看，模型 3 中的学习投入对校长价值领导力的回归系数为 0.016（$p<0.05$），学习投入对校长价值领导力的影响系数从模型 1 的 0.022 到模型 2 的 0.021，再降到模型 3 的 0.016，表明办学自主权变量一定程度上能调节校长学习投入对价值领导力的影响；从学校特征变量来看，学校所在区域、学校性质与学段对校长价值领导力的影响均未通过显著性水平检验。

在控制校长个人特征以及学校特征的基础上，校长拥有制定学校发展规划自主权对校长价值领导力有显著正向，校长制定学校发展规划自主权的扩大将有利于提高校长价值领导力（$p<0.001$）；一所学校的发展规划与文化理念如何落实到校本课程中，是推动学校发展的重要维度。从学校课程开发自主权与校长价值领导力的关系来看，课程开发自主权在0.1%的水平上正向影响校长的价值领导力，即校长的课程开发自主权每提高1个单位，其价值领导力提高0.164个单位（$p<0.001$）；教师作为学校发展规划的主体，教师的专业素养与学校的发展息息相关。从教师招聘自主权与校长价值领导力的关系来看，教师招聘自主权在10%的显著水平上正向影响校长的价值领导力，校长拥有的教师招聘权的扩大将有利于提高其价值领导力；从学校经费预算自主权与校长价值领导力的关系来看，教师招聘自主权对其领导力的影响通过了0.001水平的显著性检验，校长拥有教师招聘自主权对校长价值领导力有显著正向影响（详见表3－16）。

四、结果及讨论

（一）研究结果

本部分基于广东、浙江、湖北、河南、四川5省15市437份“中小学校长领导力”的调查数据，通过描述性分析以及多元线性回归分析，揭示了校长价值领导力的总体水平及不同群体的差异，探讨了校长特征、学校内外部情境对校长价值领导力的影响。研究结果如下：

第一，结合校长特征模型、学校内外部情境模型的分析，可以发现校长的价值领导力受多种因素的综合影响。

校长价值领导力的差异有17.7%源自校长自身的特征差异，这意味着有82%左右的差异是校长的个人特征无法解释的，更多的影响因素主要依赖于学校情境。

第二，从校长特征变量与校长价值领导力的关系来看，模型1—2中，校长的价值领导力存在显著的性别差异，女性校长的价值领导力比男校长高0.2～0.5个标准分；模型1—3中，校长的自我效能感系数呈持续降低的趋势，从模型1中的$\beta=0.399$，$p<0.001$变为模型2中$\beta=0.339$，$p<0.001$，再降为模型3中的$\beta=0.242$，$p<0.001$，表明校长的自我效能感对校长价值领导力具有稳定的正向预测作用，此结果与Townsend等人[①]的研究结果一致；学习投入变量的回归系数从模型1—3缓慢降低（$\beta=0.022$，$\beta=0.021$，$\beta=0.016$），但对校长的价值领导力有显著正向的预测效果。

第三，从校长所在学校的特征来看，模型2加入学校特征变量之后，不同区域、不同学段以及不同学校性质的校长价值领导力未呈现出显著差异；从学校生存与发展现状来看，学校发展阶段与校长价值领导力正相关，即学校目前的生存与发展状态越佳，越能正向预测其价值领导力。

第四，对办学自主权与校长价值领导力的关系分析结果表明，校长拥有的学校发展规划自主权、课程开发自主

---

① Townsend D M，Busenitz L W，Arthurs J D. To Start or not to Start：Outcome and Ability Expectations in the Decision to Start a New Venture［J］. Journal of Business Venturing，2010，25（2）.

权、教师招聘自主权与经费预算自主权的程度对校长的价值领导力有显著正向影响，在控制校长个人特征与学校内部情境的基础上，办学自主权变量解释了校长价值领导力39%的差异，此结果与冯大鸣（2018）[①]的研究结果基本一致。

（二）分析及讨论

1. 自我效能感对校长价值领导力有显著正向影响

研究表明，校长的自我效能感对其价值领导力具有正向预测作用。这与厄尔利（P. C. Earley）等人的研究结论一致。自我效能高的管理者对工作的积极态度也比较高；[②] 强烈的自我效能感能使管理者更专注于任务需求，既不会担心完不成既定目标，也很少产生消极的态度。[③] 当遇到困难时，自我效能感高的领导者会以积极的心态去面对，而非将压力视为威胁。[④] 与自我效能感低的领导者相比，高自我效能感的领导者更愿意进行风险投资，并设置具有挑战性的目标，不仅善于创新性地实现学校领导，

---

① 冯大鸣. 我国义务教育学校办学自主权的实证分析［J］. 中国教育学刊，2018（10）.

② Earley P C，Gibson C B，Chen C C. “How did I do?” versus “How did we do?” Cultural Contrasts of Performance Feedback Use and Self-efficacy［J］. Journal of Cross-Cultural Psychology，1999，30（5）.

③ Bandura A. Organisational Applications of Social Cognitive Theory［J］. Australian Journal of Management，1988，13（2）.

④ Jex S M，Bliese P D. Efficacy beliefs as a moderator of the Impact of Work-related Stressors：A Multilevel Study［J］. Journal of Applied Psychology，1999，84（3）.

而且更善于以自身魅力与实践行为去引领追随者。

以下是对津市高新区附属实验学校甘校长的访谈：

问：您是如何看待学校文化与学校发展之间的关系的？

答：我觉得每个学校的文化都是一种价值的引领，是学校发展的顶层设计。

问：您是如何创设贵校学校文化的？

答：从进入我们学校，你们应该看到我们学校的文化。我从头说一下，我在做这所学校校长之前，我一直在跟那个上海有一个咨询机构（方略教育集团）合作。我从 2008 年开始，被他们请过去，（他们）有一些校园文化打造的项目，按照他们的要求到下面的学校做一些专家咨询和指导工作。所以我对学校里的文化知识很看重。首先，善是教育的根本追求。这个学校提炼的是至善教育，做人应该放在第一位的是什么？——做一个善良的人。所以善良是教育的终极目标。至善，通常指一切其他的善都包含于其中或者都来源于它的那种最高的善。出于西汉戴圣《礼记·大学》："大学之道，在明明德，在亲民，在止于至善。"我们学校将"明德至善"作为学校的教育理念与价值追求，是至善教育思想的凝练表达，这是一种思想，一个目标。思想，就是在上善若水与明德至善的永恒追求过程中，促进学生全面发展的素质教育思想；目标，就是仁恕精神，己欲立而立人，己欲达而达人。

作为办学理念，它是一种精神支柱，是学校不断努力的内驱力和共同的价值观念。

我们学校位于高新区，但是高新区目前没有教育局，我们还是归属于津市教育局管，当我们向津市教育局要老师的时候，局里总是将其他学校那种不稳定的教师派到我们这，许多教师都考公务员走了，所以我们一直面临教师缺编的问题。这所学校 2017 年开学，学生是由片区内几所农村小规模学校整合而来的，多数教师也是以前农村小规模学校的教师，我们学校从一开始就面临学校管理、师资、生源等多种难题。但是学校文化的打造并不是学校特色发展阶段的附属物，而是一所学校的立校之本，所以一入职，我就着力打造学校文化，并多次与中南师范大学教育学院的专家们沟通交流，现在学校文化的打造已基本成体系。

正如世界上万物的成长规律，每个人的生命历程和发展路线都是独特色。从甘校长的访谈中能感受到具有高自我效能感的人，尽管面临诸多困难，也在积极努力地寻找解决方案。甘校长丰富的跨界工作经验是自我效能感形成和发展最大的信息来源，对其自我效能感发挥着最直接的影响；校长在学校建设情境中所体验到的情绪和生理唤醒水平有助于校长对其价值领导胜任力的自我觉知；在作为专家到别的学校进行指导的过程中，通过观察获得的有关学校文化及情境性质的认识有助于效能信息的获得，让甘校长相信他有能力在类似的情况下获得成功。

以下是对中南师范大学附属苏州实验小学房校长的访谈：

问：您是如何看待学校文化与学校发展之间的关系的？

答：所谓文化立校，我觉得学校文化是立校之魂，是学校发展的向心力。

问：您是如何创设贵校学校文化的？

我之前在广州一所高中任教务主任，之后因为对大学如何选拔生源感兴趣，我去了一所民办高校做招生主任。当了解了高中、大学之后，我觉得到中小学从事管理则相对轻松。然后通过中南师范大学基础教育合作平台的招聘，我就被派往苏州中南师范大学附属实验小学任校长。我觉得这种合作学校的校长面临的挑战完全不同，我们属于游离在体系之中，教育局管一点，中南师范大学管一点，企业投资方管一点。顶层公婆多，如何充分有效利用各方资源打造特色学校文化是一个问题。我们学校 2015 年创办，属于成长的初期，在目前的合作体系当中，企业组织文化、大学文化、中小学办学文化都存在较大的差异。当文化难以融合，没有共同的发展目标时，这种合作就是两张皮。说实话，我当时被选聘进来，分派到沿海的时候，我特别迷茫，我不知该如何做。我怎么才能不让中南师范大学的品牌贬值，中南师范大学的教育理念是什么？办学风格是什么？如何与当地的文化融合？我一时陷入了迷茫。所以，当时我申请自费到中南师范大学附小跟岗学习了一个半月，去学习校长、教师的管理风格、教学理念，从学校的日常教学、管理活动中去感受中南师范大学的理念。中南师范大学教育学院的郭教授经常去那里健身，我会刻意去那里找郭教授，谈谈我的一些想法与疑惑。我在附小经过了一两个月的学习，才深刻了解了中南师范大学的文化理念，之后便结合学校自身特色加以打造。

从以上访谈内容可以看出，中南师范大学附属苏州实验学校成了一个开放的系统，如何充分利用当地政府、企业投资方、大学优质资源打造所在中小学的文化特色，房校长面临着来自系统内外的挑战与机遇。房校长自身对中南师范大学的文化理念并不了解，其自费到中南师范大学附小学习体现了房校长在困难面前的主动、坚韧与乐观。房校长丰富的学习、工作经历是一笔财富，也是她走向成功领导人的奠基之石。实现校长价值引领的过程是一个长期的、复杂的、动态生成的过程。房校长通过在中南师范大学附小的学习，获得了对文化创设任务及情境的认识，观察他人如何管理学校，尤其是那些令人仰慕的、可信赖的和相似的榜样，也影响了房校长对其领导胜任力的看法，因为通过与他人的比较，房校长相信自己也能在类型的情况下领导学校发展得更好，这是一种渐进式的文化变革，不是外力推拉的结果，是一场静悄悄的革命。

2. 学习投入对校长价值领导力有显著正向影响

研究发现，校长每周的学习投入对其价值领导力有显著的正向影响。有学者认为学习力是个人在学习和实践过程中形成和不断发展的以理解力为核心的发现问题、分析问题和解决问题的能力。[①] 某种程度上校长每周的学习投入反映了校长的学习意志和进取心，也体现了校长自主学习的行动力。校长结合自身的领导实践不断反思，结合理论学习不断改进，从而正向影响其价值领导力的发挥。

以下是对英市实验小学王校长的访谈：

问：您是如何看待学习投入与校长价值领导之间的关系的？

答：学习能在增进自己专业智慧的同时使自己的领导行为更加敏捷睿智。在学习的过程中不断反思，才能推动校长专业发展，这也是促进校长生命成长的途径。处在生活的维度办学校，人人是学习之人、时时是学习之机、处处是学习之所。海纳百川、团队合存的一种境界是“办学生幸福的学校、办学界认可的学校、办人民满意的学校”，推陈出新追求“本真”。以身作则或提供榜样始终被视为激励教师的有效领导方式。我们学校倡导把阅读作为一种习惯，领导与师生都在阅读中发展。学校老师们或信手闲翻，或倾心

---

① 陈秉初. 合作办学背景下的课堂转型之路：基于学习力提升的课堂教学改革研究［M］. 杭州：浙江工商大学出版社，2017：50.

细读，或圈圈点点，或反复品读，全体教师积极参加阅读活动，广泛阅读书籍。在开学初的“与书香为伴，做魅力教师”的读书感言征集活动中，累计共收到 110 篇、2 万余字的读书心得，校领导与教师都度过了一段充实又愉快的时光。让书香飘满校园，让文化浸润心灵，这是我们学校所有师生的一个美好的理想，也是我们共同坚守的一份情怀。

王校长认为勤于学习，善于思考是提高校长价值领导力的关键。唯有多学习，才能有新的发展思路。校长“欲齐其家，先修其身”，作为校长应该经常反思自己在师生心目中的形象。阅读让王校长找到了自己与名校长之间的差距，也找到了方向和动力。

朱校长最大的特点就是勤学与善思，这是大家最佩服的一点。学校的每一点新发展都离不开朱校长的新理念的引领。朱校长办公室的书橱摆满了书，而且经常更换。她常常在空闲的时间阅读这些新书，以获得更多新的知识。每当朱校长有新的想法时，就会召集大家一起商讨，再付诸实践。所以，学校的持续发展与朱校长的勤学善思密不可分。(张巷小学　王老师)

与朱校长见面时，她素雅得体的着装、热情诚挚的微笑、干练内敛的气质、自信儒雅的神情给笔者留下了极为深刻的印象。朱校长极具亲和力，对待教职员工像对待朋友和家人一样，将张巷小学凝聚成一个大家庭。朱校长带领教职员工一起学习，共同进步，让教师们感受到成长的快乐，也时刻感受到自身价值的存在，这就是学习的价值所在。

3. 学校发展规划自主权对校长价值领导力有显著的积极影响

研究表明，校长拥有的办学自主权程度与其价值领导力显著正相关。在办学自主权的分维度当中，制定学校发展规划自主权对校长价值领导力的政策预测力最大（$\beta=0.222$，$p<0.001$）。我们处在一个变革的时代，中小学校变革的理论与实践也是形形色色的。学校应该如何发展，学校发展应该侧重于什么，学校的发展目标是什么，这些追随者们想知道的答案都主要集中在学校的灵魂人物——校长身上。学校的发展规划若是由校长自上而下地制定并要求教职工执行，可能这种执行只是“纯粹为了获得外在奖励或避免某种惩罚”[①]。当利益相关者参与了学校发展规划的制定过程，当学校的发展理念得到利益相关者的高度认同时，这种内在的动机更能唤起利益相关者主动参与学校发展的积极性。萨乔万尼亦认为，卓越学校拥有强势文化及清晰的目标，而辅以办学自主权的强势文化

① Dev P C. Intrinsic Motivation and Academic Achievement: What does Their Relationship Imply for the Classroom Teacher? [J]. Remedial and Special Education, 1997, 18 (1).

则可以提高成员对学校的承担感，令成员更热爱学校。[①]

以下是对英市三小杨校长的访谈：

问：学校的办学理念是什么？

答：我们以“顺应童心，生动成长”为办学思想，将“办有童趣的学校，育有灵气的学生”作为我们的办学目标。我们的办学策略是“探索童心教育理论，营造童心生态校园，建构童心素养课程，培育童心文化班级，打造童心卓越教师”。

问：童心教育理念是否得到了教师、家长以及学生的认可？

答：这一点我还是比较有信心的，每年开学第一课，我们都会积极地向家长介绍学校的办学理念，为的就是赢得家长的认同，为创造更好的家校合作关系打好基础。另外，我们的办学理念不只是精神层面的宣讲，也非常注重学校物质文化的打造。在以童心教育为引领的物质文化建构的过程中，充分发挥了师生参与学校物质文化创设的创造性与积极性。我一直认为学校物质文化的建构绝不是学校决策者的事情，而是学校全体教师、学生智慧、力量、集体感的集中体现。我校在物质文化创设的过程中，做到了让教师和学校一起参与，让学生和学校一起参与，真正让教师

① Leadership and Organizational Culture：New Perspectives on Administrative Theory and Practice [M]. Illinois：University of Illinois Press，1986：105－114.

与理念同行，让学生与理念同行。我校的楼道文化是物质文化的有机组成部分，楼道文化分童心童颜、童心童艺、童心童话三个板块。这三个板块都是学生参与建构的，学生是这三个板块的参与者和主角。学生的作品、童言稚语及个人生活照片都在这个园地里得到体现。六年级学生陈思的家长看到孩子开心的笑容照片后，感叹地说："陈思在学校这么开心，我们家长非常感谢学校！"

教育是放手而不是控制，在学校功能室的文化布置上，我们让学生思考功能室的文化如何布置，三至六年级的学生跃跃欲试，有很多好想法、好创意。如学校计算机室的文化布置，学生就想出了信息技术经历了语言—文字—印刷—电报电话—计算机这五个发展阶段，最后学生信心勃勃地说出信息技术的第六个阶段是：未来我们创造。我们非常惊喜学生的思考和创造能力，这就是学生参与物质文化建构所带来的育人作用。在物质文化建构的过程中，学生在积极参与，老师也在积极参与，如我校童心台就是老师参与构建的物质文化，黄英老师在参与童心台的设计后，欣慰地写了这样一段话："童心台，是学校给孩子们展示自己的舞台，也是孩子们人生起步的站台，希望我们的学生从这个童趣的小舞台走向精彩的人生。"

通过杨校长的访谈可以看出，当校长拥有学校发展的规划自主权时，就能充分调动利益相关者参与学校发展的积极性与创造性。校长对追随者的价值观和感情诉求的影响过程，是当前组织变革和价值领导的核心要素。激发师生的积极性与创造性是影响师生从新观点看待问题和寻找更多创新方法的行为。通过民主参与，一方面让师生感受到自身的价值与重要性，另一方面也将学校的教育使命、理念与信念潜移默化地“种”在了师生的内心深处，让师生对学校的价值理念有了清晰的认识，也使教师个人的发展目标与学校的发展达成了价值共识，通过这种价值引领，教师能清晰地知道他们需要做些什么，从而引发教师行动。

> 对于学校发展而言，最重要的资源主要包括人、财、物三块。物的方面很大程度上受制于当地财政和大的社会经济环境，学校很难做出规划。我们能规划的基本上只有教师和学校文化层面。我认为，学校的发展规划是校长办学思想的体现，是校长实现价值引领的首要工作，学校发展规划应该是可操作性强的规划，而非“抽屉文化”。但是在我制定发展规划的过程中，遇到的最大难题就是地方领导的“人治”而非“法治”，严重制约了校长办学理念的落实，阻碍了学校的可持续发展。（溪中　季校长）

学校办学理念是引领学校向前发展的愿景与指南，是将全校教职工的行动凝聚在一起的潜在动力。在季校长看来，学校发展规划是校长办学理念的具体体现，做好学校的发展规划是实现校长价值引领的首要工作。

> 我们目前所做的发展规划大都停留在书面上。因为，无论是硬件还是软件，学校都是很缺乏的，加之学校没有财权与人权，有限的资金根本无法实现我们的办学理念。一般来说，我们只是执行上级主管部门给学校定的目标与要求罢了。（茅小　任校长）
>
> 我们曾经做过学校规划，但是效果很不理想。因为地方政府对我们的办学干预很多，包括办学理念也要符合他们的意愿，另外我们很少有人权与财权，资金的短缺与师资的不足，使我们的很多想法无法实现。因此，我们的规划大都是对硬件方面的规划。（达小　陈校长）

从任校长和陈校长的访谈中可以看出他们制定学校发展规划所面临的问题，由于地方政府对学校的过度干预以及硬件、软件的缺乏，学校无法根据实际制定发展规划，无法实现校长的办学思想。

4. 课程开发自主权对提升校长价值领导力有显著的正向影响

研究发现校长拥有的课程开发自主权程度对提升价值领导力有显著的积极影响。学校的办学理念决定着学校的发展方向，学校的校本课程体现学校发展的内涵及特色。以学校办学理念为引领开发校本课程是校长领导学校发展最需要考虑的问题，校长拥有课程开发自主权的程度也直接影响着校长价值领导力的发挥。通过田野调查，受访校长的价值领导力在领导实践中主要体现在创设与传承特色校园文化上。受访校长在谈及学校的发展规划时，自然地提到了学校的校本课程，校长认为校本课程是学校办学理念得以落实的关键载体。尽管办学理念是一个抽象的概念，但源自文化的影响力，在组织情境中对课程开发的引领作用是巨大的。学校办学理念是学校变革过程中的黏合剂，始终弥漫渗透于各个环节，以精神的力量引导教师与学校发展。当校长将学校发展的愿景与校本课程有机统一的时候，便会形成一种结构稳定的文化，意味着这个组织在某种程度上的稳定性。一旦获得了团体的认同，学校的校本课程就成了推动学校稳步向前发展的主要力量，这种价值共识很难被改变，稳定性可以提高解释并预测教师工作绩效的能力。[①]

> 一个校长对这所学校办学理念的文本解读的过程是他和老师反复找“魂”、识“魂”、建“魂”、定“魂”、信“魂”、用“魂”和强“魂”的过程，是从理性层面牵“魂”以动学校全身的过程，更是这个校长全身心走进这所学校办学的重要标志。我将杜威与陶行知的关于生活教育的理念有机融合，围绕学校教育与学生发展、学生生活的关系进行了积极探索。我

① 沙因．组织文化与领导力［M］．马红宇，王斌，等译．北京：中国人民大学出版社，2011：11.

认为教育源自生活，并为生命奠基。围绕“学生是生活的学生、教育是生活的教育、学校是生活的学校”的办学思想，我们学校开发了“做中学”校本课程。

按照古德莱德的课程层次说，学校层面实际上发生着三种课程，教师领悟的课程、运作的课程与学生经验的课程，而第三种课程才是离学生发展距离最近的课程。校本课程扮演的角色正是缩短习得到经验距离的引导者，让学生获得打开知识大门的一把钥匙，尝试着开启一把把锁，并且还乐此不疲。我校的“做中学”校本课程正是基于此理念进行顶层设计开发的，包含三个层面的课程：“玩中学”以培植学生的兴趣为主旨，“用中学”以培养学科素养为主旨，“创中学”以培养综合核心素养为主旨。只要不忘课改初衷，以生本为主体，强化“学生获得”，定能实现学校特色向内涵式发展。（英市实验小学　王校长）

通过王校长的访谈可以看出，一所学校的特色发展与校长的价值观紧密相连。校长先进的教育理念欲实现价值引领作用，唯有与校本课程结合，才能使学校在复杂的教育改革场景中把握自己的发展方向。王校长从“做”的哲学观出发，树立实践智慧至上的价值观，通过校本课程开发，充分发挥了自己的思想和目标引领作用。

著名教育家蔡元培先生曾说：“欲知明日之社会，须看今日之校园。”强调了校园文化的重要性。学校文化体现了校长的价值理念。课程开发和学校办学特色都是基于学校文化而来的，同时也是为学校文化而生存发展。“办智慧生态教育学校，育素养高雅学生”是我校的办学理念。智慧生态教育便是学生综合实践能力最好的实施途径。学校由此开发了“德商课程”“智商课程”“雅商课程”“行商课程”，分别以培养学生爱国崇善、善思敏学、健体雅趣、明辨笃行为目标，将智育和德育充分结合，让学科教学和实践活动结合，真正达到育人的目的。

我校以“生态体验”教育为核心，以培养学生综合实践能力为目标，充分利用可利用的资源，让学生学有所获，学有所乐；老师教有所得，教有所乐。每年一届的种植节、采摘节，老师带领学生进行普通植物种子和太空种植对比，学生和老师一起播种，老师教给学生田间管理方法，和学生一起观察、记录，最后共同收获；元宵节，老师要求学生做灯笼，自编灯谜。在学校组织大型灯谜会，猜灯谜、进行筷子夹豆子、钓鱼等有趣的游戏……我校以学校文化为圆心，以办学特色为半径，画出课程之圆。（南河小学　陈校长）

从陈校长的访谈可以看出，校本课程的开发既体现了学校特色，也传递了学校文化校本课程根据时代需求和时间推移是可以更改的这一信息，但是学校文化是需要发展和传承的。学校的特色发展必须依托课程实施，而课程的开发必将促生学校的特色发展和文化沉淀。

5. 经费预算自主权对校长价值领导力有显著的积极影响

研究发现，校长拥有的经费预算自主权变量的估计值正向显著。当学校的办学理念确定之后，经济资源是保障价值引领得以实施的关键。

> 当学校生存面临困难的时候，我的工作重心是求生存，求稳定。在生存困难这个阶段，我无暇顾及学校特色文化的打造，我认为那只是“锦上添花”的事情，当我们的办学质量有了一定的提升之后，我的工作重心会有所转移，到那个时候，才会探索变革，寻求学校优质发展。（岑镇南山小学　雷校长）
>
> 我们学校最近在打造校园文化，但是（校园文化方案）需要先设计出来，才能去申请项目经费，而设计需要请专业团队，这笔预算从哪来？我们学校（校园文化设计经费）我和副校长垫付了10万元，经费使用受限，谈何价值引领？（中南师范大学附属实验学校　方校长）

从以上两位校长的访谈可以看出，学校处于不同发展阶段时，校长的工作重心有所差异，有的求生存，有的求特色发展，都会根据实际经济条件取舍。如果没有充足的经费预算，校长就有可能整天为了经费不得不忙碌于低效的事务性工作，即使如此忙碌仍在原地徘徊，甚至倒退。

反之，有了思想和目标的引领，有了经费的有力支撑，才能透过复杂的场景形成学校的发展方向和路径。

6. 教师招聘权对校长价值领导力有显著的正向影响

研究发现，校长拥有的教师招聘自主权对提升其价值领导力有显著正向影响。拥有教师招聘权的校长领导力显著高于没有人事招聘权的校长。政府作为委托人，校长作为代理人，非常熟悉学校的各项事务以及人员配备情况，能够最大程度上实现人力资源配置的合理性。由校长自主招聘教师的制度安排远优于上级行政部门掌握人事招聘权力的制度安排。方校长在访谈中这样提到：

> 当教育局统一招聘教师的时候，有的时候没有严格的专业限制，经常出现专业不对口的现象。但只有我们自己才真正知道我们需要什么样的专业人才，由于我们没有招聘的权力，上学期我们为了找到专业匹配的老师，我和副校长只能每晚下班后坐在电脑前，一起翻阅每一位老师入职时的简历，去分析他以前所学的专业、了解其特长，以弥补上级部门招聘的缺陷，并根据学校发展需要慢慢将其培养成我们想要的人才。我们现在做的事情非常耗费精力，校长做的像班主任的工作，根本无从谈领导学校发展，我们自身的领导意图很难实现。要是我们有教师招聘的自主权，我们在招聘时就完全可以结合学校的现状进行招聘。(中南师范大学附属实验学校　方校长)

通过方校长的访谈可以看出，教师是校长办学思想的追随者与实践者。校长拥有的教师招聘自主权越大，越有利于选拔认可自己教育思想、有相同教育情怀的教师进入自己的团队，越有利于从精神层面实现教师激励，从而实现校长的价值引领。

本章小结

本章第一小节的内容意在呈现校长价值领导力的总体情况，回答校长价值领导力“是什么”。首先对本章的被解释变量“价值领导力”进行了概念操作化处理，将问卷中的中小学校长领导力量表通过因素分析法降维得到的 9 个价值领导力题目，如为学校形成明确的教育使命与理念；激发教职工的责任感，使其热爱学生和教育事业；精心策划并明确学校发展规划的进度与时限等，取 9 个题项得分均值作为价值领导力得分进行差异分析。差异分析表明不同区域、不同学校发展阶段的校长价值领导力存在显著差异，校长的人口学特征，如年龄、学历、性别、职称等方面尽管存在些微差异，但均没有通过显著性水平检验。

在第一部分差异性分析当中，笔者主要采用单因素方差分析和独立样本 T 检验两种方法对两个变量之间的关联性进行度量。本章的第二部分内容主要在控制其他因素的情况下加以分析。首先，对影响校长价值领导力的因素进行理论假设；其次，根据研究需要选择合适的模型，并对变量进行界定与测量；最后，利用437份问卷数据对影响校长价值领导力的因素进行验证，研究结论如下：

第一，校长的自我效能感与学习投入对校长价值领导力有显著的正向影响。模型1显示，校长价值领导力的差异有17.7%源自校长自身特征的差异，这意味着有82%左右的差异是校长个人特征无法解释的，更多的影响因素主要依赖于学校情境。模型1的数据表明，女性校长的价值领导力比男校长高0.513个标准分；校长的自我效能感能显著正向预测其价值领导力水平，即校长的自我效能感每增加1个单位，其价值领导力水平提高0.399个单位（$p<0.001$）；从校长的学习投入来看，校长学习投入对提升价值领导力有显著的正向影响。

第二，学校特征变量有利于缩小校长价值领导力的个人差异。模型2加入学校特征变量之后，其拟合优度进一步提高。具体而言，与模型1相比，模型2中女性校长价值领导力比男性校长高0.262分（$p<0.05$）；自我效能感对校长价值领导力的影响显著为正，较模型1的影响值略有下降；学习投入对校长价值领导力的正向影响由模型1的0.022（$p<0.001$）降为0.021（$p<0.05$）；学校发展阶段在0.1%显著水平上正向影响校长价值领导力的提高。

第三，办学自主权对校长价值领导力有显著正向影响。在控制校长个人特征与学校内部情境的基础上，模型3办学自主权变量解释了校长价值领导力39%的差异。具体而言，办学自主权变量的加入，使得校长价值领导力的性别差异不再显著；由自我效能感与学习投入两个变量产生的价值领导力差异也逐渐缩小；从办学自主权细分维度对校长价值领导力的影响大小来看，发展规划自主权对校长价值领导力的正向影响最大（$\beta=0.222$，$p<0.001$），接下来是课程开发自主权的影响（$\beta=0.164$，$p<0.001$），然后是经费预算自主权对校长价值领导力的影响（$\beta=0.095$，$p<0.05$），最后是教师招聘自主权对校长价值领导力的影响（$\beta=0.055$，$p<0.1$）。

本章通过分析校长价值领导力的影响因素，发现校长的自我效能感、学习投入、学校发展阶段与办学自主权对校长领导力有显著正向的影响。与校长课程领导力、组织领导力的影响因素相比，学习投入仅对校长价值领导力产生了显著的正向影响，对另外两个维度领导力的影响为正，但没通过显著性水平检验。自我效能感、办学自主权与学校发展阶段对三个维度的领导力均有显著正向影响。本章内容的讨论将有助于我们更好地理解校长价值领导力“为什么”存在差异，也为本书最后一章“怎么办”奠定基础。

第四章　中小学校长课程领导力影响因素

课程领导是伴随着课程改革兴起的话题。20 世纪 70 年代课程领导开始发展，这个时期的美国正是教育领导的回归期。有学者认为，校长领导主要包括象征领导、技术领导、人际领导、文化领导和教育领导五个方面。其中，教育领导主要涉及教育诊断、给教师忠告、学校督导与评价、课程开发及教师专业发展等方面，课程领导则属于教育领导的范畴。[①] 谢翌等学者将课程领导的发展阶段划分为萌芽期（20 世纪 50—70 年代）、发展期（20 世纪 70—90 年代）、深化期（20 世纪 90 年代至今）。[②] 我国划分了国家、地方和学校三级课程管理职责，明确要求地方与学校改变过去的“被动承受型”角色，积极主动地向“主动开发型”角色转变。课程体制的转变意在使课程领导者摆脱传统的“管理”思想，鼓励校长充分发挥自身的创造力，根据学校特色自主地推动学校课程发展。[③] 为了避免

① 谢翌等. 学校课程领导引论［M］. 北京：高等教育出版社，2012：4.

② 谢翌等. 学校课程领导引论［M］. 北京：高等教育出版社，2012：7.

③ 钟启泉. 从“课程管理”到“课程领导”［J］. 全球教育展望，2002，31(12).

传统中央集权管理模式在课程改革中复演，教育部出台了一系列课程改革文件，包括具体的课程管理指南，这些努力表明了课程领导发展的国家意志。

在新课程改革的推动下，校长的课程领导力主要包括学校课程系统思考的能力，即学校课程开发要有校长自己的思考，结合学校特色，构建符合学生特点的课程。另外，课程的开发需要教师的充分理解与大力支持，校长需要做好教职工的思想动员工作，为课程结构与内容的改变做好准备；校长还要引领教师在行动中实现课程开发与建设，用亲身实践能最大限度地影响教师的实际行动，作为一种无形的向心力，校长只有亲临“现场”，才能更好地领导课程建设。[①] 在此意义上，了解校长课程领导力的整体特征，并探究预测其课程领导力差异的因素就显得尤为重要。

第一节 中小学校长课程领导力的描述统计分析

在我国，学界关于课程领导的话题以引用相关领域的理论或转述、梳理西方课程领导理论及经验论述为主。考察既有研究，可以发现许多努力集中在阐述或梳理课程领导的内涵、任务或范围等方面。而事实上，对校长课程领

① 丁元春. 课程领导力：新时代校长的“核心素养”［J］. 人民教育，2018（9）.

导力的研究仅通过单纯的理论分析难以达成，需辅以实证研究。本章拟结合实证数据对校长的课程领导力进行描述性分析，以进一步探究中小学课程领导力的影响因素。

一、概念操作化

随着国家三级课程改革的实施，课程领导应运而生，并成为课程改革中学者们关注的焦点。课程改革涉及国家、地方和学校各层面，涉及课程设计、实施与评价诸多范畴。没有校长强有力的课程领导，某种意义上就很难推动课程的开发、实施与评价。课程领导的关键不在于课程改革的设计是否科学、完美，而在于课程的实施。课程领导的着力点很多，如何将校长的课程领导力操作化成为首要议题。从既有的课程领导的任务内涵来看，研究者对课程领导的维度没有统一的界定。有研究者梳理了既有的课程领导的定义和策略，将课程领导者应该做的事情称作课程领导的“任务内涵”，主要包括领导教师专业发展、设置课程与教学目标、改进学校课程文化、注重学生的改进以及建立与课程配套的组织架构等内容。[①]

21世纪以来，各国的理论与实践界开始把校本课程开发与学校课程领导问题联系起来，并致力于更加综合的学校课程领导的整体能力建设，校本课程开发成为提高校长领导能力和水平的重要载体和内容。结合国内外学校课程领导的发展情况，可以看出学校课程领导实践都强调了

---

① 余进利. 课程领导研究［M］. 上海：上海教育出版社，2009：13.

“组织/共同体”“愿景”“合作/协作”等关键词语。这些词语实际上正是课程领导内涵所必备的关键要素。在学校这个层级上，国内外普遍将校长视为主要的课程领导者，在课程领导当中，除了强调校长的突出地位，各国无一例外地强调了在课程领导这一整体而复杂的工作中各个参与者的协同合作与团队精神。课程领导是在人与环境互动的复杂性中构建起来的。

综合既有的校长课程领导的任务内涵以及田野访谈结果，本书将校长课程领导力的着力点放在校长领导校本课程开发及实施这一层面上。校长课程领导力主要指校长领导教师团队创造性地实施新课程、全面提升教育质量的能力，表现为在学校课程建设上的决策、引领、组织、实践的能力。我国新课程改革赋予校长课程开发、教材选用等权利，表明在校级课程开发过程中，校长应该有一个扩大的角色。但需要警惕的是，切莫因为课程开发使校长陷入太多没有意义的事务当中。也就是说，为了确保校本课程的开发与落实，需要更加清楚地知道校长在调动教师积极性、促进教师专业成长以及利用校外资源方面的能力与影响因素。具体而言，被解释变量校长课程领导力是通过因素分析法降维得到8个课程领导力题目的，如聘请专家指导本校的课程开发、善于鼓舞士气和激发教职员工最佳的工作状态、制定出适合不同层次教师的专业发展规划以及清晰完整的课程开发和实施制度等，取8个题项得分均值作为课程领导力得分进行分析。由于本章主要考察校长课程领导力的差异及影响因素，通过理论思辨难以达成，因此，有必要结合微观的实证分析。

二、描述统计与差异分析

课程领导力是校长领导的核心能力，校长课程领导力与学校的办学质量、教学效果、学生成长高度相关。校长作为学校的法人，也是学校校本课程建设的主要责任人。校长对学校课程的顶层领导，具有整体性与全面性，即领导学校所有教师建设学校课程。课程领导力是校长领导力的重要维度之一，主要指向教育教学质量的全面提高和学校的整体发展。

（一）校长课程领导力的整体情况

表 4－1　校长领导力整体情况

	最小值	最大值	均值	标准差
课程领导力	1.00	7.00	4.89	1.38
领导力总水平	1.00	7.00	5.29	1.15

从表 4－1 可以看出，校长领导力总水平的平均分为 5.29 分，校长领导力三个子维度的平均分为 4.88～5.64，校长的组织领导力＞价值领导力＞课程领导力，其中，校长的课程领导力最低（4.89），但各维度及总水平的得分均高于一般水平（4 分），表明校长的领导力水平普遍较高。

（二）校长课程领导力的差异分析

表 4—2　校长课程领导力水平的区域差异

	区域	频数（人）	均值	标准差	F
课程领导力	东部	108	4.88	1.34	40.68***
	中部	156	5.55	1.12	
	西部	173	4.29	1.36	
领导力总水平	东部	108	5.19	1.22	23.57***
	中部	156	5.76	1.04	
	西部	173	4.94	1.07	

从表 4—2 可以看出，不同区域的校长领导力总水平存在显著差异（$F=23.57$，$p<0.001$）。从校长领导力的区域差异来看，不同区域的校长课程领导力存在显著差异（$p<0.001$）。事后效应检验发现，从领导力总水平得分来看，中部地区校长的领导力显著高于东部与西部地区，将东部地区与西部地区的校长领导力进行比较，可以发现东部地区校长领导力得分显著高于西部地区。从校长的课程领导力维度来看，中部地区校长得分显著高于东部和西部地区（$p<0.001$），东部地区校长得分高于西部地区（$p<0.001$）。

表 4—3 校长课程领导力水平的地理位置差异

	地理位置	频数（人）	均值	标准差	F
课程领导力	城市	160	5.47	1.21	28.05***
	县镇	168	4.69	1.31	
	农村	109	4.33	1.43	
领导力总水平	城市	160	5.66	1.12	14.07***
	县镇	168	5.15	1.11	
	农村	109	4.98	1.12	

将校长任职学校的地理位置划分为城市、县镇和农村，采用单因素方差分析考察校长领导力的地理位置差异情况。从表 4—3 可以看出，不同地理位置的校长领导力总水平存在显著差异（$F=14.07$，$p<0.001$）。在校长领导力的子维度上，不同地理位置校长的课程领导力存在显著差异（$F=28.05$，$p<0.001$）。事后效应检验发现，从领导力总体水平来看，城市校长领导力得分显著高于县镇校长（$p<0.001$），同时也显著高于农村校长（$p<0.001$）。从校长领导力子维度来看，城市校长的课程领导力显著高于县镇与乡村校长（$p<0.001$），县镇校长的课程领导力显著高于乡村校长的课程领导力（$p<0.05$）。在课程领导力子维度上，不同地理位置校长领导力水平从高到低依次为：城市＞县镇＞农村（$p<0.001$）。

表 4—4　校长课程领导力水平的学校性质差异

	学校性质	频数（人）	均值	标准差	T
课程领导力	公办	405	4.89	1.39	1.02
	民办	32	4.80	1.22	
领导力总水平	公办	405	5.29	1.15	0.31
	民办	32	5.22	1.06	

将校长所在学校类型分为公办与民办两类，采用独立样本 T 检验对不同学校类型的校长领导力进行差异比较。从表 4－4 可以看出，公办学校校长课程领导力均值为 4.89，民办学校校长课程领导力均值为 4.80，公办学校校长课程领导力更高，在校长领导力总体水平以及各个子维度上，公办校长领导力与民办并无显著差异。

表 4—5　校长课程领导力水平的学段差异

		频数（所）	平均值	标准差	F
课程领导力	小学	312	4.87	1.41	0.92
	初中	90	4.83	1.38	
	九年一贯制	35	5.19	1.12	
领导力总水平	小学	312	5.29	1.17	0.61
	初中	90	5.24	1.14	
	九年一贯制	35	5.49	1.02	

将校长任职学校的类型划分为小学、初中和九年一贯制三类，调查样本校长一共 312 位，其中初中校长 90 位，九年一贯制学校校长 35 位。采用单因素方差分析考察不

同学校类型校长领导力的差异情况。从表 4—5 可以看出，小学校长课程领导力均值为 4.87，初中校长课程领导力均值为 4.83，九年一贯制学校校长价值领导力均值为 5.19，九年一贯制学校校长价值领导力最高，不同学校类型的校长领导力总水平以及课程领导力维度均不存在显著差异。

表 4—6　学校不同发展阶段的校长课程领导力水平差异

		频数（所）	平均值	标准差	F
课程领导力	生存困难	23	4.50	1.342	38.43***
	发展不足	99	3.95	1.13	
	发展变革	197	4.89	1.27	
	优质发展	118	5.74	1.24	
领导力总水平	生存困难	23	5.00	1.03	31.82***
	发展不足	99	4.57	0.95	
	发展变革	197	5.30	1.06	
	优质发展	118	5.95	1.10	

将调查样本校长所在学校的生存和发展阶段划分为生存困难、发展不足、发展变革与优质发展 4 类，其中处于生存困难的学校有 23 所，发展不足的学校有 99 所，发展变革的学校有 197 所，优质发展的学校有 118 所。采用单因素方差分析考察不同学校发展阶段的校长组织领导力的差异情况，从表 4—6 可以看出，不同发展阶段的校长领导力总水平以及组织领导力维度均存在显著差异。

事后效应检验发现，从校长领导力总体水平来看，校长的领导力总水平呈现出优质发展＞发展变革＞发展不足＞生存困难的趋势（$p<0.001$）；从课程领导力维度来看，优质发展学校的校长组织领导力仍然显著高于其他发展阶段的校长；学校处于生存困难阶段的校长组织领导力最低。

（三）基于校长个体特征的课程领导力差异

表 4-7　校长课程领导力水平的年龄差异

	频数（人）	均值	标准差	T	
课程领导力	29 岁及以下	12	4.27	1.27	2.38*
	30～39 岁	68	4.51	1.49	
	40～49 岁	264	4.96	1.36	
	50～59 岁	86	5.01	1.36	
	60 岁及以上	7	5.34	1.24	
领导力总水平	29 岁及以下	12	4.73	0.97	1.85
	30～39 岁	68	5.05	1.26	
	40～49 岁	264	5.36	1.10	
	50～59 岁	86	5.34	1.19	
	60 岁及以上	7	5.49	1.48	

采用单因素方差分析考察不同年龄段校长领导力差异。从表 4-7 可以看出，不同年龄段校长领导力总水平不存在显著差异。在校长课程领导力子维度上，不同年龄段校长在课程领导力（$F=2.38$，$p<0.1$）上存在显著差异。从事后效应检验结果来看，在课程领导力维度上，40～49 岁校长的课程领导力得分与 30～39 岁校长的得分

存在显著差异（$p<0.05$），50～59 岁校长的课程领导力显著高于 30～39 岁校长（$p<0.05$），但显著低于 29 岁及以下校长的课程领导力。

表 4—8　校长课程领导力水平的性别差异

	频数（人）	均值	标准差	T	
课程领导力	女	286	4.60	1.40	11.23***
	男	151	5.43	1.18	
领导力总水平	女	286	5.09	1.15	3.98*
	男	151	5.68	1.06	

表 4—8 显示校长领导力总水平因校长性别而存在显著差异（$p<0.05$）。具体而言，女校长课程领导力均值为 4.60，男校长课程领导力均值为 5.43，男性校长的课程领导力（$p<0.001$）显著高于女性校长。

表 4—9　校长课程领导力水平的学历差异

	频数（人）	均值	标准差	T	
课程领导力	高中或以下	3	3.50	2.32	6.70***
	大专	102	4.45	1.37	
	大学本科	314	5.00	1.36	
	研究生	18	5.55	1.11	
领导力总水平	高中或以下	3	4.88	1.68	2.27+
	大专及以下	102	5.06	1.08	
	大学本科	314	5.36	1.17	
	研究生	18	5.60	1.07	

本次调研数据中，学历为高中或以下的校长有 3 人，学历为研究生的校长有 18 人，大学专科学历的校长有 102 人，大学本科学历的校长有 314 人。采用单因素方差分析对校长领导力的学历差异进行检验。从表 4—9 可以看出，不同学历的校长存在显著差异（$p<0.1$），在校长组织领导力维度，不同学历背景的校长领导力存在显著差异（$p>0.001$）。从事后效应检验结果来看，在校长的课程领导力维度，研究生学历校长的课程领导力与本科学历校长的课程领导力存在显著差异（$p<0.1$），与大学专科学历校长的课程领导力也存在显著差异（$p<0.01$），同时显著高于高中或以下学历校长的课程领导力（$p<0.05$）。大学本科学历与专科学历校长的课程领导力也存在显著差异（$p<0.001$），高中学历校长的课程领导力得分最低，但与大学专科校长的课程领导力的差异没通过显著性水平检验。

表 4—10　校长课程领导力水平的职称差异

		频数（人）	均值	标准差	F
课程领导力	三级及以下	17	4.46	1.07	2.73*
	二级	35	4.34	1.43	
	一级	233	4.97	1.36	
	高级及以上	152	4.94	1.42	
领导力总水平	三级及以下	17	5.04	0.87	1.64
	二级	35	4.93	1.14	
	一级	233	5.35	1.15	
	高级及以上	152	5.33	1.18	

此次调查中，职称三级及以下的校长有 162 人，二级校长有 35 人，一级校长有 233 人，高级及以上职称的校长有 132 人。采用单因素方差分析对不同职称的校长课程领导力进行差异检验。表 4－10 显示，不同职称校长的课程领导力总水平存在显著差异，事后效应检验发现，拥有高级职称的校长课程领导力显著高于二级职称的校长（$p<0.05$）；一级职称的校长课程领导力显著高于二级职称的校长（$p<0.05$），其他职称的校长课程领导力不存在显著差异（$p>0.05$）。

表 4－11　校长课程领导力水平的本校任职年限差异

	频数（人）	均值	标准差	T	
课程领导力	两年及以下	162	4.96	1.33	6.27***
	3～5 年	168	4.91	1.37	
	6～10 年	63	5.19	1.41	
	11 年及以上	44	4.09	1.36	
领导力总水平	两年及以下	162	5.33	1.11	3.40**
	3～5 年	168	5.28	1.19	
	6～10 年	63	5.57	1.13	
	11 年及以上	44	4.81	1.06	

为比较不同任职年限的校长领导力差异，将校长在本校任职的时长分为两年及以下、3～5 年、6～10 年、11 年及以上四组，采用单因素方差分析考察在本校不同任职时长的领导力差异。从表 4－11 可以看出，从校长领导力总水平来看，不同任职年限的校长领导力存在显著差异

($p<0.01$)。从校长课程领导力维度来看，不同任职年限的校长课程领导力（$F=6.27$，$p<0.001$）存在显著差异。事后效应检验发现，在本校任职年限在两年及以下的校长领导力总水平显著高于任职年限超过 11 年的校长($p<0.01$)，在本校任职 3～5 年的校长领导力总水平显著低于任职年限为 6～10 年的校长（$p<0.1$)，但显著高于任职年限为 11 年及以上的校长（$p<0.05$)，在本校任职 6～10 年的校长领导力总水平显著高于任职年限超过 11 年的校长（$p<0.001$)。在课程领导力维度，在本校任职年限超过 11 年的校长课程领导力得分显著低于其他任职年限的校长（$p<0.001$)，其他 3 组之间不同任职年限的校长领导力不存在显著差异。

第二节　中小学校长课程领导力影响因素的回归分析

在本章第一节当中，我们通过描述性分析得知了校长领导力的总体特征以及不同学校背景、不同校长特征的课程领导力的差异。从校长领导力的总水平来看，不同区域、不同年龄、不同性别、不同任职年限的校长的领导力存在显著差异。从课程领导力的差异比较来看，不同区域、不同任职年限、不同年龄、不同性别校长的课程领导力差异显著。经过描述性分析，我们对不同学校特征及校长特征的课程领导力有了初步了解。我们发现不同区域以及不同人口学变量可能对校长的课程领导力有影响，但以上因素可能是相互关联的，各个因素是否以及在多大程度上会对校长课程领导力产生影响，需要在控制其他因素的情况下加以分析，此时，多元线性回归分析显得尤为必要。

本节的内容安排如下：首先，对影响校长课程领导力的因素进行理论假设；其次，根据研究需要选择合适的模型，并对变量进行界定与测量；再次，利用华中师范大学“中小学校长领导力”项目437份数据对影响中小学校长课程领导力的因素进行验证，并根据回归结果进行解释。

一、研究假设

当前，学界关于校长课程领导力的研究多以理论思辨或访谈个案的形式进行，这些研究为理解校长课程领导力的重要性提供了重要素材，但远不能系统揭示中小学校长课程领导力的差异以及影响因素。根据已有研究和田野调查，我们假设：

（1）校长的课程领导力存在性别差异，

（2）校长职称、学历、年龄与课程领导力正相关，

（3）校长课程领导力存在显著的区域、城乡差异，

（4）在控制校长人口学变量之后，校长的学习投入、自我效能感与校长的课程领导力的关系有待验证，

（5）学校发展阶段与校长课程领导力正相关，

（6）办学自主权对课程领导力的影响有待验证。

二、变量界定与模型设定

（一）变量界定

此部分采用定量分析方法，探究影响校长课程领导力的相关因素，主要涉及以下变量：

1. 因变量

结合前期的理论构建与田野调研，参考借鉴郑燕祥的“五向度模型”量表，本书中被解释变量课程领导力是通过因素分析法降维得到8个课程值领导力题目，比如“聘请专家指导本校的课程开发”“有清晰、完整的课程开发和实施制度”“善于从教育实践中生成课题、展开研究”等，取其得分均值作为课程领导力得分进行分析。量表采用7点计分法，“1”为“完全不符合”，“7”为完全符合。“1”到“7”代表符合程度由低到高，校长课程领导力均值为4.89分，标准差为1.38分。

2. 解释变量

综合国内外学者对学校自主权的阐释，本书将办学自主权划分为“学校发展规划自主权”“课程开发自主权”“教师招聘自主权”“经费预算自主权”。分别按照李克特五级等级赋值，1代表“完全没有”，5为“完全拥有”，数字越大表明拥有的自主权越高。样本校长制定学校发展规划自主权均值为3.97分，标准差为1.15分；开发校本课程自主权得分为3.89分，标准差为1.25分；教师招聘自主权得分 2.40 分，标准差为 1.55 分；经费预算自主权得分 3.6 分，标准差为 1.33 分。

1）学习投入

校长的学习投入与其课程领导力关系密切，但国内外关于学习投入的测量指标并未达成一致，笔者主要参考艾斯丁（Alexander Astin）对学习投入的界定[①]，从学习投入的数量方面进行操作化的测量。在问卷中，我们通过问题“您每周阅读总时长＿＿＿＿＿＿小时?”来衡量校长的学习投入情况，从数据可以看出，校长每周平均阅读 7.61 小时，标准差为 6.04 小时。

2）自我效能感

自我效能感的测量是针对所涉及研究领域特定活动和行为完成度的自我评估。目前国内外关于管理者自我效能感的测量还未达成共识。[②] 本书通过借鉴与修订 Schwarzer 等人编制的一般自我效能感量表，得到 6 个自我效能感题目，如“我能有效地解决工作中出现的问题”“在我看来，我擅长于自己的工作”“我相信自己能有效地完成各项工作”等，其均值为 4.06 分，标准差 0.84 分，该量表的 α 系数为 0.830。

3）学校发展阶段

结合田野调查，学校所处的发展阶段与校长的课程领

---

① Axelson R D, Flick A. Defining Student Engagement [J]. Change: The Magazine of Higher Learning, 2010, 43 (1).

② 陆昌勤，方俐洛，凌文辁. 管理者的管理自我效能感 [J]. 心理学动态，2001 (2).

导力关系密切，在问卷中，我们设置了“学校目前的生存与发展现状是?”这一问题，选项“1”代表生存困难，“2”代表发展不足，“3”代表发展变革，“4”代表学校处于优质发展阶段。

3. 控制变量

校长领导力水平受多种因素的影响，根据已有研究及田野调查，本书主要选择学校特征与校长特征两个方面的自变量进行分析，各变量的处理方法如下：

1）学校特征

学校特征主要包括所在的区域、地理位置、学段、学校性质，均为二分变量，分别以西部、农村、九年一贯制、民办学校为参照。

2）校长个人特征

校长的性别为二分变量，分别以非党员与女性为参照；职称为定序变量，1代表“未评级”，2代表“三级”，3代表“二级”，4代表“一级”，5代表“高级”，6代表“正高级”；校长的年龄为连续变量，校长平均年龄为44.54岁，标准差为6.75。各变量的界定与测量详见表4—12。

表4—12　校长课程领导力的变量界定与测量

变量维度	变量名称	变量界定与测量	均值	标准差
校长领导力	课程领导力得分	8个课程领导力题目得分均值	4.89	1.38

续表4－12

变量维度	变量名称	变量界定与测量	均值	标准差
校长特征（*P*）	性别	1＝男，0＝女	0.65	0.48
	职称	1＝未评级，2＝三级，3＝二级，4＝一级，5＝高级，6＝正高级	4.18	0.80
	年龄	连续变量	44.54	6.75
	自我效能感	6个自我效能感题目得分均值	0.00	1.00
	学习投入	连续变量	7.61	6.04
学校特征（*S*）	所属经济区域	1＝东部，2＝中部，3＝西部	2.15	0.79
	地理位置	1＝城市，2＝县镇，3＝农村	1.88	0.78
	学段	1＝小学，2＝初中，3＝九年一贯制	1.37	0.63
	学校性质	1＝公办，0＝民办	0.93	0.26
	学校发展阶段	1＝生存困难，2＝发展不足，3＝发展变革，4＝优质发展	2.94	0.84
办学自主权（*A*）	制定发展规划自主权	1＝完全没有，2＝很少拥有，3＝一般，4＝较多拥有，5＝完全拥有	3.97	1.16
	课程开发自主权	1＝完全没有，2＝很少拥有，3＝一般，4＝较多拥有，5＝完全拥有	3.89	1.26
	教师招聘自主权	1＝完全没有，2＝很少拥有，3＝一般，4＝较多拥有，5＝完全拥有	2.41	1.55
	经费预算自主权	1＝完全没有，2＝很少拥有，3＝一般，4＝较多拥有，5＝完全拥有	3.61	1.34

（三）模型选择

根据研究经验，一元线性回归的β值只能反映X对

Y 的影响大小与方向，但任何一种社会问题都会受多种因素的综合影响。譬如，在第三章的模型中，除了校长个人特征会对校长的价值领导力产生影响，学校内外部情境也会对校长的价值领导力产生重要影响，如果忽略了某个自变量的影响，则回归模型的参数估计可能不够精确。简单的回归分析很难确定单个自变量对因变量的偏效应。因此，根据研究目的，本章选择多元线性回归模型来分析多个自变量与校长课程领导力之间的关系。多元线性回归分析适用于在其他解释变量保持不变的基础上，解释变量 X 每变动一个单位对因变量 Y 均值的影响程度。假设一个回归模型有 p－1 个自变量，即x_1，x_2，…，x_{p-1}，则该回归模型表示为：

$$Y_i = \beta_0 + \beta_1 x_{i1} + \beta_2 x_{i2} + \cdots + \beta_k x_{ik} + \cdots + \beta_{(p-1)} x_{i(p-1)} + \varepsilon_i \qquad (公式 4-1)$$

y 表示个体 i（$i=1, 2, \cdots, n$）在因变量 y 中的取值，β_0为截距的总体参数。$\beta_1 - \beta_{p-1}$为斜率的总体参数。[①] 由于该回归模型包含多个自变量，因此将公式 4－1 作为多元回归模型的基准模型。

结合前文的理论梳理与调研经验，本部分将校长的人口学变量、学校内外部情境变量纳入多元线性回归模型，分析校长课程领导力的影响因素。具体计量回归模型的方程式如下：

① 谢宇．回归分析［M］．北京：社会科学文献出版社，2013：95－96.

$$C_i = \beta_0 + \beta_j \sum_{j=1}^{J} P_{ji} + \beta_k \sum_{k=J+1}^{K} S_{ki} + \beta_l \sum_{l=K+1}^{L} A_{li} + \varepsilon_i$$

（公式 4－2）

C_i表示第 i 个校长的课程领导力，P 表示校长的个人因素，S 表示校长所在学校的特征，A 代表办学自主权。J、K、L 分别表示校长个人因素、学校特征以及办学自主权的变量个数，j、k、l 分别表示第 j、k、l 个自变量。β_0为截距，是β_j －β_l都等于 0 时 C 的预测值。方程的估计值β_j －β_l称作偏回归系数，可以看作相应自变量对 Y 的一种偏效应（Partial effect），是指在控制其他变量的情况下，或者说在其他条件相同的情况下，各自变量对 C 的净效应（net effect）；ε_i是随机误差项。

三、数据分析

（一）相关分析

在检验假设之前，要检验各变量之间的线性相关程度。本书采用 Pearson 相关系数法分析校长个人特征、学校情境特征、办学自主权与校长课程领导力之间的相关性。

表 4—13　各变量的相关系数

变量	1	2	3	4	5	6	7	8	9	10	11	12	13	14	15
1	1														
2	0.047	1													
3	0.021	—0.198 **	1												
4	0.028	0.510 **	—0.098 *	1											
5	0.022	0.174 **	—0.154 **	0.110 *	1										
6	0.011	0.093	—0.094 *	0.087	0.152 **	1									
7	0.259 **	—0.113 *	—0.158 **	0.082	0.026	—0.002	1								
8	0.288 **	—0.194 **	—0.002	—0.229 **	—0.032	—0.034	0.339 **	1							
9	—0.038	0.064	—0.014	0.348 **	0.080	0.059	0.437 **	0.082	1						
10	0.140 **	0.145 **	0.107 *	0.059	0.089	—0.035	—0.124 **	—0.110 *	—0.214 **	1					
11	—0.300 **	0.104 *	0.028	0.142 **	0.148 **	0.036	—0.163 **	—0.366 **	—0.084	—0.057	1				
12	—0.196 **	0.017	—0.020	0.013	0.221 **	0.055	—0.131 **	—0.151 **	0.016	0.049	0.199 **	1			
13	—0.274 **	0.022	0.015	0.049	0.172 **	0.126 **	—0.219 **	—0.313 **	0.024	0.083	0.250 **	0.606 **	1		
14	—0.227 **	0.005	0.018	—0.088	—0.004	0.037	—0.359 **	—0.213 **	—0.288 **	0.055	0.150 **	0.206 **	0.223 **	1	
15	—0.138 **	—0.042	—0.001	0.005	0.169 **	0.018	0.060	—0.084	0.141 **	—0.019	0.101 *	0.496 **	0.357 **	0.227 **	1
16	—0.284 **	0.168 **	0.051	0.093	0.300 **	0.138 **	—0.217 **	—0.330 **	0.017	0.043	0.416 **	0.470 **	0.535 **	0.274 **	0.362 **

注：变量 1—16 分别代表性别、年龄、学历、职称、自我效能感、学习投入、区域、城乡、学段、学校性质、学校发展阶段、学校发展规划自主权、课程开发自主权、教师招聘自主权、经费预算自主权与课程领导力。

表 4—13 的相关性分析结果显示，校长的性别与其课程领导力在 0.01 水平（双侧）上显著负相关，校长的年龄与其课程领导力在 0.01 水平（双侧）上显著正相关，校长的自我效能感与其课程领导力在 0.01 水平（双侧）上显著正相关，校长学习投入与其课程领导力在 0.01 水平（双侧）上显著正相关，学校所处的地理位置与其课程领导力在 0.01 水平（双侧）上显著负相关，学校现在的生存与发展阶段与其课程领导力在 0.01 水平（双侧）上显著正相关，校长拥有的学校发展规划自主权、课程开发自主权、教师招聘自主权、经费预算自主权均与其课程领导力在 0.01 水平（双侧）上显著正相关。从表 4—13 可知，本书的自变量与因变量之间相关性良好，满足进一步进行数据检验的条件。

（二）回归分析

数据的相关分析能够检验各个变量之间的关联程度，但不能体现变量之间的因果关系。因此，为了进一步检验本书的理论假设，拟采用多元回归分析的方法验证校长个人特征和学校情境变量以及办学自主权与校长课程领导力之间的关系。我们先采用逐步回归分析法，验证各解释变量与因变量之间相关性的强弱，来决定哪些解释变量应纳入和何时纳入回归方程式，得到回归模型摘要，详见表 4—14：

由表 4—14 可知，7 个模型的 F 检验值都达到了显著性水平，分别为 $F1 = 174.391$（$p = 0.000$）、$F2 =$

58.772（$p=0.000$）、$F3=23.550$（$p=0.000$）、$F4=19.270$（$p=0.000$）、$F5=19.699$（$p=0.006$）、$F6=10.372$（$p=0.001$）、$F7=6.759$（$p=0.010$）。Durbin-Watson=2.055 接近 2，表明残差之间相互独立。另外，7 个模型的容忍度值在 0.533 到 0.921 之间，方差膨胀系数 VIF 最大值为 1.877，说明自变量之间没有线性重合问题。

表 4—14　校长课程领导力影响因素回归模型摘要

模型	R	R^2	调整 R^2	变化值统计				
				R^2 变化值	F 变化值	Sig. F 变化值	Durbin-Watson
1	0.535[a]	0.286	0.285	0.286	174.391	0.000	
2	0.609[b]	0.371	0.368	0.085	58.772	0.000	
3	0.635[c]	0.404	0.400	0.032	23.550	0.000	
4	0.655[d]	0.429	0.424	0.025	19.270	0.000	
5	0.674[e]	0.454	0.448	0.025	19.699	0.000	
6	0.683[f]	0.467	0.460	0.013	10.372	0.001	
7	0.689[g]	0.475	0.467	0.008	6.759	0.010	2.055

结合表 4—14 的回归结果与研究目的，表 4—15 采用的是解释性回归分析法，仔细检视每一个被纳入分析的解释变量与其他变量的关系，对每一个解释变量的个别解释力都有讨论和交代。

表 4-15 中小学校长课程领导力的影响因素

变量维度	自变量	因变量：校长课程领导力		
		模型 4	模型 5	模型 6
校长特征（P）	性别	−0.875*** (0.124)	−0.324* (0.132)	−0.103 (0.119)
	年龄	0.031** (0.010)	0.010 (0.010)	0.020* (0.009)
	受教育年限	0.128** (0.040)	0.064 (0.039)	0.076* (0.044)
	职称	−0.004 (0.086)	−0.112 (0.089)	−0.079 (0.079)
	自我效能感	0.398*** (0.061)	0.313*** (0.058)	0.208*** (0.052)
	学习投入	0.022* (0.009)	0.019* (0.020)	0.012+ (0.008)
学校特征（S）	城市		0.361* (0.173)	0.179 (0.155)
	县镇		0.056 (0.152)	−0.040 (0.135)
	东部		0.316+ (0.166)	0.125 (0.152)
	中部		0.661*** (0.160)	0.383** (0.145)
	小学		−0.158 (0.220)	−0.090 (0.195)
	初中		−0.252 (0.241)	−0.289 (0.214)

续表4—15

变量维度	自变量	因变量：校长课程领导力		
		模型 4	模型 5	模型 6
学校特征（S）	学校性质		0.331 (0.254)	0.230 (0.232)
	学校发展阶段		0.436*** (0.074)	0.357*** (0.066)
办学自主权（A）	发展规划自主权			0.151** (0.057)
	课程开发自主权			0.261*** (0.052)
	教师招聘自主权			0.086* (0.036)
	经费预算自主权			0.130** (0.044)
	常数	2.057** (0.780)	2.150** (0.807)	−0.464 (0.751)
	N	437	437	437
	R^2	0.207	0.330	0.479

表 4—15 是校长课程领导力影响因素的多元线性回归分析结果。模型 4 主要依据校长个人特征变量，将校长的性别、年龄、受教育年限、职称自我效能感、学习投入纳入方程模型，模型中的 $R^2=0.207$，表明自变量解释了校长课程领导力 20.7%的差异。具体而言，在控制其他因素的基础上，校长的课程领导力存在显著的性别差异，即女校长的课程领导力比男校长高 0.875 分（$p<0.001$）；从年龄变量与校长课程领导力的关系来看，校长年龄每增

长 1 岁，校长的课程领导力显著增加 0.031 个单位（$p<0.05$）；从校长的受教育年限与校长课程领导力的关系来看，受教育年限越长的校长课程领导力显著高于受教育年限短的校长，并通过了 $p<0.01$ 水平的显著性检验；从校长的职称与课程领导力的关系来看，职称变量对校长课程领导力的影响没有通过显著性水平检验；从校长的自我效能感与校长的课程领导力关系来看，校长的自我效能感对校长的课程领导力有显著影响，即校长的自我效能感每提高 1 个单位，校长的课程领导力显著提升 0.398 个单位（$p<0.001$）；学习力作为领导能力的构成基础，是校长领导学校发展的核心竞争力，回归结果显示学习投入在 5%显著水平上正向影响校长课程领导力的提升，校长的学习投入每增加 1 个单位，课程领导力提升显著 0.022 个单位。

模型 5 在模型 4 的基础上加入了学校特征变量。模型 5 加入学校特征变量之后，R^2 由模型 4 的 0.207 变为 0.33，模型 5 中所有自变量解释了校长课程领导力 33% 的差异，模型的拟合优度进一步提高。具体而言，男女校长课程领导力的差异依然显著，但加入学校特征变量之后，校长课程领导力的性别差异逐渐缩小，由模型 4 中的 0.875 缩小为 0.324（$p<0.05$）；校长年龄、受教育年限、职称变量对校长课程领导力略有影响，但没有通过显著性水平检验；自我效能感变量对校长的课程领导力有显著正向影响，与模型 4 相比，自我效能感对中小学校长课程领导力的影响从 0.398 变为 0.313，表明学校特征一定

程度上起了调节作用；从学习投入对校长课程领导力的影响来看，学习投入变量的估计值正向显著，即校长的学习投入每提升 1 个单位，其课程领导力水平显著提升 0.019 个单位（$p<0.05$）。与模型 4 相比，学习投入对校长课程领导力的影响有所降低，表明学校特征变量加入之后，有效调节了由于学习投入差异引起的校长课程领导力差异。

以农村校长课程领导力为参照，城市校长的课程领导力通过了 $p<0.05$ 水平的显著性检验，即城市校长的课程领导力显著高于农村校长的课程领导力，但是县镇和农村校长的课程领导力不存在显著差异；与西部地区校长的课程领导力相比，中部地区校长课程领导力显著高出 0.661 分（$p<0.001$），东部地区校长课程领导力比西部地区校长课程领导力更高（$p<0.1$）；不同学段之间校长课程领导力不存在显著差异；学校目前的生存发展状态越好，越能正向预测校长的课程领导力（$p<0.001$）。

模型 6 在模型 5 的基础上加入了制定学校发展规划自主权、课程开发自主权、教师招聘自主权与经费预算自主权，R^2 从模型 5 中的 0.33 变为 0.479，模型 6 中的自变量解释了中小学课程领导力 47.9%的差异，模型的拟合优度进一步提高。样本中小学以公办为主，绝大部分是由政府以满足社会公共需要的理由举办，政府及其教育行政部门是中小学的直接领导者和具体管理者。政府主导或直接制定学校发展计划固然有助于实现政府对教育领域的全面管理，但也导致了政府对教育领域“管得过细、过多、过严”的现象。从外部关系来说，如何调整政府与中小学的关系是基础教育管理体制改革的难点，改变政府对中小学的管理行为，赋予校长相应的办学自主权是教育体制改革的关键。

鉴于此，模型 6 加入了办学自主权变量，结果显示，在控制其他因素的基础上，校长课程领导力的男女性别仍存在略微差异，女性校长的课程领导力高于男性校长课程领导力，但二者的差异没有通过显著性水平检验，表明办学自主权变量的加入有利于调节校长课程领导力的性别差异；模型 6 在加入办学自主权变量之后；校长的受教育年限对其课程领导力的影响变得显著，表明办学自主权变量一定程度上能调节学历水平对课程领导力的影响。

从自我效能感与校长课程领导力的关系来看，自我效能感对提升校长课程领导力有显著正向影响（$p<0.001$）。在模型 5 中，自我效能感变量的回归系数为 $\beta=0.313$（$p<0.001$），模型 6 中自我效能感变量的回归系数为 $\beta=0.208$（$p<0.001$），表明办学自主权变量的加入对自我效能感变量对校长课程领导力的影响起到了一定的调节作用，但自我效能感对校长课程领导力的影响呈现较强的稳定性，尽管模型 4、模型 5、模型 6 的回归系数分别为 0.398、0.313、0.208，但均通过了 $p<0.001$ 水平的显著性检验；从学习投入与校长课程领导力的关系来看，模型 6 中学习投入对校长课程领导力的回归系数为 0.012（$p<0.1$），学习投入对校长课程领导力的影响系数从模型 4 的 0.022（$p<0.05$）到模型 5 的 0.019（$p<$

0.05），再降到模型6的0.012（$p<0.10$），表明办学自主权变量一定程度上能调节学习投入变量造成的校长课程领导力的差异；从学校特征变量来看，学校所在区域的校长课程领导力存在显著差异，具体而言，以西部地区的校长课程领导力为参照，中部地区校长的课程领导力显著高于西部地区的校长（$p<0.01$）；学校性质与学段对校长课程领导力的影响均未通过显著性水平检验。

在控制校长个人特征以及学校特征的基础上，校长拥有制定学校发展规划自主权与课程领导力正相关，即校长制定学校发展规划的自主权每提升1个单位，其课程领导力显著提高0.151个单位（$p<0.01$）；校本课程作为学校文化落到实处的重要载体，是推动学校发展的重要维度。从学校课程开发自主权与校长课程领导力的关系来看，课程开发自主权变量的估计值正向显著，即校长的课程开发自主权每提高1个单位，其课程领导力提高0.261个单位（$p<0.001$）；从教师招聘自主权与校长课程领导力的关系来看，教师招聘自主权在0.5%显著水平上正向影响校长的课程领导力，即校长拥有的教师招聘权越高，越有利于校长课程领导力的提升；从学校经费预算自主权与校长课程领导力的关系来看，学校经费预算自主权对其领导力的影响通过了$p<0.01$水平的显著性检验，即校长拥有的经费预算自主权对校长课程领导力有显著正向影响（详见表4－15）。

四、结果及讨论

（一）研究结果

本部分基于广东、浙江、湖北、河南、四川5省15市437份“中小学校长领导力”调查问卷，通过描述性分析以及多元线性回归分析，展现了校长课程领导力的总体水平及不同群体的差异性，探讨了校长特征、学校内外部情境对校长课程领导力的影响。研究发现如下：

（1）结合校长特征模型、学校内外部情境模型的分析结果，可以发现校长的课程领导力受多种因素的综合影响。校长课程领导力的差异有20.7%源自校长自身特征差异，这意味着有80%左右的差异是校长个人特征无法解释的，更多的影响因素主要依赖于学校情境。

（2）从校长特征变量与校长课程领导力的关系来看，模型4、模型5中，校长的课程领导力存在显著的性别差异，即女性校长的课程领导力显著高于男性校长，模型6加入办学自主权变量之后，女性校长的课程领导力略高于男校长，但没有通过显著性水平检验；模型4、模型5、模型6中，校长的非认知因素—自我效能感变量的系数从0.398（$p<0.001$）变为0.313（$p<0.001$），再变为模型6的0.208（$p<0.001$），表明校长的自我效能感对校长课程领导力有显著正向影响，学习投入变量对校长的课程领导力有正向影响。

（3）从校长所在学校的特征来看，模型5加入学校特征变量之后，以西部地区校长课程领导力为参照，中部地区校长课程领导力显著高出 0.661 分（$p<0.001$），东部地区校长的课程领导力显著高于西部地区（$p<0.1$）；从学校生存与发展现状来看，学校发展阶段与校长课程领导力正相关，即学校目前的生存与发展状态越佳，越能正向预测校长的课程领导力。

（4）对办学自主权与校长课程领导力的关系进行分析，结果表明，校长拥有的学校发展规划自主权、课程开发自主权、教师招聘自主权与经费预算自主权的程度对校长的课程领导力有显著正向影响，在控制校长个人特征与学校内部情境的基础上，办学自主权变量解释了校长课程领导力 47.9%的差异。

（二）分析及讨论

1. 提升校长的课程领导力需关注校长的性别差异

研究表明，在控制其他因素的基础上，校长的课程领导力存在显著的性别差异，与男校长相比，女校长的课程领导力更高。男性领导者倾向于竞争，等级权威，集权领导和理智地分析解决问题；女性领导者倾向于协作，与下级配合，非高度集权，在直觉、热情以及理性的基础上解决问题。[①] 与男校长相比，女校长更善于形象思维，在课程开发过程中，女性校长更为注重方案的全面性与可操作

① 乔恩·L. 皮尔斯，约翰·W. 纽斯特罗姆. 领导力：阅读与练习：第 4 版[M]. 北京：中国人民大学出版社，2009：144.

性，关注那些容易被教师理解、接受与执行的计划，关注课程开发过程中的具体细节与实施的效果。

2. 校长的自我效能感对校长课程领导力有显著正向影响

研究表明，校长的自我效能感对其课程领导力存在正向预测作用。自我效能感是对自己能否达成目标的一种能力、信念，其控制着人们的思想行动，是自我动力系统的关键因素。[①] 20世纪80年代末，学者们开始研究自我效能感与领导之间的联系[②]，结果表明自我效能感较高的领导者在面临困难时会努力克服困难，并付出更多的努力带领组织实现高效运转。[③] 自我效能感高的人通常会为自己设置更高的目标，遇到困难也不会变得情绪低落，反而会主动寻求问题的解决方案。

我们学校作为西区大校，过去主要靠生源优势、地理位置优势发展，现在主要走内涵发展的道路。目前学校德育课程存在目标泛化、内容碎片化、实施方式说教化、评价单一化等问题。再加上教师队伍的参差不齐、家庭教育的功利异化、社会极端事件的冲击

① Bandura A. Social Foundations of Thought and Action [J]. Englewood Cliffs, NJ, 1986.

② Gist M E. The Influence of Training Method on Self-efficacy and Idea Generation Among Managers [J]. Personnel psychology, 1989, 42 (4).

③ Ng K Y, Ang S, Chan K Y. Personality and Leader Effectiveness: A Moderated Mediation Model of Leadership Self-efficacy, Job Demands, and Job Autonomy [J]. Journal of Applied Psychology, 2008, 93 (4).

和小学生德育的反复性导致小学德育收效与付出不相称。因此，建构与学生充分发展相适应的德育校本课程势在必行。根据德育课程补充性、校本性、活动性、序列性、实效性、长期性的特点，以“顺应童心，生动成长”办学理念为指导，在“完善人格、智慧头脑、健康体魄、审美情趣”校本核心素养目标体系的指引下，把国家课程和校本课程有机融合，分层归类，建构起了“童真、童智、童体、童艺”课程体系，在国家课程校本化实施方面作了有益的尝试。

最开始我将“童心教育”分解为“13心”，上周在英市校长论坛上，我就此与中南师范大学的课程专家进行了交流，当时毛教授问我这“13心”的逻辑关系是什么，“13心太多了，应该缩减”。回到学校之后，我对毛教授的话进行了深入的分析与思考，仅一句话，我思考了很久。后来，我恍然大悟，毛教授让我精简的意思就是做好归类，我将学校的核心素养扩展为“18心”，我把“童心课程”划分为4类共“18心”并得到了专家的高度认可，我校目前已经开发出了一个完整的有特色的童心课程。（英市三小杨校长）

从访谈中看出，杨校长是一位具有高自我效能感的人。可以看出校长的自我效能来源于自身的成功经验，在引领学校课程开发的情境中，校长对自身完成任务的能力进行评价并体验能力带来的结果，战胜困难的成就感大大加强了校长的效能信念。另外，校长培训会给校长带来有关课程开发的理论支撑与实践经验，有助于效能信息的获得。

3. 学习投入对校长课程领导力有显著正向影响

研究表明，在控制校长个人特征和学校特征变量的基础上，校长学习投入对校长的课程领导力有显著正向影响，在加入办学自主权变量之后，学习投入变量的估计值略有降低，但依旧正向显著。访谈中一位校长说："我们学校承接了太多来自'上头'部门的活动，作为一名基层校长，确切地讲，我既没能力也没胆量拒绝'上头'摊派的活动，应付完各级检查，已经没有多余的时间与精力进行课程学习与思考了。"调查发现，部分校长具有一定的课程领导意识，但课程事务并没有成为校长的重要工作之一。繁忙的校长无处不在，在工作日至少50%的时间里，校长随时把办公室"携带"在自己身边，校长正在管理学校。[①] 有学者指出，38%的校长属于维持管理型，整体领导型的校长只占23%，校长中真正懂得课程开发的依旧还是少数。[②] 造成这一现象的主要原因在于，许多校长对课程领导相关知识的学习时间投入不够，跨界学习的时间更显不足，也缺乏自主学习的动力，缺少自我学习的能力。

---

① 托马斯·J. 萨乔万尼. 校长学：一种反思性实践观［M］. 张虹，译. 上海：上海教育出版社，2004：15.

② 董辉，文剑冰，吴刚平. 课程改革背景下初中学校课程领导的调查分析［J］. 全球教育展望，2016，45（9）.

踏上工作岗位，尤其是担任校长职务以后，我时刻督促自己不能满足于现状，要不断更新自己的知识储备。随着素质教育的全面推进，课程改革的不断深入，更要求我们成为改革的领导者和推进者。要领导师生开发具有校本特色的课程，作为校长的我就必须不断学习，不断发展，不断创新。只有主动学习，充实自我，才能站在一个高的起点去考虑学校的课程建设，才能将学校的发展置于更广阔的天地中。我尽管每天事务繁忙，但每天晚上我都坚持学习1～2小时。我在学习中不仅可以获得很多资讯，更重要的是培养了自身实现人生目标的能力。学习应该是开创性的，全校的教职工都应该努力学习不断超越自我。我带领教师一起学习，为教师提供了丰富充实的学习内容，希望教师能跟上课程改革的步伐，拓宽自己的视野，提升自己的素养，站在另外一种境界来审视自己的工作。（草堂小学　张校长）

可以说，张校长这种“率先垂范不断学习”的精神影响了学校一大批教师，他们受到感召，获得鼓舞，在张校长的带领下共同开发校本课程不断充实自我，挑战自我，激发了学习课程改革知识的热情和参与课程开发的积极性。校长对课程领导重要性的认识不一，对课程领导相关知识的学习以及学校课程开发的氛围营造也存在极大的差异。

4. 学校发展规划自主权对校长课程领导力具有显著正向的影响

研究表明，学校发展规划自主权能显著正向预测校长的课程领导力。有学者指出："学校与其周围结构之间的动态平衡才是真正的目的。课程开发影响到即时性的学校情境，它本身倒是第二位的了。其细节必然随着知识的进步和社会教育要求的发展而不断得到修改，但这种新的动力和交流是使教育系统作为一个整体保持活力的希望所在。"[①] 所以，学校的发展规划对校本课程开发具有重要意义。制定与培育学校的教育理念，能引领学校课程的文化取向。通过将学校办学理念与课程开发有机融合，突破原有课程文化的局限性，能够实现学校由旧课程文化形态向新课程文化形态的转化。校长在确立学校课程文化的过程中，一方面主要通过尊重师生在课程文化中的主体性尊重他们的文化存在、树立他们的文化自信心；另一方面则通过民主、平等的参与式交流，共同挖掘课程文化中所蕴含的课程、精神、意义，并共同创造新的学校课程文化。

以下是对津市实验小学王校长的访谈：

问：您如何看待学校文化与课程开发之间的关系？

答：我觉得学校的文化理念是一种价值导向，属

① 吴刚平，徐佳. 权力分享与责任分担——转型期西方教育校本化思潮及其启示［M］. 济南：山东教育出版社，2011：199.

于一种顶层设计，而课程是将学校的理念落到实处的关键载体。我 2008 年在武汉一所小学做校长的时候，上海方略教育咨询机构一直请我给他们负责的学校指导学校文化与课程建设的工作，所以我对学校里的课程和文化知识很看重。我们学校所在的荆州太湖农场地处长江之滨，门前是引江济汉工程江汉运河所在地，引江济汉和南水北调正是上善若水的集中体现，汉水不足则长江以济之，北方干旱则南水以济之，老子曰：上善若水。水善利万物而不争，处众人之所恶，故几于道。至善，“最崇高的善”。“明德至善”作为学校的教育理念与课程追求，是至善教育思想的凝练表达，这是一种思想，一个目标。思想，就是在上善若水与明德至善的永恒追求过程中，促进学生全面发展的素质教育思想；目标，就是仁恕精神，已欲立而立人，已欲达而达人。作为办学理念，它是一种精神支柱，是学校不断努力的内驱力和共同的课程观念。学校文化与学校的课程开发息息相关。学校文化引领学校方方面面的发展。比如，我们在至善教育的引领下，开辟了学校的至善课程体系，我们学校除了国家规定的文化课，每个星期都有一些校本课程。这些校本课程就是选课走班。每到星期四的下午，学生可以根据自己的爱好，选择自己喜欢的一门课程。课程类型主要包括善德课程、善智课程、善体课程、善美课程、善行课程五个方面。将学校的办学理念细化到课程开发的内容中，一方面使校本课程的开发有了

隐性的凝聚力；另一方面，让老师对学校的发展理念有了更深刻的理解与认同。（津市实验小学　王校长）

从王校长的访谈可以看出，一所学校的办学价值观决定了学校的课程观与人才观，学校课程的质量决定了学校培养人才的质量。学校领导教师根据办学理念开发相应的校本课程，使教师由单纯的课程的执行者成为课程的开发者、参与者、建设者。校本课程给学校课程的发展带来了空间，注入了活力，它作为一种重要的课程类型，能充分体现民主、开放、互动、合作的课程文化，以及当今课程的发展方向。校本课程承载着实现学校的育人目标，校本课程的开发可以更好地满足学校“个性化”的发展需求，凸显学校办学特色。

5. 课程开发自主权对校长的课程领导力有显著正向影响

研究表明，校长拥有课程开发自主权对提升课程领导力有显著正向影响。1985 年，《中共中央关于教育体制改革的决定》开始推行校长负责制度，理论上校长被赋予了更大的办学自主权，但在实际办学过程中，校长领导课程开发的自主权却较弱。校长课程权力保障制度缺失、校长权力错位、教师课程责任模糊，以及应试教育的干扰等，造成了校长课程领导的无序。经济合作与发展组织《教育政策分析报告 2004》指出：“当学校由于落后和变化缓慢而继续受到批评时，极端的科层制领导和教师传统的教学方法等往往受到指责。”校本课程的开发与实施涉及一种权力的再分配，课程开发过程中必须改变支配学校的权力关系，保障多元声音的表达，营造共享责任的氛围。然而，目前校长的课程领导力正处于传统与创新的十字路口，仍未能摆脱自上而下的控制，课程开发的权力有待真正下放。有数据显示，73.6%的校长认为国家没有统一的放权标准，70.4%的校长认为下放办学自主权缺乏相关法律保障，88.3%的校长认为教育行政部门不愿意下放办学自主权。① 90%的校长认为学校课程开发自主权不够，上级政府扮演了办学主体、管理主体、评价主体多种角色，导致政校边界模糊。政府部门对国家课程的监督过于机械，校长的课程领导力没有足够的发挥空间。②

以下是三位拥有不同程度课程开发自主权的校长的访谈：

案例 1：葛校长所在的中南师范大学附属实验学校占地面积 25596 平方米，全校教师总数 60 余人，学生总数 500 余人。中南师范大学阳光附属实验学校是由成水区政府、中南师范大学、新兴企业三方合办的一所高品质民办中小学校。其中，新兴集团负责高标准的学校硬件配备，提供全程办学经费保障；成水教育行政部门提供长期的行政指导和政策支持；中南师范大学通过校长主导、专家督导、教师认证、资源共享、互助交流五大核心服务体系，

① 范国睿. 基于教育管办评分离的中小学依法自主办学的体制机制改革探索[J]. 教育研究，2017，38 (4).

② 鲍东明. 校长课程领导能力有待提高 [N]. 中国教育报，2014-07-19 (003).

为学校运营提供管理及技术支持（如图 4—1 所示）。

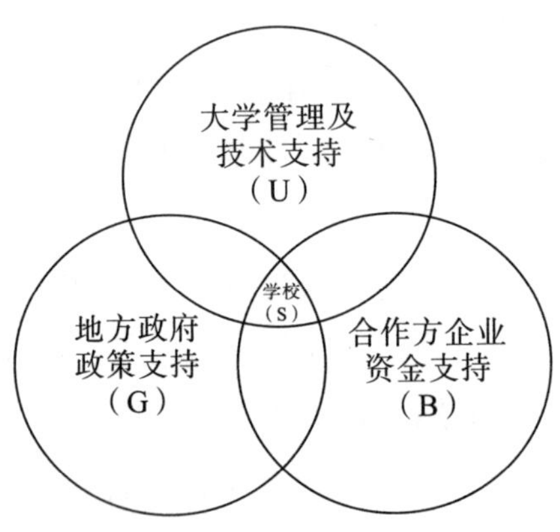

图 4—1　三方合作示意图

葛校长谈到：我和核心管理团队均由中南师范大学直接选派，我们学校实行理事会领导下的校长负责制，我们学校的理事会由合作方共同参与组成，是学校的最高决策机构。校长全面负责学校的教育教学活动和其他行政管理工作。中南师范大学基础教育合办学校教育指导与评估委员会负责对校长工作业绩进行年度考核和聘期考核。我是 2017 年 10 月到中南师范大学阳光附属实验学校任职的第三任校长。多方合作办学在带来机遇的同时，更多的是面临严峻的挑战。由于是企业投资办学，在课程开发的过程中，企业拥有绝对的话语权。所谓理事会领导下的校长负责制也只是一纸空文，难以落实。

办学人的思想高度决定了这所学校的办学高度。就拿我们目前的办学理念来讲，企业董事长把"六爱”教育作为课程开发的文化支撑，但是经过专家讨论，“六爱”教育即爱党、爱国、爱社会、爱父母、爱家庭、爱自己，在统领课程开发的过程中，逻辑不是很清晰。提出这个教育理念的依据在哪？有的专家认为“三爱”较为合适，比如爱国、爱己、爱他人更有逻辑。但是，在企业军事化的学校管理过程中，是不允许有多元的声音出现的，企业更注重的是服从，追求的是立竿见影的物化的东西。目前的课程开发遇到很大困难，在领导教师进行课程开发的时候，我没有“拍板权”，尽管请了专家来指导，之后如何落实，谁来负责推动，有什么激励措施？这些都处于一种无序的状态，感觉自己没有用武之地，干得非常憋屈。（中南师范大学阳光附属实验学校　葛校长）

从葛校长的谈话可以看出，校长在民办学校没有课程开发实权。当自己的领导权被架空的时候，扮演的只能是一个“传声筒”的角色。企业管理者以“企业管理思想”干预学校的发展，阻碍了校长课程领导力的发挥。

案例 2：方校长所在的学校建于 2015 年，是一所公办民助（大学—企业—政府合办）的小学。方校长谈到课程开发自主权的时候颇有些无奈：

我们课程设置自主权太小，主要还是按要求把国家课程和地方课程落实。应试教育的大环境没有改变，办学体制没有改变，量化产出依旧是课程的重要

评价指标，应付完硬性考核的指标之后，已经没有多余的时间和精力开设其他课程了。（中南师范大学附属实验学校　方校长）

从方校长的谈话可以看出，相较于民办学校，公办学校校长的课程领导力主要受上级教育行政部门的约束，也难以充分发挥其领导力。尽管负责学校顶层课程设计的领导对学生的特点、学校的特色更为了解，从理论上而言，可以根据学生的差异化需求开发校本课程，但是我国目前统一实行三级课程，校长难以自主制定针对本校实际的生本课程，学校的课程改革依旧受到上级部门过多的干涉，太多太细的督导指标和检查评估活动，让校长在领导课程开发与实施方面如履薄冰。

案例3：汪校长所在的学校以“生活教育”为办学理念，汪校长引领教师们在生活教育课程开发的理论与实践的探索中，走中变、变中走，走出大的创新，走出小的改良，走出了实践智慧，是当下课程开发真正需要的精神。

访谈过程中，汪校长谈到：教师是一个特殊的群体，育人是他的天职。教师要教人认知、做人、做事与交往，教师不仅需要有渊博的知识，也需要有高尚的人格。我将“善研、乐教”作为学校的教师文化。“善研”强调教师在不断学习、反思、教研、实践的良性循环中提升自我。“乐教”是根据学校的既有课题，开发多元的研修项目。鼓励教师积极申报项目，

以此促进教师的专业发展。（英市实验小学　汪校长）

从汪校长的访谈中可以看出，校长通过引领教师从校本课程开发中生成课题，专研课题，以研促教，使教师开始从职业劳动走近真实丰富的教育生活，使教师在专业成长的过程中不断提升自我的职业成就感与幸福感。让教师在校本课程体系构建中体验做一个有教育情怀，一专多能的教育工作者的轻松愉快的感受。

沙棉学校和钢管厂学校今年合并成新棉学校以来，整合了两校优质的教师资源和硬件资源，有了很好的办学条件和基础，学生人数也上升了60%。但从另一方面看，我校也面临着学校核心价值、校园文化、课程开发等工作重建的问题。这种百废待兴的情景，对新棉学校既是考验也是机遇。在校本课程开发方面，我校主要立足学校现有的资源，比如书法教师和足球教练是我校很大的两项教师资源。我校是全国书法示范学校，有全国、省、市、区各级书法协会的教师多名；我校也是全国足球示范学校，有专业足球教练两名，业余足球教练四名。结合本校的传统优势与学生的兴趣，开设了翰墨飘香、足球小将两门学校特色课程。需要指出的是，学校在课程设置上依旧存在问题，如社会过多地干预教育，各大部门硬性地要求我们开设一些课程，增加了我们的课程负担。（新棉学校　熊校长）

熊校长充分结合学校的优势，探索出适合本校特色的校本课程。但在面临的问题方面，熊校长认为很多部门的硬性要求增加了学校的课程负担。

6. 教师招聘自主权对校长课程领导力有显著正向影响

研究表明，校长拥有教师招聘自主权对校长课程领导力的提高有显著正向影响。根据田野调查，校长拥有教师招聘自主权时，能根据学校发展需要，招聘专业素质过硬的中青年教师补充师资队伍。

> 在学校课程开发过程中，教师队伍建设不断加强，现在的教师队伍呈现老、中、青结合，多学科整合的特点。学校有3名临近退休经验丰富的老教师激情不减，有10余名中年骨干教师和学科带头人干劲十足，还有20余名青年教师积极探索。丰富多样的优秀工作经验在这里融合发扬，有力推动了校本课程的开发。(津市一小　田校长)

> 现阶段的中小学极少拥有聘任教师的权力，教师聘任的自主权主要掌握在市县教育部门甚至人事部门的手里，这种状况很难使教师聘任成为学校法人的一种自主行为。我们学校主要面临师资不足、年龄普遍老化、学科专业教师配备不足等问题。我们一直想开发具有学校特色的课程，但是我们的老师科研素养不足，中坚力量较少，年轻老师只能听安排做事，年纪

大的老师又没心思搞这些事情。学校没有自主聘用教师的权利，这就导致一些教师接受新生事物的能力下降，校本课程无法正常开发。（英市张家湾小学　张校长）

以上两位校长的访谈反映了教师素养与校本课程开发有密切的联系。教师具有什么样的课程意识、课程理念是否深入人心、课程实施是否校本化、课程管理是否科学高效、课程质量的保障机制是否健全等主要取决于校长的课程领导力。[①] 校长课程领导首先是对人的领导，能对全校教师在课程建设上产生影响力。校本课程的开发与实施依赖校长与教师团队的主观能动性与集体智慧。如果学校引进的教师对课程开发的角色认识不清，缺乏对课程资源进行整合、创新与评估的意识，只是忠实地“复制”既定的课程计划，按照给定的内容进行教学，则无法满足学生个性化的学习需求，某种程度上制约了校长课程领导的质量。

我们学校新建于 2017 年，随着城镇北移，生源多，投入多，硬件设施完备。主要面临的还是师资不足和老龄化严重的问题。我校在校生 324 人，在编教师 11 人，缺英体美教师，缺编严重。但整个英市教

① 王越明. 有效教学始于校长课程领导力的提升［J］. 中国教育学刊，2010(3).

> 师总量超编，没有一个完善的退出机制，没法引入新的教师。这两年学校通过“新机制”招了4个外地教师，目前已经走了3个。没有新鲜血液注入，教师平均年龄达到49.3岁，整个教师队伍的积极性和创造性严重不足。教师发展是学校发展的第一要务，除了每周的课程教学改革的思想政治学习，学校努力为教师的专业发展搭建平台，比如与兄弟学校互派教师进行课程开发的交流与指导。（关城中心小学　罗校长）

在罗校长看来，要提升校长的课程领导力，充分调动教师的创造性与积极性是关键。学校也通过多个不同的途径为教师的专业发展创造机会，但是教师专业发展的瓶颈在于主管部门限制和干预学校自主招聘教师。

本章小结

本章第一节意在呈现校长课程领导力的整体情况，主要回答的问题属于“是什么”的范畴。首先对本章的因变量课程领导力进行了概念操作化处理，综合已有的校长课程领导的任务内涵以及田野访谈结果，将中小学校课程领导力的着力点放在校长领导校本课程开发及实施这一层面。具体而言，被解释变量校长课程领导力是通过因素分析法降维得到8个课程领导力题目，如聘请专家指导本校的课程开发、善于鼓舞士气和激发教职员工最佳的工作状态、制定适合不同层次教师的专业发展规划以及有清晰完整的课程开发和实施制度等，取 8 个题项得分均值作为课程领导力得分进行差异分析，结果表明，不同区域、不同学校发展阶段、不同年龄、不同性别、不同学历、不同职称与不同任职年限的校长课程领导力均存在显著差异。

在第一部分差异性分析当中，主要采用单因素方差分析和独立样本 T 检验两种方法对两个变量之间的关联性进行度量，第二部分主要在控制校长个人特征和学校特征的情况下加以分析。首先，对影响校长课程领导力的因素进行理论假设；其次，根据研究需要选择合适的模型，并对变量进行界定与测量；最后，利用 437 份调查问卷对影响校长课程领导力的因素进行验证。研究结论如下：

第一，校长课程领导力存在显著的人口学差异。模型 4 显示，校长课程领导力的差异有 20.7%源自校长自身特征差异，这意味着有 80%左右的差异是校长个人特征无法解释的，更多的影响因素主要依赖于学校情境。模型 4 表明，女校长课程领导力比男校长高 0.875 分（$p < 0.001$）；校长年龄、受教育年限、自我效能感及学习投入均对校长课程领导力有显著积极影响。

第二，学校特征变量有利于缩小校长课程领导力的个人差异。模型 5 加入学校特征变量之后，模型的拟合优度进一步提高（$R^2=0.33$）。学校特征变量加入之后，校长课程领导力的性别差异逐渐缩小；年龄与受教育年限变量对课程领导力的影响不再显著；自我效能感对校长课程领导力的影响有所降低，但依然显著为正；学习投入对校长课程领导力的正向影响由模型 4 的 0.022（$p<0.001$）降为 0.019（$p<0.05$）；与西部地区的校长课程领导力相比，东部、中部地区的校长领导力显著更强；学校发展阶段与校长价值领导力正相关（$p<0.001$）。

第三，办学自主权对校长课程领导力有显著正向影响。在控制校长个人特征与学校内部情境的基础上，模型 6 办学自主权变量解释了校长课程领导力 47.9%的差异。具体而言，办学自主权变量的加入，使校长课程领导力的性别差异不再显著；校长年龄与受教育年限对校长课程领导力有显著正向影响（$p<0.05$）；自我效能感对校长课程领导力的影响较模型 5 略有降低，但依然显著为正（$p<0.001$）；校长学习投入变量对校长课程领导力的正向影响有所降低；以西部地区为参照，中部地区校长课程领导力显著更高（$p<0.01$）；从办学自主权细分维度对校长课程领导力的影响大小来看，课程开发自主权对校长课程领导力的正向影响最大（$\beta=0.261$，$p<0.001$），发展规划自主权对校长课程领导力的影响次之（$\beta=0.151$，$p<0.01$），其三是经费预算自主权对校长课程领导力的显著影响（$\beta=0.130$，$p<0.01$），最后是教师招聘自主权对校长课程领导力的影响（$\beta=0.086$，$p<0.5$）。

本章通过对校长课程领导力的影响因素进行分析，发现校长的年龄、受教育年限、自我效能感、学习投入、学校发展阶段与办学自主权对校长领导力有显著正向的影响。其中，自我效能感变量对校长课程领导力的影响在三个模型中均通过了 0.1%的显著性水平检验；学习投入对校长课程领导力的影响显著为正，学校特征以及办学自主权起到了一定的调节作用；校长的年龄与受教育年限仅对校长课程领导力有显著正向影响，对校长价值领导力与组织领导力的影响没有通过显著性水平检验。与其他两个维度的领导力相比，课程开发自主权对校长课程领导力的正向影响最为显著。本章内容的讨论将有助于我们更好地理解校长课程领导力“为什么”存在差异，也为我们比较各个维度领导力影响因素的异同提供了依据。

第五章　中小学校长组织领导力影响因素

随着教育改革的深入推进，改革的重心逐渐从宏观体制的变革转变为学校层面的变革，这为校长领导学校发展带来极大的冲击与挑战，变革校长领导方式成为顺应学校组织变革的必然要求。[①] 校长需要充分发挥其组织领导力以应对组织的复杂性与不确定性，并从引导学校变革中获得动力。20 世纪 90 年代，变革型领导（Transformational Leadership）成为领导理论研究的新范式。Bass 认为，变革型领导通过提高员工的组织承诺水平来实现员工对组织文化的认同，并在复杂的教育生态中提高组织绩效。校长的变革型领导不仅是组织中的一种领导行为，更是影响范围覆盖整个组织的一个领导组织变革的过程。[②] 因此，探索校长变革型领导行为与其领导效能的关系，进一步以两者的逻辑关系为纽带推动学校内涵式发展，对于在更深层次上丰富中国本土特色的教育微观具有一定的学术价值与

---

① 赵曙明，宗骞，吴慈生. 高绩效组织领导力转型初探［J］. 南京大学学报（哲学·人文科学·社会科学版），2004（1）.

② 王凤彬，陈建勋. 动态环境下变革型领导行为对探索式技术创新和组织绩效的影响［J］. 南开管理评论，2011，14（1）.

实践价值。

第一节 中小学校长组织领导力的描述统计分析

面对复杂的、多变的、模糊的和不确定的多元合作环境，变革已成为学校发展的主题。现代学校组织具有开放性与协同性的特征。校长的组织领导力已经成为领导学校发展、连接战略与绩效、文化与行为、员工与组织、内部与外部的制胜力量。

一、概念操作化

组织领导力对于提高组织绩效、组织效率具有重要意义。Brungardt（1996）认为，组织领导力作为一种整体领导力贯穿于整个组织系统，既包括校长个人的领导力，也包括优化组织的内外部关系。组织领导力是执行既定组织目标，维持并提高组织成员忠诚的一种基本组织能力。领导组织发展的目标是使每一个成员都深刻理解并积极承担组织发展所需的领导力责任以及领导力的执行。[①] 有学者指出，组织领导力除了个人的领导力，还包括个体、组织与情境综合作用产生的动力。在学校变革的过程中，组织领导力是平衡个人、团体与组织的关系，促进组织学习

① Kivipõld K, Vadi M. A Measurement Tool for the Evaluation of Organizational Leadership Capability [J]. Baltic Journal of Management, 2010, 5 (1).

和组织变革的重要能力。[①]

本章的被解释变量校长组织领导力，是通过因素分析法降维得到的15个组织领导力题目，如让广大教职工参与学校管理与决策，实行民主管理；根据学校发展需要，及时与上级教育行政部门沟通；建立多种沟通渠道，实现校内信息互通、共享等，取其得分均值作为组织领导力得分进行分析。由于本章主要考察校长组织领导力的差异及影响因素，通过纯粹的理论思辨难以达成，故需结合实证分析。

二、描述统计与差异分析

（一）校长组织领导力的整体情况

从表5—1可以看出，校长领导力总水平的平均分为5.29分，组织领导力得分5.64分。校长领导力总水平与组织领导力维度得分均高于一般水平（4分），表明校长的组织领导力水平普遍较高。

表5—1 校长领导力总体情况

	最小值	最大值	均值	标准差
组织领导力	1.00	7.00	5.64	1.11
领导力总水平	1.00	7.00	5.29	1.15

① 文茂伟．当代英美组织领导力发展研究［D］．上海：华东师范大学，2008.

从表 5－2 可以看出，不同区域的校长领导力总水平存在显著差异（$F=13.29$，$p<0.001$）。从校长领导力的组织领导力维度来看，不同区域的校长组织领导力存在显著差异（$p<0.001$）。事后效应检验发现，从领导力总水平得分来看，中部地区校长领导力显著高于东部与西部地区，将东部地区与西部地区校长领导力进行比较，可以发现东部地区校长领导力得分显著高于西部地区。从校长的组织领导力维度来看，中部地区校长组织领导力得分显著高于东部和西部地区（$p<0.001$），东部地区校长组织领导力得分高于西部地区（$p<0.05$）。

表 5－2　校长组织领导力水平的区域差异

	频数（人）	均值	标准差	F	
组织领导力	东部地区	108	5.49	1.22	13.29***
	中部地区	156	5.99	1.03	
	西部地区	173	5.41	1.01	
领导力总水平	东部地区	108	5.19	1.21	23.568***
	中部地区	156	5.75	1.04	
	西部地区	173	4.93	1.06	

将校长任职学校的地理位置划分为城市、县镇和农村，采用单因素方差分析考察校长领导力的地理位置差异情况。从表 5－3 可以看出，不同地理位置的校长领导力存在显著差异（$F=14.07$，$p<0.001$）。在校长领导力的子维度上，不同地理位置校长的组织领导力不存在显著差异。事后效应检验发现，从领导力总体水平来看，城市

校长组织领导力得分显著高于县镇、乡村校长（$p<0.001$）。从组织领导力维度来看，城市校长的组织领导力显著高于县镇（$p<0.01$），城市校长显著高于农村校长（$p<0.001$）。

表 5-3　校长组织领导力水平的地理位置差异

	N	均值	标准差	F	
组织领导力	城市	160	5.89	1.10	6.03**
	县镇	168	5.54	1.09	
	农村	109	5.42	1.07	
领导力总水平	城市	160	5.65	1.12	14.07***
	县镇	168	5.15	1.11	
	农村	109	4.97	1.12	

将校长所在学校类型分为公办与民办两类，采用独立样本 T 检验对不同学校类型的校长领导力进行差异比较。从表 5－4 可以看出，公办学校校长组织领导力均值为 5.65，民办学校校长组织领导力均值为 5.54，公办学校校长组织领导力更高，在校长领导力总体水平以及组织领导力维度上，公办校长领导力与民办并无显著差异。

表 5-4　校长组织领导力水平的学校性质差异

		频数（人）	均值	标准差	T
组织领导力	公办	405	5.65	1.11	0.21
	民办	32	5.54	1.04	

续表5－4

		频数（人）	均值	标准差	T
领导力总水平	公办	405	5.29	1.15	0.31
	民办	32	5.22	1.06	

将校长任职学校的类型划分为小学、初中和九年一贯制三类，调查样本校长一共 312 位，其中初中校长 90 位，九年一贯制学校校长 35 位。采用单因素方差分析法考察不同学校类型校长领导力的差异情况。从表 5－5 可以看出，小学校长组织领导力均值为 5.64，初中校长组织领导力均值为 5.63，九年一贯制学校校长组织领导力均值为 5.74，九年一贯制学校校长组织领导力最高，不同学校类型的校长领导力总水平以及组织领导力维度均不存在显著差异。

表 5－5　校长组织领导力水平的学段差异

		频数（所）	平均值	标准差	F
组织领导力	小学	312	5.64	1.14	0.14
	初中	90	5.63	1.08	
	九年一贯制学校	35	5.74	1.02	
领导力总水平	小学	312	5.29	1.17	0.61
	初中	90	5.24	1.14	
	九年一贯制学校	35	5.49	1.02	

将调查样本校长所在学校的生存和发展阶段划分为生存困难、发展不足、发展变革与优质发展四类，调查样本

中，生存困难的学校有 23 所，发展不足的学校有 99 所，发展变革的学校有 197 所，优质发展的学校有 118 所。采用单因素方差分析法考察不同学校发展阶段的校长组织领导力的差异情况。从表 5－6 可以看出，不同发展阶段的校长领导力总水平以及组织领导力维度均存在显著差异。

事后效应检验发现，从校长领导力总体水平来看，校长的领导力总水平表现为优质发展＞发展变革＞发展不足＞生存困难的趋势（$p<0.001$）；从组织领导力维度来看，优质发展学校的校长组织领导力仍然显著高于其他发展阶段的校长，学校处于生存困难阶段的校长组织领导力最低。

表 5－6　学校不同发展阶段的校长领导力水平差异

		频数（所）	平均值	标准差	F
组织领导力	生存困难	23	5.32	1.06	19.57^{***}
	发展不足	99	5.07	1.03	
	发展变革	197	5.66	1.03	
	优质发展	118	6.14	1.06	
领导力总水平	生存困难	23	5.00	1.02	31.82^{***}
	发展不足	99	4.56	0.95	
	发展变革	197	5.30	1.05	
	优质发展	118	5.94	1.10	

（二）基于校长个体特征的组织领导力差异

采用单因素方差分析法考察不同年龄段校长组织领导

力差异。从表5—7可以看出，29岁及以下、40～49岁、50～59岁三个年龄段校长领导力总水平存在显著差异。在校长组织领导力子维度上，不同年龄段校长在组织领导力（$F=1.896$，$p>0.05$）上存在不显著差异。从事后效应检验结果来看，在组织领导力维度上，40～49岁校长得分与30～39岁校长的组织领导力得分存在显著差异（$p<0.1$），也显著高于29岁及以下校长的组织领导力（$p<0.05$），50～59岁校长的组织领导力显著高于29岁及以下的校长（$p<0.1$）。

表5—7 校长组织领导力水平的年龄差异

		频数（人）	均值	标准差	F
组织领导力	29岁及以下	12	5.02	1.02	1.90
	30～39岁	68	5.45	1.21	
	40～49岁	264	5.73	1.03	
	50～59	86	5.615	1.18	
	60岁及以上	7	5.67	1.57	
领导力总水平	29岁及以下	12	4.72	0.96	1.85
	30～39岁	68	5.04	1.25	
	40～49岁	264	5.36	1.09	
	50～59	86	5.33	1.19	
	60岁及以上	7	5.48	1.48	

由表5—8可知，女校长组织领导力均值为5.48，男校长组织领导力均值为5.94，校长领导力总水平因校长性别而存在显著差异（$p<0.05$）。具体而言，男性校长

的领导力总水平（$p<0.05$）显著高于女性校长，在组织领导力维度，校长的组织领导力未呈现出显著差异。

表 5－8 校长组织领导力水平的性别差异

		频数（人）	均值	标准差	T
组织领导力	女	286	5.48	1.10	2.56
	男	151	5.94	1.05	
领导力总水平	女	286	5.09	1.14	3.98*
	男	151	5.67	1.05	

本次调研数据中，学历为高中或以下的校长有 3 人，学历为研究生的校长有 18 人，大学专科学历的校长有 102 人，大学本科学历的校长有 314 人。采用单因素方差分析法对校长领导力的学历差异进行检验。表 5－9 显示，高中或以下学历校长的组织领导力均值为 5.79，大专及以下学历校长的组织领导力均值为 5.50，大学本科学历校长的组织领导力均值为 5.68，研究生学历校长的组织领导力均值为 5.76，大专学历校长的组织领导力最低。从校长领导力总水平来看，不同学历的校长存在显著差异（$p<0.1$），但在校长组织领导力维度，不同学历背景的校长领导力差异不显著（$p>0.05$）。

表 5—9　校长组织领导力水平的学历差异

		频数（人）	均值	标准差	F
组织领导力	高中或以下	3	5.79	1.04	0.78
	大专	102	5.50	1.02	
	大学本科	314	5.68	1.14	
	研究生	18	5.76	1.00	
领导力总水平	高中或以下	3	4.87	1.68	2.27
	大专及以下	102	5.06	1.07	
	大学本科	314	5.35	1.16	
	研究生	18	5.60	1.06	

此次调查中，三级职称及以下的校长有 162 人，二级职称的校长有 35 人，一级职称的校长 233 人，高级及以上职称的校长有 132 人。采用单因素方差分析法对不同职称的校长组织领导力进行差异检验。表 5—10 显示，三级及以下职称校长的组织领导力均值为 5.46，二级职称校长的组织领导力均值为 5.37，一级职称校长的组织领导力均值为 5.68，高级及以上职称校长的组织领导力均值为 5.66，二级职称校长的组织领导力最低。不同职称校长的组织领导力总水平与组织领导力维度得分不存在显著差异。

表 5−10　校长组织领导力水平的职称差异

		频数（人）	均值	标准差	F
组织领导力	三级职称及以下	17	5.46	0.92	0.93
	二级职称	35	5.37	1.09	
	一级职称	233	5.68	1.09	
	高级职称及以上	152	5.66	1.15	
领导力总水平	三级职称及以下	17	5.04	0.87	1.64
	二级职称	35	4.92	1.13	
	一级职称	233	5.34	1.14	
	高级职称及以上	152	5.32	1.18	

为比较不同任职年限的校长领导力差异，将校长在本校任职的年限分为两年及以下、3～5 年、6～10 年、11 年及以上四组，采用单因素方差分析法考察在本校不同任职年限的校长领导力差异。表 5−11 显示，从校长领导力总水平来看，不同任职年限的校长存在显著差异（$p<0.01$）。从校长领导力的组织领导力维度来看，不同任职年限的校长组织领导力（$F=3.17$，$p<0.05$）存在显著差异。

事后效应检验发现，在本校任职年限在两年及以下的校长领导力总水平显著高于任职年限超过 11 年的校长（$p<0.01$），在本校任职 3～5 年的校长领导力总水平显著低于任职年限为 6～10 年的校长（$p<0.1$），但显著高于任职年限为 11 年及以上的校长（$p<0.05$），在本校任职 6～10 年的校长领导力总水平显著高于任职年限超过

11 年的校长（$p<0.001$）。从组织领导力维度来看，在本校任职年限为两年及以下的校长领导力显著高于任职年限为 11 年及以上的校长（$p<0.05$），任职年限为 6～10 年的校长领导力显著高于 3～5 年的校长（$p<0.1$），也显著高于任职年限超过 11 年的校长（$p<0.01$）。

表 5－11　校长组织领导力水平的本校任职年限差异

		频数（人）	均值	标准差	F
组织领导力	两年及以下	162	5.70	1.07	3.17
	3～5 年	168	5.59	1.16	
	6～10 年	63	5.89	1.05	
	11 年及以上	44	5.25	0.99	
领导力总水平	2 年及以下	162	5.33	1.11	4.00
	3～5 年	168	5.28	1.18	
	6～10 年	63	5.57	1.13	
	11 年及以上	44	4.80	1.05	

第二节　中小学校长组织领导力影响因素的回归分析

本章第一节对校长领导力的整体水平及不同个人特征校长的组织领导力差异进行了分析，总体特征反映出校长领导力总水平普遍较高，差异性分析则显示出不同区域、不同学校位置、不同性别、不同任职年限对校长的组织领导力均存在影响。与校长领导力的总体特征相比，校长组织领导力的差异性分析更为细化。在差异性分析中，我们主要采用了独立样本 T 检验和单因素方差分析法，大致度量了两个变量之间的关联性，但是各个因素是否以及在多大程度上会对校长组织领导力产生影响，需要在控制其他因素的情况下加以分析，此时，我们采用多元线性回归对数据作进一步的分析。

本节首先对影响校长组织领导力的因素进行理论假设；其次，根据研究需要选择合适的模型，并对变量进行界定与测量，使变量可操作化；最后，利用华中师范大学“中小学校长领导力”项目 437 份数据对影响校长组织领导力的因素进行验证，并根据回归结果进行解释。

一、研究假设

已有的关于组织领导力的研究多以理论思辨为主，尽管这些研究为理解校长组织领导的角色与重要性奠定了基础，但不能系统准确地揭示校长组织领导力的差异及影响因素，需进一步研究。

结合已有研究和田野调查，我们假设：

（1）校长的组织领导力存在性别差异；

（2）校长职称、学历、年龄与其组织领导力正相关；

（3）校长组织领导力存在显著的区域、城乡差异；

（4）在控制校长人口学变量之后，校长的学习投入、自我效能感与校长的组织领导力的关系有待验证；

（5）学校发展阶段与校长组织领导力正相关；

（6）办学自主权对组织领导力的影响有待验证。

二、变量界定与模型设定

（一）变量界定

本部分采用定量分析方法，探究影响校长组织领导力的因素，主要涉及以下变量：

1. 因变量

校长组织领导力。结合前期的理论构建与田野调查，参考借鉴郑燕祥的“五向度模型”量表，本书中被解释变量组织领导力是通过因素分析法降维得到 15 个组织领导力题目，单一维度包含如建立多种沟通渠道，实现校内信息共享；能灵活巧妙地处理各种冲突、缓和紧张关系；善于争取校外的各种资源促进学校发展等，取其得分均值作为组织领导力得分进行分析。量表采用 7 点计分法，“1”为“完全不符合”，“7”为完全符合。“1”到“7”代表符合程度由低到高，校长组织领导力均值为 5.64 分，标准差为 1.11 分。

2. 解释变量

1）学校发展规划自主权

综合国内外学者对学校自主权的阐释，学校人事自主权是一个重要组成部分。笔者按照李克特五级等级赋值，1 代表“完全没有”，5 为“完全拥有”，数字越大表明拥有的选拔管理者自主权越高。样本校长学校发展规划均值为 3.97 分，标准差为 1.15 分。

2）课程开发自主权

综合国内外学者对学校自主权的阐释，课程开发自主权是校长自主办学的重要组成部分。笔者按照李克特五级等级赋值，1 代表“完全没有”，5 为“完全拥有”，数字越大表明校长拥有的选拔管理者的自主权越高。样本校长课程开发自主权均值为 3.89 分，标准差为 1.25 分。

3）教师招聘自主权

综合国内外学者对学校自主权的阐释，教师招聘自主权是校长自主办学自主权的重要组成部分。笔者按照李克特五级等级赋值，1 代表“完全没有”，5 为“完全拥有”，数字越大表明校长拥有的选拔管理者自主权越高。样本校长招聘教师自主权均值为 2.40 分，标准差为 1.55 分。

4）经费预算自主权

有研究指出，赋予校长经费自主权，能够最大限度地满足多元主体的差异化利益需求，也有助于提高相关决策的科学性。拥有充分自主权的校长能够根据整个教育生态环境的变化，结合教学需求进行有针对性的学校变革。[①]笔者按照李克特五级等级赋值，1 代表“完全没有”，5 为“完全拥有”，数字越大表明校长拥有的经费预算自主权越高。根据样本数据，学校经费预算自主权均值为 3.6 分，标准差为 1.33 分。

---

① Gaffney M. The Self-transforming School [Book Review] [J]. Leading and Managing, 2014, 20 (1).

5）学习投入

校长的学习投入与其组织领导力关系密切，但国内外关于学习投入的测量指标并未达成一致，笔者主要参考艾斯丁（Alexander Astin）对学习投入的界定[①]，从学习投入的数量方面进行可操作化的测量。在问卷中，我们通过问题“您每周阅读总时长________小时？”来衡量校长的学习投入情况，从数据可以看出，校长每周平均阅读7.61小时，标准差为6.04小时。

6）自我效能感

自我效能感的测量是针对所涉及研究领域特定活动和行为完成度的自我评估。目前国内外关于管理者自我效能感的测量还未达成共识。[②] 本书通过借鉴与修订Schwarzer等人编制的一般自我效能感量表，得到6个自我效能感题目，如“我能有效地解决工作中出现的问题”“在我看来，我擅长自己的工作”“我相信自己能有效地完成各项工作”等，其均值为4.06分，标准差为0.84分，该量表的α系数为0.830。

7）学校发展阶段

结合田野调查，学校所处的发展阶段与组织领导力关系密切，在问卷中，我们设置了问题“学校目前的生存与发展现状是?”选项“1”代表生存困难，“2”代表发展不

① Axelson R D, Flick A. Defining Student Engagement [J]. Change: The Magazine of Higher Learning, 2010, 43 (1).

② 陆昌勤，方俐洛，凌文辁. 管理者的管理自我效能感 [J]. 心理学动态，2001 (2).

足，“3”代表发展变革，“4”代表学校处于优质发展阶段。

3. 控制变量

校长组织领导力水平受多种因素的影响，根据已有研究及田野调查，本书主要选择学校特征与校长特征两个方面的自变量进行分析，各变量的处理方法如下：

1）学校特征

学校特征主要包括所在的区域、地理位置、学段、学校性质，均为二分变量，分别以西部、农村、九年一贯制、民办学校为参照。

2）校长个人特征

校长的性别为二分变量，分别以非党员与女性为参照；职称为定序变量，1代表“未评级”，2代表“三级”，3代表“二级”，4代表“一级”，5代表“高级”，6代表“正高级”；校长的年龄为连续变量，校长平均年龄为44.54岁，标准差为6.75（见表5－12）。

表5－12　校长组织领导力的变量界定与测量

变量维度	变量名称	变量界定与测量	均值	标准差
校长领导力	组织领导力得分	15个组织领导力题目得分均值	5.64	1.11
校长特征（P）	性别	1＝男，0＝女	0.65	0.48
	职称	1＝未评级，2＝三级，3＝二级，4＝一级，5＝高级，6＝正高级	4.18	0.80
	年龄	连续变量	44.54	6.75
	自我效能感	6个自我效能感题目得分均值	0.00	1.00
	学习投入	连续变量	7.61	6.04

续表5－12

变量维度	变量名称	变量界定与测量	均值	标准差
学校特征(S)	所属经济区域	1＝东部，2＝中部，3＝西部	2.15	0.79
	地理位置	1＝城市，2＝县镇，3＝农村	1.88	0.78
	学段	1＝小学，2＝初中，3＝九年一贯制	1.37	0.63
	学校性质	1＝公办，0＝民办	0.93	0.26
	学校发展阶段	1＝生存困难，2＝发展不足，3＝发展变革，4＝优质发展	2.94	0.84
办学自主权(A)	制定发展规划自主权	1＝完全没有，2＝很少拥有，3＝一般，4＝较多拥有，5＝完全拥有	3.97	1.16
	课程开发自主权	1＝完全没有，2＝很少拥有，3＝一般，4＝较多拥有，5＝完全拥有	3.89	1.26
	教师招聘自主权	1＝完全没有，2＝很少拥有，3＝一般，4＝较多拥有，5＝完全拥有	2.41	1.55
	经费预算自主权	1＝完全没有，2＝很少拥有，3＝一般，4＝较多拥有，5＝完全拥有	3.61	1.34

（三）模型界定

结合前文的理论梳理与调研经验，本部分将校长的人口学变量、学校内外部情境变量纳入多元线性回归模型，分析校长组织领导力的影响因素。具体计量回归模型的方程表达式如下：

$$O_i = \beta_0 + \beta_j \sum_{j=1}^{J} P_{ji} + \beta_k \sum_{k=J+1}^{K} S_{ki} + \beta_l \sum_{l=K+1}^{L} A_{li} + \varepsilon_i$$

（公式 5－1）

O_i表示第 i 个校长的组织领导力，P 表示校长的个人因素，S 表示校长所在学校的特征，A 代表办学自主权。J、K、L 分别表示校长个人因素、学校特征以及办学自主权的变量个数，j、k、l 分别表示第 j、k、l 个自变量。β 为对应自变量对 O 的偏效应；ε 是模型无法解释的随机误差。采用多元线性回归法估计校长个人因素、学校特征因素、办学自主权与校长组织领导力之间的关系。

三、数据分析

（一）相关分析

在检验假设之前，要检验各变量之间的线性相关程度。本书将采用 Pearson 相关系数法分析校长个人特征、学校情境特征、办学自主权与校长组织领导力之间的相关性。

表 5—13　各变量的相关系数

变量	1	2	3	4	5	6	7	8	9	10	11	12	13	14	15
1	1														
2	0.047	1													
3	0.021	−0.198**	1												
4	0.028	0.510**	−0.098*	1											
5	0.022	0.174**	−0.154**	0.110*	1										
6	0.011	0.093	−0.094*	0.087	0.152**	1									
7	0.259**	−0.113*	−0.158**	0.082	0.026	−0.002	1								
8	0.288**	−0.194**	−0.002	−0.229**	−0.032	−0.034	0.339**	1							
9	−0.038	0.064	−0.014	0.348**	0.080	0.059	0.437**	0.082	1						
10	0.140**	0.145**	0.107*	0.059	0.089	−0.035	−0.124**	−0.110*	−0.214**	1					
11	−0.300**	0.104*	0.028	0.142**	0.148**	0.036	−0.163**	−0.366**	−0.084	−0.057	1				
12	−0.196**	0.017	−0.020	0.013	0.221**	0.055	−0.131**	−0.151**	0.016	0.049	0.199**	1			
13	−0.274**	0.022	0.015	0.049	0.172**	0.126**	−0.219**	−0.313**	0.024	0.083	0.250**	0.606**	1		
14	−0.227**	0.005	0.018	−0.088	−0.004	0.037	−0.359**	−0.213**	−0.288**	0.055	0.150**	0.206**	0.223**	1	
15	−0.138**	−0.042	−0.001	0.005	0.169**	0.018	0.060	−0.084	0.141**	−0.019	0.101*	0.496**	0.357**	0.227**	1
16	−0.197**	0.106*	−0.006	0.044	0.362**	0.144**	−0.060	−0.169**	0.026	0.018	0.320**	0.499**	0.480**	0.172**	0.366**

注：变量1—16分别代表性别、年龄、学历、职称、自我效能感、学习投入、区域、城乡、学段、学校性质、学校发展阶段、学校发展规划自主权、课程开发自主权、教师招聘自主权、经费预算自主权与组织领导力。

表5—13的相关性分析显示，校长的性别与其组织领导力在0.01水平（双侧）上显著负相关，校长的年龄与其组织领导力在0.05水平（双侧）上显著正相关，校长的自我效能感与其组织领导力在0.01水平（双侧）上显著正相关，校长学习投入与其组织领导力在0.01水平（双侧）上显著正相关，学校所处的地理位置与其组织领导力在0.01水平（双侧）上显著负相关，学校现在的生存与发展阶段与其组织领导力在0.01水平（双侧）上显著正相关，校长拥有的学校发展规划自主权、课程开发自主权、教师招聘自主权、经费预算自主权均与其课程领导力在0.01水平（双侧）上显著正相关。从表5—13可以看出，本书的自变量与因变量之间相关性良好，满足进一步展开数据检验的条件。

（二）回归分析

本书先采用逐步回归分析法，验证各自变量与被解释变量之间关系的强弱，由此决定选择哪些变量纳入回归方程式，得到回归模型摘要（见表5—14）。

由表5—14可知，6个模型的F检验值都达到了显著性水平，分别为 $F1=144.151$（$p=0.000$）、$F2=42.115$（$p=0.000$）、$F3=30.037$（$p=0.000$）、$F4=19.696$（$p=0.000$）、$F5=8.037$（$p=0.005$）。Durbin-Watson=2.014接近2，表明残差之间相互独立。另外，6个模型的容忍度值在0.534到0.935之间，方差膨胀系数VIF最大值为1.871，说明自变量之间没有线性重合问题。

表 5−14　校长组织领导力影响因素回归模型摘要

模型	R	R^2	调整 R^2	变化值统计				
				R^2 变化值	F 变化值	Sig. F 变化值	Durbin-Watson
1	0.499[a]	0.249	0.247	0.249	144.151	0.000	
2	0.562[b]	0.315	0.312	0.066	42.115	0.000	
3	0.600[c]	0.360	0.355	0.044	30.037	0.000	
4	0.623[d]	0.388	0.382	0.028	19.696	0.000	
5	0.632[e]	0.399	0.392	0.011	8.037	0.005	2.014

表 5−15　校长组织领导力的影响因素

变量维度	自变量	因变量：校长组织领导力		
		模型 7	模型 8	模型 9
个人特征（P）	性别	−0.488*** (0.101)	−0.265* (0.114)	−0.094 (0.103)
	年龄	0.012 (0.008)	0.005 (0.009)	0.014+ (0.008)
	受教育年限	0.054+ (0.033)	0.030 (0.034)	0.040 (0.030)
	职称	−0.039 (0.070)	−0.109 (0.078)	−0.082 (0.069)
	自我效能感	0.392*** (0.050)	0.340*** (0.050)	0.243*** (0.045)
	学习投入	0.018* (0.008)	0.016* (0.008)	0.012+ (0.007)

续表5－15

变量维度	自变量	因变量：校长组织领导力		
		模型 7	模型 8	模型 9
学校特征(S)	城市		0.055 (0.150)	−0.075 (0.134)
	县镇		−0.008 (0.131)	−0.082 (0.117)
	东部		−0.087 (0.143)	−0.219+ (0.132)
	中部		0.227 (0.138)	0.011 (0.126)
	小学		−0.009 (0.190)	0.063 (0.168)
	初中		−0.002 (0.208)	−0.011 (0.185)
	学校性质		0.060 (0.220)	−0.082 (0.201)
	学校发展阶段		0.290*** (0.064)	0.219*** (0.057)
办学自主权(A)	发展规划自主权			0.214*** (0.049)
	课程开发自主权			0.186*** (0.045)
	教师招聘自主权			0.026 (0.031)
	经费预算自主权			0.090* (0.038)
	常数	4.664*** (0.636)	4.494*** (0.697)	2.302*** (0.649)

续表 5－15

变量维度	自变量	因变量：校长组织领导力		
		模型 7	模型 8	模型 9
	N	437	437	437
	R^2	0.177	0.222	0.393

结合表 5－14 的回归结果与研究目的，表 5－15 采用的是解释性回归分析法，仔细检视每一个被纳入分析的解释变量与其他变量的关系，对每一个解释变量的个别解释力都有讨论和交代。表 5－15 是校长组织领导力影响因素回归分析的结果。模型 7 主要依据校长个人特征变量，将校长的性别、年龄、受教育年限、职称、自我效能感、学习投入变量纳入方程模型，模型中的 $R^2=0.177$，表明校长特征变量解释了校长组织领导力 17.7%的差异。具体而言，在控制其他因素的基础上，校长的组织领导力存在显著的性别差异，即女校长的组织领导力比男校长高 0.488 个标准分（$p<0.001$）；从年龄变量与校长组织领导力的关系来看，校长年龄与组织领导力之间的回归系数为 0.012，没有通过显著性水平检验；从校长的受教育年限与校长组织领导力的关系来看，校长的受教育年限与校长组织领导力之间的回归系数为 0.054，在 0.1 的水平上显著，说明变量之间存在显著的正向相关关系；从校长的职称与组织领导力的关系来看，职称变量对校长组织领导力的影响没有通过显著性水平检验；从校长的自我效能感与校长的组织领导力的关系来看，二者的回归系数为 0.392，在 0.001 的水平上显著，表明校长的自我效能感

能显著正向预测校长的组织领导力；从学习投入与校长的组织领导力关系来看，学习投入与校长组织领导力存在显著的正相关关系（$p<0.05$），即校长每周的学习投入越多，越有利于提高其组织领导力。

模型8在模型7的基础上加入了学校特征变量。加入学校特征变量之后，模型8中的R^2由模型7的0.177变为0.222，模型8中的所有自变量解释了校长组织领导力22.2%的差异，模型的拟合优度进一步提高。具体而言，男女校长组织领导力的差异依然显著（$\beta=0.265$，$p<0.05$），但加入学校特征变量之后，校长组织领导力的性别差异逐渐缩小，由模型7中的$\beta=0.488$变为模型8中的$\beta=0.265$，表明学校特征变量纳入模型之后，一定程度上调节了校长组织领导力在性别上的差异；校长年龄、受教育年限、职称变量对校长组织领导力略有影响，但没有通过显著性水平检验；从校长的自我效能感与组织领导力的关系来看，校长的自我效能感依然能显著正向预测其组织领导力（$\beta=0.340$，$p<0.001$），与模型7相比，自我效能感对中小学组织领导力的影响从0.392变为0.340，表明学校特征一定程度上调节了自我效能感对校长组织领导力的影响；从学习投入对校长组织领导力的影响来看，学习投入能正向预测校长的组织领导力（$\beta=0.016$，$p<0.05$），即校长的学习投入每增加1个小时，对校长组织领导力的预测力显著提高0.016个标准分。与模型7相比，学习投入对校长组织领导力的影响有所降低，表明加入学校特征变量之后，有效调节了由于学习投

入差异引起的校长组织领导力差异。

以农村校长的组织领导力为参照，城市、县镇校长的组织领导力不存在显著差异；与西部地区校长的组织领导力相比，东部、中部地区校长的组织领导力呈现出微小差异，但没通过显著性水平检验；不同学段之间的校长组织领导力不存在显著差异；学校目前的生存发展状态越好，越能正向预测校长的组织领导力（$\beta=0.29$，$p<0.001$）。

模型 9 在模型 8 的基础上加入了制定学校发展规划自主权、课程开发自主权、教师招聘自主权与经费预算自主权，R^2从模型 8 中的 0.222 变为 0.393，模型 9 中的自变量解释了中小学校长组织领导力 39.3%的差异，模型的拟合优度得到进一步提高。模型 9 的回归结果显示，在控制其他因素的基础上，校长组织领导力的男女性别仍存在略微差异，女性校长的组织领导力高于男性校长，但二者的差异没有通过显著性水平检验，表明办学自主权变量的加入有利于调节校长组织领导力的性别差异；从年龄变量与校长组织领导力的影响来看，校长的年龄对其组织领导力的影响通过了显著性水平检验；模型 9 在加入办学自主权变量之后；校长的受教育年限对其组织领导力的影响没有通过显著性水平检验（$\beta=0.04$，$p>0.1$）。

从自我效能感与校长组织领导力的关系来看，自我效能感越高，越能正向预测其组织领导力（$p<0.001$）。在模型 8 中，自我效能感变量的回归系数为$\beta=0.34$（$p<0.001$），模型 9 中自我效能感变量的回归系数为$\beta=0.243$（$p<0.001$），表明办学自主权变量的加入对自我

效能感变量产生的影响起到了一定的调节作用，校长效能感对校长组织领导力的影响呈现较强的稳定性，尽管从模型 7 至模型 9，回归系数有所降低（0.392－0.340－0.243)，但均通过了 $p<0.001$ 水平的显著性检验；从学习投入与校长组织领导力的关系来看，模型 9 中学习投入对校长组织领导力的回归系数为 0.012（$p<0.1$)，学习投入对校长组织领导力的影响系数从模型 7 的 0.018（$p<0.05$)降到模型 8 的 0.016（$p<0.05$)，再降到模型 9 的 0.012（$p<0.1$)，表明办学自主权变量一定程度上能调节学习投入变量造成的校长组织领导力的差异；从学校特征变量来看，学校所在区域、学校性质与学段对校长组织领导力的影响均未通过显著性水平检验。

在控制校长个人特征以及学校特征的基础上，校长拥有的制定学校发展规划自主权与其组织领导力正相关（$\beta=0.214$，$p<0.001$)，即校长制定学校发展规划的自主权每提升 1 个单位，其组织领导力显著提高 0.214 个单位；校本课程作为学校文化落到实处的重要载体，是推动学校发展的重要维度。从学校课程开发自主权与校长组织领导力的关系来看，课程开发自主权在 0.1%显著水平上正向影响校长组织领导力的提升，校长的课程开发自主权每提高 1 个单位，其组织领导力提高 0.186 个单位；从教师招聘自主权与校长组织领导力的关系来看，教师招聘自主权对校长组织领导力的影响未通过显著性水平检验；从学校经费预算自主权与校长组织领导力的关系来看，校长拥有的经费预算自主权对校长组织领导力有显著正向影响

（$\beta = 0.090$，$p < 0.05$）（详见表 5－15）。

四、结果及讨论

（一）研究结果

本部分基于广东、浙江、湖北、河南、四川 5 省 15 市 437 份“中小学校长领导力”调查问卷，通过描述性分析法以及多元线性回归分析法，展现了校长组织领导力的总体水平及不同群体的差异性，探讨了校长特征、学校内外部情境对校长组织领导力的影响。研究结果如下：

第一，结合校长特征模型、学校内外部情境模型的分析，可以发现校长的组织领导力受多种因素的综合影响。校长组织领导力的差异有 17.7％源自校长自身特征差异，这意味着有 82％左右的差异是校长个人特征无法解释的，更多的影响因素依赖于学校情境。

第二，从校长特征变量与校长组织领导力的关系来看，女性校长的组织领导力高于男性校长，此结果与萨莉·赫尔格森（ Helgesen)、巴托（Bartol)[①]的研究结果一致；模型 7 至模型 9 中，校长的自我效能感在 0.1％的显著水平上正向影响校长组织领导力的提升，此结果与

① 孙晓莉. 女性领导［M］. 北京：国家行政学院出版社，2015：49.

McDonald①、闫威等人②的研究结果基本一致。

第三，从校长所在学校的特征来看，模型 8 加入学校特征变量之后，不同区域、不同学段以及不同学校性质的校长组织领导力未呈现显著差异；从学校生存与发展现状来看，学校发展阶段对校长组织领导力有显著正向影响，即学校的生存与发展状态越佳，越能正向预测校长的组织领导力。

第四，对办学自主权与校长组织领导力关系的分析表明，校长拥有的学校发展规划自主权、课程开发自主权与经费预算自主权的程度对其组织领导力有显著正向影响，模型 9 的自变量解释了校长组织领导力 39.3%的差异。

（二）分析及讨论

1. 提升校长的组织领导力需关注校长的性别差异

研究表明，在控制其他因素的基础上，校长的组织领导力存在显著的性别差异，与男校长相比，女校长的组织领导力更高。女校长在组织管理中更倾向于民主，其特质在于工作节奏较为稳定，也会和组织成员开展一些预定工作之外的谈话，因为女校长认为这些谈话会起到有效的沟通作用，她们会抽出时间从事一些与工作不直接相关的工

① McDonald T，Siegall M. The Effects of Technological Self-efficacy and Job Focus on Job Performance，Attitudes，and Withdrawal Behaviors [J]. The Journal of Psychology，1992，126 (5).

② 闫威，陈燕. 管理自我效能感对管理人员工作绩效和组织承诺的影响研究 [J]. 科技管理研究，2008，28 (11).

作。女校长比男校长更具备现代学校组织有效领导所需的价值观与技能，二者的差异是童年经历、亲子互动和社会化的结果，这与 Grant、Rosener 等学者的结论基本一致。[①②]"女性优势"理论的支持者认为，女性领导更关注培养追随者的价值共识，更乐意发展和培养下属，并分享权力，更具同理心，更多依赖直觉，对员工的感受和关系质量更为敏感。[③] 大部分女校长无论在工作上还是在下属的私人生活上都投入了较多的关爱，她们善于塑造情感共同体。正如管理学家亨利·明茨伯格所指出的，组织需要培育，需要照顾，需要持续稳定的关怀。关爱是一种女性化的管理方式，女校长不仅希望了解成员在工作上的表现，而且喜欢和成员进行深度交谈，谈话的内容包括理想、抱负、家庭、情感等，无形中拉近了领导者与追随者的距离，增强了组织的凝聚力。

2. 校长的自我效能感对校长组织领导力有显著正向影响

研究表明，校长的自我效能感对其组织领导力存在正向预测作用。这与国内外诸多学者的研究结果一致

① Grant J. Women as managers: What They Can Offer to Organizations [J]. Organizational Dynamics, 1988, 16 (3).

② Rosener J B. Ways Women Lead [M] //Leadership, Gender, and Organization. Springer, Dordrecht, 2011.

③ 孙晓莉. 女性领导 [M]. 北京：国家行政学院出版社，2015：48-49.

(Barbosa et al., 2007; Miao et al., 2017)。[①②] 高自我效能感的校长在应对大量行政、教学事务中会表现出显著的行为改进，而低自我效能感的校长往往改善甚微。自我效能感影响着校长在工作中的创造性和生产率，它不仅能直接促进校长提高领导力，而且还通过影响校长的目标设立等间接影响追随者教学质量的提高。[③] 高自我效能感的人对实现自己管理领域内有关行为目标所需能力的信念较强，其并不是指校长具有的某种管理技能，而是指校长对利用自己的领导技能能做什么所进行的判断，是对自己的领导能力进行权衡、整合和评估的结果。在领导学校组织变革的过程中，自我效能感会从校长的选择判断、激励约束和调节支配等方面产生影响。在面对许多组织上的复杂事务时，调动认知资源并保持任务定向需要强烈的效能感。如果校长的自我效能感低，那么其往往倾向于自我定向而不是任务定向，这必然会干扰其决策思维和能力的发挥，影响选择和判断。在面对两难抉择或需要作出冒险决策时，自我效能感高会起到激励作用。自我效能感高的校长会关注值得追求的机会，自我效能感低的管理者则只会

---

① Barbosa S D, Gerhardt M W, Kickul J R. The Role of Cognitive Style and Risk Preference on Entrepreneurial Self-efficacy and Entrepreneurial Intentions [J]. Journal of Leadership & Organizational Studies, 2007, 13 (4).

② Miao C, Qian S, Ma D. The Relationship between Entrepreneurial Self-Efficacy and Firm Performance: A Meta-analysis of Main and Moderator Effects [J]. Journal of Small Business Management, 2017, 55 (1).

③ 郭本禹，姜飞月. 自我效能理论及其应用 [M]. 上海：上海教育出版社，2008：49.

停留在如何避免危险上。为了实现组织目标，校长还需要调节和调配资源，只有那些自我效能感高的校长才能采取有效的策略，卓有成效地组织追随者努力工作。

在访谈中，一位校长自信的谈到学校的发展情况：

> 我校的课改让教师的观念发生了转变，让学生的综合素质得到提高，学校的教学质量得到稳步提升，促进了学校的内涵发展。仅就 2016 年来说，学校被评为英市教育教学质量先进单位；英市年度绩效考核先进单位；英市学校党建先进单位。在教科院组织的“一师一优”活动中，学校有两名教师获得国家级优秀称号，3 名教师获得省级优秀称号，4 名教师获得区级优秀称号。学校的课改成绩得到上级教育部门和教育同行的广泛认可。2015 年 12 月，成功协办 H 省足球四进校园活动；2016 年 12 月，H 省经典诵读结题活动在我校举行；2017 年 3 月，协办 H 省小学数学优秀青年教师课堂展示活动；2017 年 4 月，承办津市小学教育工作现场会。次次活动的承接和成功举办，很大程度上提高了学校的竞争力，扩大了学校的影响力，树立了学校在公众中的良好形象。（英市三小　杨校长）

从对杨校长的访谈可以看出，杨校长在学校组织领导工作中取得成功后提高了自信心，自我效能感随之提升；在学校承办的各类活动中，当杨校长看到与自己水平相当的领导者获得成功时，其通过观察获得了间接成功的经验，自我效能感得到提高；学校获得的各种奖项是对杨校长组织领导的一种肯定，这些正面的评价和反馈使杨校长更加相信自己有能力带领学校往更好的方向发展，这个研究结论与 Micklewright 等人[①]的结论基本一致。

3. 学习投入对校长组织领导力有显著正向影响

研究发现，在控制其他变量的基础上，校长学习投入对其组织领导力有显著正向影响，在加入办学自主权变量之后，学习投入变量对组织领导力的影响略微降低，但依旧显著为正。根据访谈，可以发现校长的学习投入是提升校长组织领导力的重要影响因素。

> 校长组织领导力的发挥是一个系统工程，其中起关键作用的是学校的组织架构。就如我校课程的开发与落实，需要学校层级组织与网络组织的共生互促。我们在实践摸索过程中，找到了以“社团”的形式把学生组织起来的办法。根据组织行为学与组织心理学的观点，社团是一种集松散性与契约性于一体的组织，社团形成的过程也是儿童通过共同的兴趣爱好生成与坚守“契约”的过程。“创中学”校本课程开发要与现代社会中家的迁徙、人的流动相适应，打破传

① Department for Education（UK）. Teachers' Working Time Patterns and Wellbeing in Secondary Schools：Analysis of TALIS 2013 England Data［R］. London：DfE Publications. 2014：181—250.

统学校组织中学生只有一个行政班的概念，发动学生组建“社团”，组建“家”，学校中的“社团”多起来，学生的“家”多起来，学生也会流动起来。校本课程的实质就是要为学生安排“另外的居所”，这就是“社团”，即网络组织。“社团”丰富了学校的组织形式，并成为中学校本课程开发与实施的撬动点。学校是一个小社会，在教育创新、课程改革的大环境中，做好社团、创新合作小组，则是领导学校发展的生长点和生产力。（英市实验小学　汪校长）

从汪校长的访谈中可以看出，校长的组织领导力是学校价值理念、校本课程得以落实的关键保障，而学习投入对校长的组织领导力有重要影响。访谈过程中，我们发现汪校长对杜威、陶行知的生活教育理念烂熟于心，对于如何建构配套组织体系也有自己独到的见解。已经接近退休年龄的汪校长勤于学习、善于学习的精神感染着全校的师生，也成功地将学校打造成了理想中的组织架构。

4. 发展规划自主权对校长组织领导力有显著正向影响

研究表明，校长的办学自主权对其组织领导力有显著正向预测作用，这与 Finnegan[①]、Woessmann[②] 的研究结

① Finnigan K S. Charter School Autonomy: The Mismatch between Theory and Practice [J]. Educational Policy, 2007, 21 (3).

② Woessmann L. International Evidence on School Competition, Autonomy, and Accountability: A Review [J]. Peabody Journal of Education, 2007, 82.

论基本一致。对校长组织领导力而言，拥有学校发展的规划自主权与经费预算自主权尤为重要，在 2013 年开展的 OECD“教师教学国际调查”（简称 TALIS）中，有 79％的校长认为政府对学校的过度监管成为学校优质发展的障碍，78％的校长认为学校预算经费的不足制约了学校的发展。[①] 长期以来，政府既是办学主体，也是管理主体，还是评价主体，导致政校边界模糊，政府兼任运动员、裁判员、解说员的现状阻碍了学校的健康发展，在此背景下，引导利益相关者参与教育治理，将教育置于利益相关者的监督之下，建立学校、家长、教师、社区共治的现代学校治理体系，是促进学校组织变革，提高教育质量的必然选择。

以下是对津市北一小学董校长的访谈：

问：在学校内部管理过程中，您主要采取了哪些措施？

答：我们学校在内部管理过程中，很重要的一个方面，就是充分发挥教职工在学校管理中的作用。第一，学校工会实施“透明工程”，把校务公开作为一项基本制度坚持了下来，在学校绩效考核、财务预算等工作方面，工会都予以监督，增加了学校管理的透明度，我们坚持从教育热点和师生最关心的问题入

① Micklewright J, Jerrim J, Vignoles A, et al. Teachers in England's Secondary Schools: Evidence from TALIS 2013 [J]. 2014: 68.

手，师生迫切想了解什么，我们就及时、全面、真实地公开什么。第二，推行“职工说事”，给教职工提供诉求的平台。第三，坚持“五必知、五必访”工作。“五必知”即必须知道职工的家庭状况、性格爱好、工作表现、业余生活及思想变化。“五必访”指婚丧嫁娶必到，有家庭矛盾必调，生病住院必看，生活有困难必扶，发生重大变故必帮。此外，就是建立人性化的民主管理制度，比如维护女职工的特殊利益，给予哺乳期和孩子在上幼儿园的女教师一定的照顾；关心孩子面临中高考的教师，为他们设有“高考假”和“中考假”，让他们在孩子最关键的时期能够陪伴孩子。我们为广大教职工提供最诚挚的关怀，使他们能更好地投入教学与管理，把学校事当作自己的分内事，以主人翁的精神为学校发展献智献策。

以下是对津市北一小学刘老师的访谈：

问：刘老师，请您谈谈对董校长领导风格的看法。

答：我在这所学校工作多年，我非常喜欢董校长民主又人性的领导风格，学校的校务公开使我们对学校发展的目标与管理都了然于心，我们教职工的心被照亮之后，干劲也很足……说到人性化，我讲一个事情：我女儿在武汉读大学，去年突遭意外住进医院，我当即赶到武汉。这一变故对我这个单亲妈妈无疑是雪上加霜。学校得知情况后，号召大家踊跃捐款并想尽一切办法联系到了在武汉孤立无援的我。当学校领导与同事们出现在我面前，把八千多元钱递给我时，我控制不住内心的感动，哽咽着说不出话来，我感受到了一个大家庭的温暖。

以下是对津市北一小学鲁老师的访谈：

问：鲁老师，请您谈谈对董校长领导风格的看法。

答：对于董校长的领导风格我还是很喜欢的，比如董校长尤其注重工会的作用，学校发展的很多事情均与教职工民主协商，当教师生活遇到困难，也会及时送上关怀。有一次我生病住院，能照顾我的只有我丈夫一人，但我丈夫是一名中学老师，不能一直守在我的病床前。学校工会得知这一情况后，安排了工会委员和我组内的老师轮流陪伴照顾我，及时帮助我购买所需的生活用品，解我燃眉之急，帮我渡过难关，我生活在这样的集体里真的很幸福。

从对校长与教师的访谈记录中可以看出，将学校发展规划自主权交给校长，能充分调动校长和教师共同管理学校的积极性。董校长打破传统的管理架构，对组织进行了合理的规划与设计。通过权力分享和民主参与，创设了教职工建言献策的平台，通过个性化的关怀，让每个教师都在学校找到了“家”的归属感，增强了组织的凝聚力与向心力。

以下是对津市北一小学四年级学生家长李笑的访谈：

问：您对董校长的管理风格认同吗？

答：我很欣赏董校长的一些做法，比如充分发挥家委会的作用，让每个家长有渠道了解学校情况，了解孩子学习情况，也提供给家长相互学习的机会，比如，学校的校刊上每期都会刊发一些成功家长的教育心得，我觉得家校充分合作方能培育英才。

问：可以谈谈您的教育心得吗？

答：我的大女儿在这所学校读四年级，小女儿在这里的幼儿园读小班。我是一个大方开朗、性格温和的妈妈。我喜欢旅游，每个假期，我都会带着孩子们去世界各地走走看看，开阔她们的视野，增长她们的见识。我在专心照顾她们生活、辅导她们学习的同时，还担任了四（5）班家委会财务委员这一职务，尽我所能出色地完成班级交给我的每一项任务，很好地配合了老师及学校的工作。我全心陪伴孩子们学习，陪伴她们成长，慢慢地孩子们也有了自信心，进步越来越大。我相信她们能在学校、老师和家长的共同努力教育下健康、快乐地成长！（学生家长　李笑）

从访谈中可以看出，董校长建立了完善的家委会制度，充分发挥家委会在参与和监督学校管理中的作用，形成了家校合作共育的良好氛围。

> 新棉学校是今年8月由原先的沙棉学校和钢管厂学校两校合并而成的。这两所学校都经历了由厂办学校到市直学校，再到区属学校的变化历程。因为体制改革等，两校的生源逐渐萎缩。目前，我校的学生以进城务工人员子女和留守儿童居多，少数父母都在本地的家庭也在每天为生计奔波，无暇顾及孩子的习惯培养和学习状态。孩子们的家庭教育环境不太乐观，家长认为孩子的教育就是学校的事情，家委会形同虚设，平日的家长活动参与性不高，这给家校合作带来很大的挑战。（许校长）

许校长认为，基于学校体制变革的复杂性，学校生源构成以随迁子女和留守儿童为主，这两类儿童的家庭教育环境给家校合作带来了不利影响。在学校组织的构建过程中，如何充分发挥家委会的作用，如何充分利用家长资源形成教育合力，是对校长外部协调能力的挑战。

> 对学校发展而言，与社区开展合作，协调好各方关系尤为重要。一方面，可以利用社区资源帮助学校开展一些社会实践活动，另一方面，学校也可以向社区提供一些力所能及的资源支持。比如，我校经常组织学生参加社区举办的为下岗职工送温暖活动等。在政府及相关部门这块，通过各种途径让他们支持学校。比如法院帮助我们学校开展“模拟法庭”活动，

同当地消防队密切合作，聘请公安分局副局长做我们的法制校长等。（关一小学　廖校长）

在廖校长看来，教育是一个系统工程，它不仅依托学校，还需要政府和社会各界的支持。校长在学校发展规划中应当发挥组织领导的作用，将各方资源整合起来，共同为孩子创造一个积极健康的成长环境。

5. 经费预算自主权对校长组织领导力有显著正向影响

从学校经费预算自主权来看，合理高效的安排能促进校长组织领导力的提高。但是现在政府简政放权程度不够，政府掌握着学校资源的调配权，意味着“买酱油的钱不能打醋”的经费分配方式没有从根本上发生改变，校长没有合理的经费预算自主权，难以使有限的资源发挥出更大的效益。

以下是对津市关沮小学李校长的访谈：

问：您如何看待经费预算自主权与您组织领导力之间的关系？

答：经济保障是学校各项工作顺利开展的物质基础。学校如何才能在激烈的竞争中取胜，实现学校的长足发展，关键在于激发教师工作的积极性、主动性和创造性。激发教师动力的关键因素是通过建立合理的激励机制唤醒和激发干部、教师的工作积极性与主动性。学校吸引和留住教师常用的方法主要有感情留人、待遇留人和事业留人。待遇留人正是要满足人最基本的生活需求。我们学校在校生 324 人，在编教师 11 人，没有英、体、美教师，缺编严重。农村学校薪酬再没有点吸引力，是不可能留住外来的老师的。我们本来通过“新机制”招了 4 个外地教师，现在已经走了 3 个。没有经费预算的自主权，真是没办法留住老师，我只能“打感情牌”。我自己每周上 13 节数学课，现在上级各项进校园的活动特别多，比如廉洁文化进校园之类的更是打乱了我们的教学计划。我们学校留守儿童多，平时有空都是各科老师免费辅导功课，每位教师的课时量都很大，我也想给他们多发点绩效，但是经费有限，有位老师都 50 多岁了，还是要当班主任，一个月只有 80 元钱的补贴。（津市关沮小学　李校长）

以下是对华亚实验学校周校长的访谈：

问：您如何看待经费预算自主权与您组织领导力之间的关系？

答：学校组织领导要有人情味，不仅要关注教师的专业发展，也要了解其生活需要，努力为教师创造一个具有人文关怀的组织氛围。比如，我们学校黄老师出了车祸，腿受伤了。但是每天坚持来给孩子们上课。尽管她早上可能来得晚一点，下午上完课再去医院做治疗。我们学校制度规定只要迟到（早退）3 次算旷课一次，如果按照这个来考核，黄老师就已经旷课好几次了，但是她带病上岗的精神是值得肯定的，所以，在周一的例会上，首先对于黄老师迟到与早退的原委进行了通报，并按照制度扣除了本月全勤奖，这体现的是制度的严肃性；但同时，我们对这种带病坚持上岗的精神给予充分的肯定，并给予了一定的经济鼓励，当然，奖励的钱比全勤奖多，以此宽慰人心，稳定教师队伍。（华亚实验学校　周校长）

以上访谈反映了拥有经费预算自主权的重要性。有了经费预算的自主权校长才能根据学校实际需求调整薪酬激励机制，从而有效提升组织管理的灵活性。

本章小结

本章第一节主要概述了校长组织领导力的整体情况，回答的问题属于“是什么”的范畴。首先对本章的因变量“组织领导力”进行了概念操作化处理，被解释变量校长组织领导力是通过因素分析法降维得到的 15 个组织领导力题目，如让广大教职工参与学校管理与决策，实行民主管理；根据学校发展需要，及时与上级教育行政部门沟通；建立多种沟通渠道，实现校内信息互通、共享等，取 15 个题项得分均值作为组织领导力得分进行差异分析。差异分析表明，不同区域、不同学校发展阶段、不同任职年限的校长组织领导力均存在显著差异。

在第一部分差异分析当中，主要采用单因素方差分析和独立样本 T 检验两种方法对两个变量之间的关联性进行度量。第二部分主要在控制校长个人特征和学校特征的情况下加以分析。首先，对影响校长组织领导力的因素进行理论假设；其次，根据研究需要选择合适的模型，并对变量进行界定与测量；最后，利用 437 份问卷对影响校长组织领导力的因素进行验证。研究结论如下：

第一，校长组织领导力存在显著的人口学差异。模型 7 显示，校长组织领导力的差异有 17.7%源于校长自身的特征差异，这意味着有 82%左右的差异是校长个人特征无法解释的，更多的影响因素主要依赖学校情境。从模型 7 的数据可以看出，女性校长的组织领导力比男校长高 0.488 个标准分；校长的受教育年限、自我效能感与学习投入均对其组织领导力有显著正向影响。

第二，学校特征变量有利于缩小校长组织领导力的个人差异。模型 8 加入学校特征变量之后，模型的拟合优度进一步提高（$R^2=0.222$）。与模型 1 相比，模型 2 中校长组织领导力的性别差异逐渐缩小；受教育年限变量对校长组织领导力略有正向影响，但不再显著；自我效能感对校长组织领导力的影响显著为正，较模型 7 的影响值略有下降；学习投入对校长组织领导力的正向影响由模型 7 的 0.018（$p<0.001$）降为 0.016（$p<0.05$），表明加入学校情境变量之后，有效调节了校长组织领导力因人口学特征产生的差异。

第三，办学自主权对校长组织领导力有显著正向影响。在控制校长个人特征与学校内部情境的基础上，模型9办学自主权变量解释了校长组织领导力39.3％的差异。具体而言，变量办学自主权的加入使校长组织领导力的性别差异不再显著，自我效能感对校长组织领导力的正向影响也逐渐缩小，校长学习投入变量的估计值依旧正向显著。从办学自主权细分维度对校长组织领导力的影响大小来看，发展规划自主权对校长组织领导力的正向影响最大（$\beta=0.214$，$p<0.001$），其次是课程开发自主权的影响（$\beta=0.186$，$p<0.001$），最后是经费预算自主权的影响（$p<0.05$）。

本章通过对校长组织领导力的影响因素进行分析，发现校长的自我效能感、学习投入、办学自主权对校长的组织领导力有显著正向影响。其中，变量自我效能感对校长组织领导力的显著积极影响较为稳定，在三个模型中的估计值均在0.1％的水平上显著；校长组织领导力因为学习投入不同产生的领导力差异一定程度上受学校特征变量与办学自主权变量的调节；从办学自主权的细分维度来看，发展规划自主权对校长价值领导力的正向影响最大，课程开发自主权对校长课程领导力的影响最大，发展规划自主权与课程开发自主权均对校长组织领导力有显著正向影响。本章的讨论将有助于我们更好地理解校长组织领导力“为什么”存在差异，也有助于我们比较组织领导力的影响因素与其他两个维度影响因素的异同，为最后一章提出政策建议提供数据支撑。

第六章　研究结论与启示

本书以5省区15个城市437名校长的问卷调查和深入中小学教育现场的个案研究为基本手段，以问卷统计结果与文献分析、深度访谈、非参与式观察所获得的资料相互印证，对校长领导力的影响因素进行了研究。考察校长领导力的差异及影响因素，实质是对促进校长专业发展、推动校长队伍建设这一经典议题的回应。基于变革型领导的理论视角，本书分别从校长的价值领导力、课程领导力和组织领导力三个维度考察校长领导力的整体差异及影响因素。结果表明，在提升校长领导力的过程中，校长的办学自主权、自我效能感与学习投入扮演了重要的角色。

第一节　研究结论与讨论

为检验结论的稳健性，增强办学自主权、自我效能感与学习投入对校长领导力影响的解释力，笔者调整了校长领导力与办学自主权的测量方式。通过因素分析法，将被解释变量价值领导力、课程领导力与组织领导力三个指标整合成“校长领导力”变量；将制定学校发展规划自主权、课程开发自主权、教师招聘自主权与经费预算自主权四个指标整合成“办学自主权”变量，其他变量的测量方式保持不变。稳健性检验结果见表6－1，在控制其他变量的情况下，办学自主权对校长领导力的影响显著为正（$\beta=0.446$，$p<0.001$），自我效能感在0.1％显著水平上正向影响校长领导力的提升，学习投入对校长领导力的影响显著为正（$\beta=0.075$，$p<0.5$）。调整了被解释变量与核心解释变量之后，办学自主权、自我效能感与学习投入对校长领导力的影响仍显著为正，结论与前文基本一致。换言之，办学自主权、自我效能感与学习投入对校长领导力的正向影响不会随变量的测量方式发生改变。

表6－1 稳健性检验的估计结果

变量	因变量：校长领导力	
	标准化系数	标准误
办学自主权	0.446***	0.049
自我效能感	0.215***	0.044
学习投入	0.075*	0.007
其他控制变量	控制	
R^2	0.469	
N	437	

注：其他控制变量包括性别、年龄、学历、职称、学校位置、学段、学校性质与学校发展阶段等变量。此处仅报告核心解释变量。

一、办学自主权对校长领导力的影响

从办学自主权与校长领导力的关系看，校长拥有的办学自主权程度对其价值领导力、课程领导力、组织领导力有显著正向影响。具体而言，控制校长个人特征和学校情境变量之后，校长拥有的学校发展规划权每增加 1 个单位，其对价值领导力的预测力提高 0.222 个单位（$p<0.001$），对课程领导力的预测力显著提高 0.151 个单位（$p<0.01$），对组织领导力的预测力显著提高 0.214 个单位（$p<0.001$）；校长拥有的课程开发自主权每增加 1 个单位，其对价值领导力的预测力显著提高 0.164 个单位（$p<0.001$），对课程领导力的预测力显著提高 0.261 个单位（$p<0.001$），对组织领导力的预测力显著提高 0.186 个单位（$p<0.001$）；校长拥有的教师招聘自主权每增加 1 个单位，其对校长价值领导力的正向预测力显著提高 0.055 个单位（$p<0.1$），对课程领导力的预测力显著提高 0.086 个单位（$p<0.05$）；校长拥有的经费预算自主权每提高 1 个单位，其对价值领导力的预测力显著提高 0.095 个单位（$p<0.05$），对课程领导力的预测力显著提高 0.13 个单位（$p<0.01$），对组织领导力的预测力显著提高 0.0902 个单位（$p<0.05$）。上述结论反映出办学自主权对校长引领学校发展的重要性。促进或阻碍校长领导力发挥效果的因素除了校长自身的内在因素，还有外在因素，主要包括校长拥有的办学自主权程度。校长拥有的办学自主权程度是保障校长领导力有效发挥的重要因

素。只有当校长拥有足够的办学自主权时，其才能最大限度地发挥领导力，否则，受制于上级部门，校长基本没有机会发挥自己的个人领导力，只能成为上级行政命令的执行者。

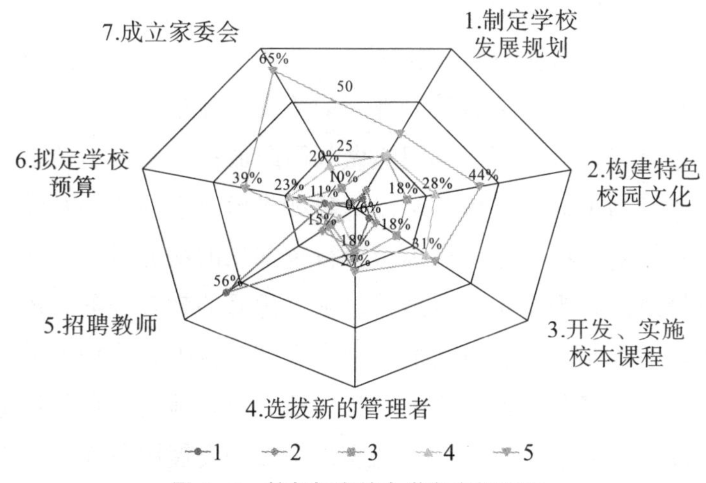

图 6－1　校长拥有的办学自主权程度

由图 6－1 可知，完全拥有制定学校发展规划自主权的校长占 35.21％，完全没有制定学校发展规划自主权的校长占 4.93％；从课程开发的自主权来看，完全没有课程开发自主权的校长占 6.34％，完全拥有校本课程开发自主权的校长占 35.21％；从人事权来看，56％的校长都认为自己完全没有教师招聘自主权，完全拥有教师招聘自主权的校长占 11.97％；从财权来看，38.73％的校长完全拥有学校经费预算自主权，10.56％的校长完全没有拟定学校预算的自主权。访谈结果与问卷调查结果保持一致，多数校长都表示校长负责制没有落到实处，自己的权、责、利并不对等，感觉自己像是“戴着镣铐跳舞”，在学校的管理上，自己扮演的角色更多的是“班主任”和“救火队队长”，学校的管理事无巨细，只要教职工之间出现矛盾，自己就需要及时“灭火”，感觉自己并不是一位引领学校稳步向前的领导者。

从办学自主权与校长领导力的关系来看，在当前复杂的改革背景下，单靠政府部门的监管已经难以推动中小学健康发展，教育职能部门应做到简政放权，实现由传统单向监管为主的领导体制到以服务和指导为主的双向互动机制的转变，将中小学视为教育行政部门的服务对象，而非监管对象，为中小学发展提供更多优质的教育服务，落实校长负责制，释放更大的办学自主管理权限，让校长从繁杂的行政事务中抽离出来，集中精力更好地为学校的利益相关者服务，引领教职工为实现学校的发展愿景而努力奋斗。同时，校长应该通过建立学校共同的愿景，把握学校发展方向，提高相关利益者的决策参与度，鼓励师生、家长为学校发展献智献策，以促进校长领导力的提升。

二、自我效能感对校长领导力的影响

从自我效能感与校长领导力的关系来看，高自我效能感对校长领导力存在显著正向预测作用。研究表明，自我效能感越高的校长，其价值领导力、课程领导力与组织领导力都显著更高。回归分析发现，在控制校长的个人因素与学校特征变量之后，校长的自我效能感每提高 1 个单位，其对价值领导力的预测力提高 0.242 个单位（$p<$

0.001)，对课程领导力的预测力显著提高 0.208 个单位（$p<0.001$），对组织领导力的预测力显著提高 0.243 个单位（$p<0.001$）。这一结论反映出校长个体效能感的形成和发展对校长领导力提升的重要性。从自我效能感的四种信息源来看，结合研究对象的特殊性，主要包括校长丰富的工作经历、通过与外界沟通交流获取的可借鉴性经验、对外界评价的看法以及自己的身心状态。[①] 自我效能感对校长领导力的不同影响主要通过四种信息源中的一种或多种自我效能信念发挥作用。一般而言，校长在某一任务、行为或技能上获得成功会加强自己对这一任务、行为或技能的自我效能感，校长自我效能感的变化源于对行为表现所传递的有关能力的诊断信息的认知加工，而不是行为本身；校长亲历的掌握性经验并不是唯一的自我效能感的信息来源，通过交流获得的借鉴性经验也对校长的自我效能预期有影响。当看到与自己相似的人获得成功时便可以提高校长的自我效能感，从而正向影响其领导力的发挥；学校内外部利益相关者对校长的积极评价及高度信任是增强校长自我效能感的重要信息源。从以上论述我们知道，当校长对自己所获得的多种效能信息进行认知加工，对不同类型的效能信息进行权衡和整合，形成自我效能判断，从而提高自我效能感时，就会对校长的领导力产生显著正向的预测作用。

---

① Bandura A. Self-Efficacy Mechanism in Human Agency [J]. American Psychologist, 1982, 37 (2).

当前，校长专业培训作为提高校长管理技能，增强和巩固自我效能感的重要手段，在内容设置、培训模式方面并不尽如人意。从国际范围来看，许多国家的校长培训都聚焦于管理技能方面，对校长的价值引领、课程教学、组织领导等的关注较少，在培训过程中过多强调校长的责任与管理效率，忽视了校长领导力的提升。[①] 图 6－2 是根据采集数据整理的校长对培训内容的需求，在 437 个调查样本中，领导方法、管理技能和教育教学方面的培训排在前三位，对理论知识的培训需求占 49.65％。我们通过田野调查发现，目前校长培训最常见的形式还是集中讲座和实地考察两种，讲座一般为了更新校长的知识与理念，实地考察则是观照校长实践经验的获取。但是这种理论与实践相结合的培训在现实中依旧存在“两张皮”的现象。访谈中陈校长谈到自己参训感受时说：“这种高大上的理论培训对于提升我的领导力水平十分有限，早上听完讲座，下午去中小学参观的这种培训效果甚微，走马观花式地参观只是浅层次感性经验的积累，我无法深入地了解被考察学校的校长领导行为，回到学校之后，面临自己学校发展的困难，我依旧无所适从。”

---

① 张晓峰. 校长专业成长的当前特征——基于 1996 年以来国际专业期刊的分析［J］. 教育发展研究，2014，33（10）.

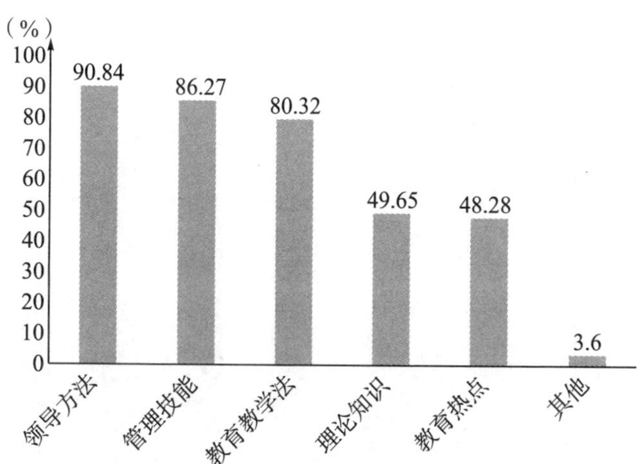

图 6—2　校长培训内容设置需求比例

通过数据分析发现，校长对案例教学与跟岗培训两种模式的认可度最高，其次是专题讲授和参观法（如图 6—3 所示）访谈过程中，洪安小学的李校长认为："跟岗培训对于自身领导水平的提升效果最佳。参训校长只有像影子一样跟着样板校的校长，参与各种教学和管理活动，深入细致地观察学习专家校长对于复杂问题的处理方法，充分发挥参训校长的主动性，以现场体验的方式，才能领悟专家校长的领导思想与办学理念。"

英市三小的杨校长认为："传统的理论讲座和参观培训都是走走形式，最有效的培训模式还是需要专家下到中小学专门针对学校发现的问题答疑解惑，只有根据每所学校的现实需求，介绍同类别学校基于某个领域的典型经验，量身定制研修方案，才能真正提升校长的领导水平，提高校长的自我效能感。"

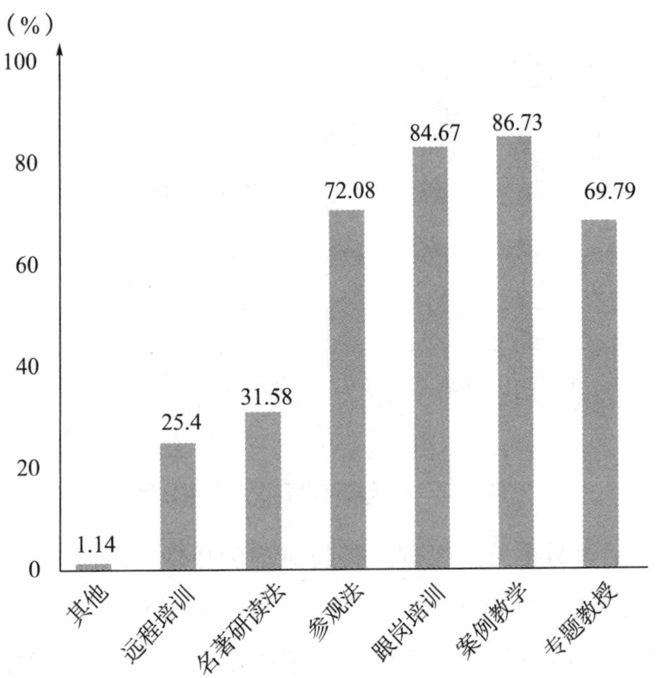

图 6－3　校长专业发展模式需求比例

三、学习投入对校长领导力的影响

从学习投入与校长领导力的关系来看，校长的学习投入对其领导力有正向影响。校长学习投入的深度与广度是推动现代化学校建设并使之持续发展的根本。教育改革背景中的校长不仅要具备良好的职业道德、过硬的教学科研能力、扎实的业务基本功，还需要在平时的学习过程中提升自己与团队的学习毅力和学习能力，为全校师生营造学习氛围，强化学习的重要性，增强自身及教职工的学习力。回归分析发现，在控制校长个人特征与学校情境变量的基础上，校长每周的学习投入对其价值领导力有显著正向的预测作用，校长每周的学习投入每增加1小时，对其价值领导力的预测力提高0.016个单位（$p<0.05$）；校长的学习投入对其课程领导力、组织领导力有显著正向的预测作用（$p<0.1$）。校长每周的学习投入体现了校长的学习毅力，这是由校长的学习精神、智力、意志和价值观等多个因素决定的，学习毅力是学习力的核心。校长的学习毅力源自学习目标与学习兴趣的共同作用。校长的学习目标越明确，就越能激发学习动机，越能帮助个体提高文化修养，从而实现校长的价值引领。[①] 校长通过自主学习，带领教职工不断反思、进取，以理论指导实践，将学校打造成学习型组织，建设终身教育体系，这是新时代教育改革的重要战略目标之一，也是从学校层面推动“人人皆学、处处能学、时时可学”学习型社会的重要举措。

在一次校长论坛中，津市文轩中学的艾校长介绍了自己的学习体验：

我们学校生源结构比较复杂，进城务工人员子女、留守儿童、单亲家庭的孩子占60%以上。这些孩子往往受家庭的影响，学习习惯不好，学习方法不当，学习效率不高，能力培养不够。前些年，学校的教学质量一直徘徊在全区中下游水平。基于此，我将

① 肖开勇．学习力：高校教师必备之素质［J］．中南民族大学学报（人文社会科学版），2007（S1）．

兴趣和精力投入皮亚杰的“建构主义理论”上。我发现在世界范围内，对基础教育影响最大的认知心理学理论莫过于皮亚杰理论。他认为同化和顺应相伴而生，一切认识都离不开图式的同化和顺应。皮亚杰把同化与顺应之间的均衡称作平衡。整个认知的发展过程就是平衡连续不断发展的过程。我结合自己的学习，以“建构主义理论”为依据，让学生去实践和教别人，学习效率最高，从而构建了“师友互助”的学习组织结构，实现了学生核心素养的提升和学校教育质量的提高。

在一所乡镇小学的调研过程中，我们发现了城乡校长学习投入的差距。南岑小学的陆校长说到：

我校是所农村小学，受布局调整的影响，校园面积大，但生源数量和质量难以保证，教师队伍老龄化严重，参与教研活动、课程开发以及学校管理的积极性都很低。这次校长论坛选我为农村学校代表做交流，才“逼着”我对学校的办学理念与校本课程之间的关系进行了深入思考，也发现这样的外力有助于推动我进一步思考学校发展。我个人比较爱思考，但学习较为懒惰……每次培训都是关于教育学的理论知识，我个人认为应该增加哲学、管理学和心理学的内容，单一学科的知识和技能，根本无法有效解决学校管理中的复杂问题。我希望有专家来我们学校指导工

> 作，帮助我们厘清校本课程背后的逻辑，找到理论支撑，同时也给全校教职工更新一下传统的教学理念，我的很多观点教师不一定认同，但专家的话就很不一样了……如果专家结合我们学校的特点，提供一些参考书目给我，我一定会在规定的时间内看完，但是，要我自己主动看书学习，恐怕难以坚持。

从两位校长的访谈可以看出，在面临同样的生源结构问题时，两位校长的应对态度截然不同。艾校长自主管理性较强，选择主动学习。艾校长对皮亚杰理论的认识也透露出他学习的深度。他结合理论与实践智慧，步入了主动发展的模式。陆校长也是一位勤于思考的领导者，明白跨学科学习的重要性，经过多年的学校管理，他知道了拓宽学习广度对提升校长领导力的重要性，但官僚主义体制限制了校长的行动，导致他失去了主动学习的热情。陆校长倾向于从旧，缺乏创新及冒险的精神，缺乏用建设性方式解决矛盾的习惯和能力，对学校办学理念的升华、校本课程的开发、教职工传统理念的更新都过于依赖外界的推动。所谓“思而不学则殆”，如果没有将思考和学习结合起来，终究是沙上建塔，收效甚微。

第二节　理论反思与政策建议

培养造就一支高素质专业化的校长队伍是促进基础教

育均衡发展的关键。21 世纪以来，国家对校长队伍建设高度重视并出台了多项政策，也标志着从政策层面校长专业发展成为我国基础教育均衡发展战略的重要组成部分，但由于配套政策不足，政府对中小学校的管理存在越位、缺位和错位的现象，导致成效不彰。结合学校内部环境与外部关系，要着重调整政府与学校之间的关系，扩大校长的办学自主权，落实校长负责制，建立现代学校管理制度，提升校长的领导力，推动校长队伍建设。另外，在提升校长领导力，促进校长专业发展的过程中，要注重以下三个方面。首先应该培养校长的跨界领导能力，增加校长与同行、专家的经验交流，以获得及时的评价与反馈，丰富校长的管理经验。其次要更新与改进校长培训方案，从调研数据来看，目前校长普遍面临教师结构失衡、生源质量差、缺少管理自主权等问题（如图 6—4 所示）。在校长培训过程中，应将校长置于具体问题情境，着力培养校长在复杂情境中分析和解决问题的能力。在校长培训方案中加入一些新的环节和要素，采取更为灵活多样的培训方法，使领导理论与领导实践有机融合，使校长获得更多的“替代性经验”，提高校长的自我效能感。最后，应着力培养校长的学习习惯，进一步加深校长学习投入的深度，拓展校长学习内容的广度。这也与调查结果基本一致，校长将学习看作提升领导力的首要途径。

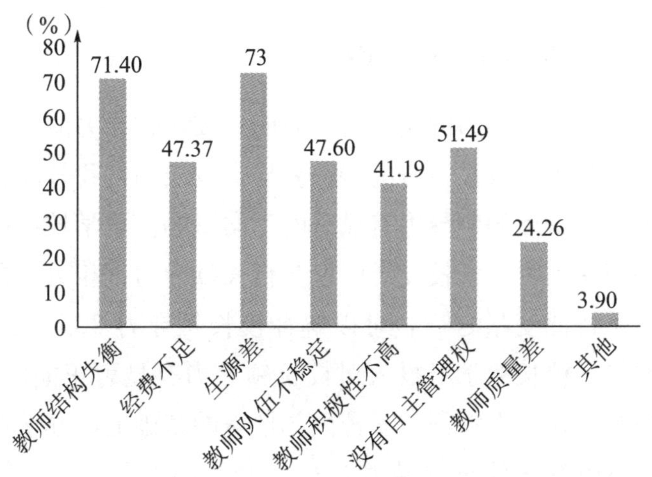

图 7－4　校长管理面临的困惑

通过文本分析软件，对校长理解的领导力提升策略进行分析，可以发现学习、自主权、培训、实践反思、教师、专家指导、参观学习、素养与上级等是出现频率较高的词汇，与实证研究结果基本一致（如图 6－5 所示）。

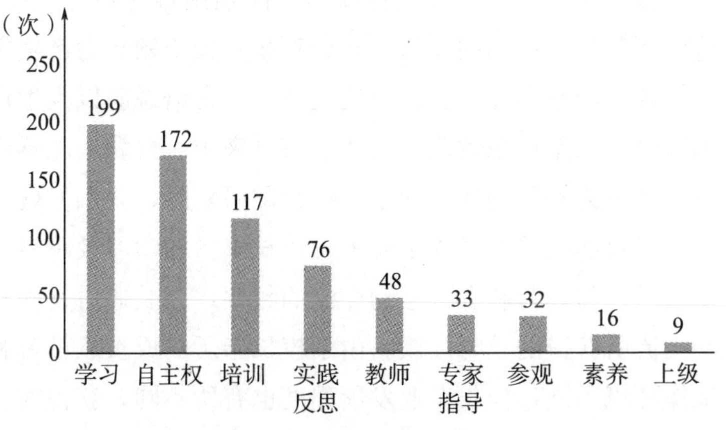

图 6－5　词汇出现的频次

一、研究结论的理论反思

对校长领导力的实证研究表明，校长领导力的差异有20%左右源于校长自身的特征差异，校长的自我效能感对校长三个维度的领导力有显著的正向影响；从学校生存与发展现状来看，学校发展阶段与校长领导力正相关，在加入学校特征变量之后，可以解释校长领导力 22%～33%的差异；校长的学习投入对校长领导力有显著正向影响；在控制校长个人特征与学校内部情境的基础上，办学自主权变量解释了校长领导力 39%～48%的差异。校长领导力影响因素的实证研究指出了校长领导力差异的复杂性，它不仅提示我们要从外部为校长队伍建设营造良好的制度环境，也提示我们要关注校长自身成长问题。

如何看待校长领导力的差异现象？从校长的自我效能感水平来看，不同区域、不同学校之间的校长自我效能感存在显著差异。自我效能感高的人面临困难时更能坚持，这些调节自我认知的行为方式会直接对校长领导力产生影响。亲历的掌握性经验、替代性经验、言语说服以及生理和情绪状态是自我效能感的四个信息来源。自我效能感作为一种较为抽象的认知理论，结合调研实际，我们发现校长自我效能感的信息源主要来自校长丰富的学习及跨界工作经历、与同行和专家互动交流的频率，以及通过这种互动交流所获得的及时反馈。由于校长亲历的成长、学习和工作环境不同，校长专业发展程度也有所不同，获得的言语说服不同，校长的自我效能感水平也就出现了巨大差异，从而对校长领导力的影响也不同。变革型校长对他们的学校都有清晰、简洁、易懂和富有生命力的愿景，而愿景是校长与组织成员的多元观点综合的结果。愿景的推动力能触动追随者，使他们支持组织。清晰的愿景能使教职工充满动力，因为他们感到自己是学校的重要组成部分。访谈资料显示，高自我效能感的校长会指明组织的价值观和规范的变革方向，校长可以通过明确自己的观点并坚持自己的观点在组织中建立信任。

从校长的学习投入来看，校长学习投入是学习的动力与毅力的外在体现。校长通过不断学习、探索、反思，提升自己的领导素质，领导力不断提高，再推动全校教职员工的学习。作为学习能力强的领导者，校长善于从纷繁复杂的管理事务中跳出来，从学校特色发展的高度思考学校办学理念的制定与落实问题，主动将变更的学校理念结构化与制度化，打破旧的组织结构与课程结构，启发性地引领教师研发校本课程，培养、激励教职工重新审视他们的工作，重新考虑应该如何完成课程研发工作。校长也在价值领导、课程领导与组织领导过程中创造性地发展自我，其积极的学习态度为追随者树立了学习的榜样，对教职工产生了积极的影响，使他们与校长的价值观一致，从而产生信任感和高期望，在学校中形成合作学习的氛围。

从校长的办学自主权来看，经济合作与发展组织（OECD）在2013年开展的TALIS调查中将办学自主权划分为雇佣教师、学校预算分配、决定授课内容、确定教师薪酬四个操作性指标。结合实证结果与田野观察，可以发现制定学校发展规划自主权、课程设置自主权、学校预算分配与教师招聘自主权对校长领导力有显著积极影响。校长自主权的大小很大程度上决定了校长特色办学与个性化激励制度的落实。因此，校长的变革型领导行为，即愿景引领、个性化关怀、智力激发等很大程度上取决于校长办学自主权的大小。理顺政府与学校的关系，提高校长的办学自主权，是提升校长领导力，促进校长队伍建设的重要措施。

二、政策建议

对校长领导力影响因素的实证分析表明，校长的领导力水平不仅受学校外部情境的影响，比如办学自主权的大小；也受校长自身特征的影响，尤其是校长的自我效能感与学习投入。从提升校长领导力、实施变革型领导、促进校长队伍建设的措施看，我们提出以下几点政策建议。

（一）建立现代学校制度，落实和扩大校长办学自主权

按照经济学家的理解，市场配置资源难以有效解决市场垄断、外部性、公共物品与信息不对称等问题，教育市场失灵成为政府参与学校管理的逻辑。然而，政府的本质是“有限政府”，即政府的权力、财力、职能均有限，经济学家弗里德曼认为，政府主要负责提供经费支持、监督

和宏观调控，具体办学和管理事宜都属于学校经营者的事情。[①] 厘清政府与学校的边界，赋予校长更多的权利以推动学校优质特色发展是满足社会对教育多元需求的必要路径。

第一，应该下移管理重心，落实校长负责制。确立学校独立和自主的地位须真正还权于学校。提升校长领导力的重要途径是继续推进教育体制改革，扩大政府简政放权力度，继续推动校长聘任制，并积极落实校长负责制，给予校长应有的办学自主权。政府部门应出台优化校长领导工作环境的政策文件，明确各职能部门与学校的权责边界，全面清理和规范“扎实走过场，认真干虚活”的形式主义事务，取消和叫停各类不合理的考评，实行目录清单制度，只要属于清单之外“指派”的事务都不准在中小学开展，为校长营造一个可以静心领导学校发展、教师可以安心教学的工作环境。

第二，建立独立的监督机构，完善学校内部管理体制。提升校长的领导力，除了上级政府简政放权，还要在学校内部建立完善的监督机构约束、监督校长的权力。以“学校理事会”和“教代会”为核心，建立直接对上级监管机构负责、脱离校长控制的基层监督委员会，充分发挥学校教师和家长及利益相关者的作用，行使对校长人事权、财务权的监督，减少校长“寻租”现象，提高办学自

---

① 米尔顿·弗里德曼，罗丝·弗里德曼．自由选择：珍藏版［M］．张琦，译．北京：机械工业出版社，2013：151－157．

主权的使用效率，使校长更加科学地发挥办学自主权对领导力的正向影响作用。

（二）优化信息来源，提高校长自我效能感

自我效能感作为班杜拉社会学习理论中的一个核心概念，已经被国内外学者证明与多数领域的有益结果高度相关，比如较高的工作满意度与工作绩效等。[①] 根据田野观察，成功的管理经验、培训交流、对外界评价的看法都对校长的自我效能感有重要影响，可见提高校长的自我效能感可以从以下三种途径入手：

第一，注重目标设置，强化经验管理。获得性经验是校长自我效能感形成和发展最大的信息来源，也是影响校长个体效能感发挥的最直接、最大的因素。在实际的领导情境中，校长只有不断地为自己创造成功的体验，才能建立较强的自我效能感。设置合适的目标对获得成功尤为重要。在设置目标的过程中，一是要注意目标的特殊性，这一定程度上决定了目标的激励效果与指导行为的范围，并为校长实现奋斗目标提供清晰的标识，从而不断调节行为，产生强大的自我满足感和自我效能感。二是目标设置的挑战性，目标越具有挑战性，越能激发强烈的兴趣。当校长在管理中体验到战胜困难后的成就感后，其效能信念

① Judge T A, Bono J E. Relationship of Core Self-evaluations Traits—self-esteem, Generalized Self-efficacy, Locus of Control, and Emotional Stability—with Job Satisfaction and Job Performance: A Meta-analysis [J]. Journal of Applied Psychology, 2001, 86 (1).

会大大加强。三是目标设置的贴近性，设置目标的目的在于调节行为和动机的效力，这有赖于目标规划的远近，在设置目标的时候应贴近自身的能力，使自己能够逐步获得成功的体验，不断提高自我效能感。

第二，增加与外界的互动交流，获取替代性经验。根据田野调查，参加专业培训是校长获得替代性经验的主要途径。从培训内容来看，应该结合校长的现实需要，增加一些与领导方法、管理技能、教育教学法相关的内容，在培训环节增加一些新的环节与要素，如增加对校长在学校愿景规划、价值引领、课程领导以及组织领导等方面所扮演角色的观照；从培训模式来看，宜采用案例教学与跟岗培训两种模式，可适当降低专题讲授和参观两种培训模式的使用频率。根据实证结果与访谈资料，校长认为案例教学应以问题为导向，帮助校长在复杂的学校领导活动中寻找最优的解决方案，这种类似“做中学”的培训形式能使校长认识到领导实践涉及价值、文化、社会与道德等多个层面，有助于加深校长对领导概念的理解；访谈资料显示，跟岗培训也是校长较为认可的一种培训模式，跟岗培训可以使参训校长像“影子”一样随专家校长参加实践基地学校的管理与教学教研活动，这种突破传统集中培训的模式增强了参训校长的积极性，有利于专家校长结合参训校长的实际需求，为参训校长量身定制个性化的研修方案，让参训校长在真实的教学管理情境中细致观察专家校长的领导实践。当那些榜样学校在成员构成、资源获取、硬件设备方面都很相似时，有利于校长获得替代性经验，提高校长的自我效能感。

第三，改变归因模式，正确看待外界的评价与反馈。对于同样的评价与反馈，不同的归因方式会影响个体的行为动机和后续行为表现。校长高估或低估个体效能感往往都是由于个体对有关信息进行认知加工时发生扭曲或误解造成的，我们可以通过多种方式的认知训练提高个体对信息进行正确认知加工的能力。例如进行归因训练，即培养校长正确地解释其领导成功或失败的原因。如果校长把自己的成功归因于能力则会体验到自豪与自信；当校长将失败归结于能力低下时则会倍感沮丧，不愿继续努力，如果校长将领导失败归结于自己的努力程度不足时，则会激起个体的奋发精神。通过归因训练，校长可以对自己的领导结果进行积极的归因。简单来讲，就是将成功的结果归因于自身的能力，从而提高自己的成就感与自我效能感，并进一步获得更大的成功，进入良性循环；将领导行为失败归因于自己的努力程度不够，从而激发后续努力的动机，一定程度上也会增强成功的可能性，提高校长的自我效能感。

（三）增加学习投入，培养教育家型校长

要办好一所学校，校长应该善于学习并总结国内外优秀的教育管理经验，并结合自己的领导实践不断反思，最终将自身的领导经验上升到理论高度，可见勤学善思是成

为一名教育家型校长的基础条件。[①] 构建终身化的教育体系，打造一支具有学习动力、毅力与创造力的校长队伍，不仅是促进校长专业发展的关键，也是引领学校发展的关键。教育领导者的基本任务在于引领全校师生走向更加令人期待的未来，而这一任务的达成需要校长审慎的思考与反省式的探究。[②] 减少各职能部门下派的与学校工作基本无关的各种“小手拉大手”事务可以为校长的学习投入提供时间与精力保障，这也是培养教育家型校长的关键。具体而言，增加学习投入，培养教育家型校长可以从以下两个方面入手：

第一，变革校长学习理念，提高学习自主性。校长对学习的传统理解仅仅是将其看作职前的一次性过程，是职业生涯的前奏，学习动力不足，目的性不强，这种传统理解具有较强的片面性。应唤醒校长的学习意识，成为教育家型校长的前提是自己要成为有智慧、有思想的人，而获得智慧的最佳途径就是学习，包括直接知识和间接知识的学习。校长应该将阅读作为一种基本的生活方式，不仅要深入挖掘校长领导学与管理学的主要规律与原理，还要拓宽学习的广度，广泛阅读心理学、哲学、社会学、经济学、人类学等学科的知识，将自己打造成为一名具有“跨界”思维的教育家型校长。

---

① 张东娇. 教育家型校长才能办出好学校——论顾明远的学校领导与管理观［J］. 中国教育学刊，2018（10）.

② Willower D J. Inquiry in Educational Administration and the Spirit of the Times［J］. Educational Administration Quarterly，1996，32（3）.

第二，创建学习型组织，建立配套评价机制。终身学习已经发展成为当代个人及组织生存与发展的主要助力模式，学习的内涵及外延也得到极大的拓展。校长学习已经不再是简单的个人努力的概念，而是延伸到更为复杂的层面，即校长要从组织成员关系入手提高个人努力的质量。[①] 校长要通过自己的学习带领全体教师一起学习，在学习中求发展、求创新。一方面，校长要重视学习，优化学校的学习资源配置，建立健全多元立体的学习网络，并发挥自己的智慧，通过组织行为干预和带领教师学习，充分挖掘学校教职工的学习潜力，定期举办读书节，组织教师开展读书分享会，着力培植组织的学习意识，向组织注入强大的学习活力，将学校创建为具有持久动力机制的学习型组织，引领师生共享美好的教育生活。另一方面，组织文化必须支持和维持组织学习和开发，校长应该对现有的管理模式进行创新，在现有管理体系中增加管理成员学习的版块，将学习作为考核指标之一，从学校体制机制层面激励全员学习。同时做好阅读评估工作，用数据说明阅读与师生成长的关系，通过阅读指引相关工作的改进，促进学校的发展。

① Tinto V. Taking Retention Seriously: Rethinking the First Year of College [J]. NACADA Journal, 1999, 19 (2).

结 语

萨乔万尼指出："在任何学校，校长的领导是成功的关键。就维护和改进优质学校而言，学校的任何职位都不具有比校长更大的潜力。"[①] 在应对快速变化的教育环境带来的挑战时，学校的教育目标和任务具有更高的复杂性与不稳定性。学校如何从容应对这些挑战，校长领导力在引领学校变革和提高学校效能及教育表现上变得更加重要。理解校长领导力的内涵、领导力构建维度以及影响因素，对于提升校长领导力，促进高素质校长队伍建设尤为必要。

本书首先结合国家政策背景、实践语境以及个人研究兴趣，提出研究问题，从校长的"领导力框架""领导力现状""影响因素"三个方面进行破题立意。随之通过文献梳理，借鉴博尔曼"四力框架"、萨乔万尼"五力模型"以及郑燕祥的"五向度模型"，结合前期田野调查，提出校长领导力由价值领导力、课程领导力与组织领导力构成

① 托马斯·J. 萨乔万尼. 校长学：一种反思性实践观［M］. 张虹，译. 上海：上海教育出版社，2004：117.

之假设，并充分论述了三者之间的内在逻辑关系。其次，通过科学严谨的研究设计，采用量化与质化相结合的混合研究法，对我国东部、中部、西部5省15个城市进行了采样，最终获得有效样本437份，结合问卷数据与访谈资料对校长领导力现状进行了深入分析。

一、研究发现

（一）办学自主权对提升校长领导力有显著正向影响

从办学自主权各个子维度对校长价值领导力的影响来看，发展规划自主权对校长价值领导力的显著影响更高；学校课程作为学校发展规划得以有效落实的重要途径，从办学自主权对校长课程领导力的影响来看，在四个分维度的自主权中，课程开发自主权对校长课程领导力的显著影响最大；从办学自主权对校长组织领导力的影响来看，发展规划自主权对校长组织领导力的显著正向影响高于其他三个子维度自主权的影响，也印证了学校发展规划对于校长组织领导的引领作用，经费预算自主权对提升校长组织领导力有显著正向影响；在控制校长个人特征与学校情境特征的基础上，办学自主权变量分别解释了校长价值领导力、课程领导力、组织领导力39%、47.9%、39.3%的差异。从模型1至模型9可以看出，办学自主权变量的加入也对由校长自我效能感与学习投入变量差异引起的领导力差异产生了一定的调节作用。此研究发现提高校长领导力需要从校长个人内在因素与外部因素两方面着手，落实和扩大校长的办学自主权是提升校长领导力的外在制度保障。

（二）自我效能感对提升校长领导力有显著积极影响

从自我效能感与校长领导力的关系来看，在控制其他因素的基础上，自我效能感变量是提升校长的价值领导力、课程领导力与组织领导力的重要影响因素，从模型 1 到模型 9 可以看出，自我效能感对校长价值领导力、课程领导力与组织领导力的影响显著为正（$p<0.001$）。自我效能感作为一种对自身能否完成既定目标的能力信念，在自我动力系统中发挥着重要作用。自我效能感高的领导者在困难面前表现出一种积极的应对心态，也会付出更多的努力带领追随者共同实现组织的高效运转。此研究结论为优化自我效能感的信息来源，着力培养与提升校长的自我效能感提供了实证依据。教育管理部门可以根据校长的实际需要增加各级培训，不断提升校长在教育学、管理学、教育心理学及组织行为学等方面的知识储备，提升校长对学校领导工作的自我效能感，使校长对促进中小学改革创新有一个清晰全面的认知，并根据学校实际制定长远的发展规划。

（三）学习投入能显著正向预测校长领导力

研究发现，学习投入对校长的价值领导力、课程领导力与组织领导力有显著正向影响。一定程度上学习投入反映了校长的学习意志与自主学习能力。校长需要结合自身实践与理论学习不断反思总结自己的领导行为，从而提高发现问题、分析问题、解决问题的能力。随着学习内涵的延展，学习不再是校长的个人行为，而应该是一种组织行为，校长不仅要自主学习、善于学习，也要创设良好的学习环境，激励教师展开学习，以建立共识的学校定位为诱因，增强教师对学校教育环境的了解、对办学宗旨和使命的认同、对学校中长期发展目标的共识、对学校发展规划及课程开发理念的共识等。此研究结论为提高校长的学习投入，增强组织的学习能力，将学校打造成一个学习型组织提供了数据支撑。

二、研究创新

（一）视角创新

从研究开展的过程来看，本书实现的是理论工具与切入视角的创新。首先，纵观已有的校长领导力研究，多从宏观层面强调提升校长领导力对提高学校办学质量、促进教师专业发展、促进学生成长的重要意义与价值，或者在中小学开展校长领导力现状的调查研究。这两种研究的价值不可否认，也为本书提供了重要的参考价值，但笔者认为此类研究存在一个缺憾，即理论观照不足，整个分析缺少强有力的理论支撑，只能从“外围”分析校长存在的问题并提出相应的对策建议，无法深入剖析。在此项研究开展之初，笔者也有同样的困扰。在阅读大量的核心文献之后，笔者对校长领导力的概念与框架有了整体把握，为何国内外学者对校长领导力做出大同小异的维度划分？笔者将目光锁定在领导学领域的“变革型领导理论”上，变革型领导理论包含的魅力感召、智力激发与个性化关怀贯穿校长的价值理论、课程领导与组织领导的全过程，变革型领导与本书的主旨高度契合，是一个很贴切的理论视角。其次，以往关于校长领导力的研究主要受到政府“自上而下”推进模式的影响，学者们多采用“自上而下”的分析视角，为实现校长领导力应然的状态提出相应的对策。但笔者认为此类研究忽视了校长自己的声音，得出的研究结论推广度和接受度并不高。因此，笔者决定从学校层面出发，基于中小学校长的视角，探寻影响校长领导力的因素，并提出更为实际有效的解决策略，也实现了研究视角的创新。

（二）方法创新

已有的关于校长领导力的研究一般采用文献研究、问卷调查、个案研究等方法，多数研究以质化研究为主，也有学者进行了量化研究。已有研究主要通过局部地区的数据调查反映校长领导力的整体情况，并简单分析了相关结果，结合个案访谈提出改进策略。但此类分析只说明两个变量之间的相关程度，并不能推导出变量之间的影响逻辑。已有研究通过回归方程对校长领导力的影响因素进行考察的较为稀少，笔者认为有必要利用混合研究法对校长的领导行为进行讨论。混合研究法有计划地将定量和定性方法结合起来，以便对校长的领导力现状以及背景有更深入的了解，并对实证研究的结论有更大的信心。笔者通过问卷调查，采集到学校地理位置、学校性质、学校规模、学校历史、校长人口学特征等信息，为后文的回归分析奠定了基础。在问卷设计过程中，笔者认为让教师填写对校长领导力的评价难以保证答案的客观真实性，所以借鉴修订了“五向度模型”测量问卷，主要涵盖了价值领导力、课程领导力、组织领导力三个维度的程度量表，采用李克特 7 级量表形式，让校长自填问卷。在访谈中，有校长反映以这种 7 级量表形式为校长领导力的各个维度打分能较为准确地呈现校长领导力的差异。这些数据客观地帮助笔者从宏观上把握校长领导力的现状与差异，为后续的数据分析奠定了良好的基础。同时，笔者深入基础教育场域，挖掘校长领导力产生差异的原因，了解了校长领导实践的复杂性与特殊性，进一步探寻校长领导力的影响因素，对校长领导力产生差异的原因有了完整、立体、深入的了解，也通过量化与质化相结合的研究范式及具体运用印证了研究结论在逻辑上的一致性，也取得了研究方法上的创新。

三、研究局限

笔者所进行的是一项跨地区、多层次、量化与质化相结合的研究。鉴于校长领导行为的复杂性及研究资料的有限性，加之笔者的学识、能力与实践时间有限，本书虽通过实证研究得出了相关结论，但仍存在诸多问题，在未来的研究中将继续探索。

（一）抽样覆盖范围有待拓宽

结合抽样的可行性、经济性与目的性原则，本书采取了分层随机抽样的样本选择方案。通过前后3个月时间的调查，面向广东、浙江、湖北、河南、四川5省，采集了437份有效的问卷调查样本，70余份涵盖了校长、教师、家长、教育行政部分人员等群体的访谈资料，以及25所中小学较为详细的案例资料。在调研过程中，笔者在自己的能力范围内做出了最大的努力，但由于被调查对象的特殊性，数据的采集不可避免地遇到了一些阻碍，不过在诸多教育行政人员、热心师长、校领导以及师生的大力支持下，研究得以顺利进行。遗憾的是受制于个人时间、人力、物力等，笔者无法做到更大规模的随机抽样。样本虽然覆盖了东部、中部、西部5省15个市（县），尽可能地涉及不同区域，不同省、市（县）、乡镇的不同性质不同学段的中小学校，但这些样本能否在严格意义上代表东部、中部、西部地区校长的领导力水平，目前尚难以给出一个确切的答案。在未来的研究中，笔者拟着力扩大样本的覆盖范围。

（二）对学校的案例分析相对浅显

在整个调查过程中，笔者一共走访了20余所中小学校，主要收集了学校的背景信息，校长的背景信息，校长的办学理念、课程领导、组织领导、办学自主权等方面的资料。在本书的第三章、第四章及第五章的数据分析中，不同特征的学校案例提供了“自下而上”分析的视角，使结论更翔实、生动。但如果严格从研究方法的意义来看，采集的案例更多的是一种“描述性”与“解释性”的存在，主要服务于研究者对客观数据的解释，是一种浅层次的案例分析。对校长领导实践的关注也无法自始至终地进行动态跟踪与持续观察，在笔者进入现场之前，校长领导行为可能发生的变化也不可能亲自观察，只能通过校长、教师、家长、专家等人的回溯性反思得到一定程度的解决。面对众多的研究对象，笔者可能在数月时间内无法获取全面深入的了解，这与严格意义上的“案例研究”还有很大的距离。研究的问题决定了研究方法的选择，对校长领导力的影响因素研究而言，以学校为单位的案例研究具有重要的理论与实践价值，在未来的研究中，笔者期望能弥补案例研究的不足并实现突破。

（三）对研究资料的挖掘程度不够深入

在整个调查过程中，笔者通过问卷调查、观察、访谈，采集了大量的一手资料，后期经过整理，电子文本资料达25万字，为分析相关问题提供了强有力的支撑，质化研究的结果也在逻辑上验证了量化研究的结论，实现了研究需要的信效度。然而，笔者认为对现有研究资料的挖掘还不够充分。在问卷调查的数据处理上，笔者主要借助SPSS22.0数据分析软件，通过描述性统计、相关分析、多元线性回归等数据分析方法，对样本校长的领导力水平进行了整体描述，并对校长领导力的影响因素进行了回归分析，在第六章通过调整变量测量的方式对研究结论进行了稳健性检验。但限于研究方法的使用技能，笔者对数据的处理与利用既不高效也不充分。另外，在对访谈资料进行整理与归纳的过程中，笔者主要结合研究主题对资料筛选与解读，未来的研究应该参照“扎根理论”的编码方式，对访谈资料进行逐级登录，以提高原始资料的使用效率。

参考文献

一、中文文献

（一）学术著作

Allan A. Glatthorn. 校长的课程领导［M］. 单文经，等译. 上海：华东师范大学出版社，2003.

C. 赖特·米尔斯. 社会学的想象力［M］. 北京：中国传媒大学出版社，2016.

Robert J. Marzano，Timothy Waters，Brian A. McNulty. 学校领导与学生成就：从研究到效果［M］. 邬志辉，等译. 北京：中国轻工业出版社，2007.

W. 沃纳·伯克. 组织变革：理论和实践［M］. 燕清联合组织，译. 北京：中国劳动社会保障出版社，2005.

阿尔玛·哈里斯，丹尼尔·缪伊斯. 教师领导力与学校发展［M］. 北京：北京师范大学出版社，2007.

安弗莎妮·纳哈雯蒂. 领导学：领导的艺术与科学：第 7 版［M］. 刘永强，程德俊，译. 北京：中国人民大学出版社，2016.
白芸. 质的研究指导［M］. 北京：教育科学出版社，2002.
贝里. 理解回归假设［M］. 余珊珊，译. 上海：格致出版社，2012.
蔡汀，王义高，祖晶. 苏霍姆林斯基选集：5 卷本［M］. 北京：教育科学出版社，2001.
操太圣，卢乃桂. 伙伴协作与教师赋权：教师专业发展新视角［M］. 北京：教育科学出版社，2007.
陈秉初. 合作办学背景下的课堂转型之路：基于学习力提升的课堂教学改革研究［M］杭州：浙江工商大学出版社，2017.
陈伯璋. 学校本位经营的理念与实务［M］. 北京：九州出版社，2006.
陈丽. 校长领导力八讲［M］. 上海：华东师范大学出版社，2011.
陈圣谟. 学校价值领导的理念与实践［M］. 台北：丽文文化，2010.
陈晓萍，徐淑英，樊景立. 组织与管理研究的实证方法：2 版［M］. 北京：北京大学出版社，2012.
陈永明. 教育领导学［M］. 北京：北京大学出版社，2010.
褚宏启. 中国教育管理评论：第 4 卷［M］. 北京：教育科学出版社，2007.
大卫·希尔弗曼. 如何做质性研究［M］李雪，张劼颖，译. 重庆：重庆大学出版社，2009.

戴维·W. 约翰逊，罗杰·T. 约翰逊. 领导合作型学校［M］. 唐宗清，等译. 上海：上海教育出版社，2003.

戴伟芬. 农村教师培训的第三空间路径研究［M］. 北京：科学出版社，2017.

董君武. 学校变革与教育领导［M］. 北京：北京大学出版社，2010.

菲利普·C. 斯科勒克蒂. 创建卓越学校教育变革的6大关键系统［M］. 上海：华东师范大学出版社，2012.

风笑天. 社会调查原理与方法：第三版［M］. 北京：首都经济贸易大学出版社，2011.

风笑天. 现代社会调查方法［M］. 武汉：华中科技大学出版社，2005..

冯大鸣. 美、英、澳——教育管理前沿图景［M］. 北京：教育科学出版社，2004.

冯秋婷. 西方领导理论研究［M］. 北京：人民出版社，2008.

高尔（Gall，M.），高尔（Gall，J.），博格（Borg，W）. 教育研究方法：第六版［M］. 徐文彬，等译. 北京：北京大学出版社，2016.

郭本禹，姜飞月. 自我效能理论及其应用［M］. 上海：上海教育出版社，2008.

哈里·F. 沃尔科特. 校长办公室的那个人——一项民族志研究［M］. 重庆：重庆大学出版社，2009.

胡中锋. 教育评价学：第二版［M］. 北京：中国人民大

学出版社，2013.
黄勋敬. 领导力模型与领导力开发［M］. 北京：北京邮电大学出版社，2008.
加里·尤克尔. 组织领导学［M］. 北京：中国人民大学出版社，2004.
蒋莉，蓝劲松. 校长领导力的实践探索［M］. 杭州：浙江大学出版社，2012.
杰拉尔德·C. 厄本恩，拉里·W. 休斯，辛西娅·J. 诺里斯. 校长论：有效学校的创新型领导［M］. 黄崴，龙君伟，译. 重庆：重庆大学出版社，2004.
李鸣华. 教师专业发展新思路：大学与中小学信息化合作模式研究［M］. 杭州：浙江工商大学出版社，2017.
梁歆，黄显华. 学校改进：理论和实证研究［M］，上海：华东师范大学出版社，2010.
刘春. 学校领导研究的知识图景探视［M］. 北京：中国社会出版社，2016.
刘新成，等. 伙伴协作与教育均衡［M］. 北京：教育科学出版社，2012.
吕达，周满声. 当代外国教育改革著名文献［M］. 北京：人民教育出版社，2004.
迈克尔·富兰. 变革的挑战：学校改进的路径与策略［M］. 北京：北京大学出版社，2013.
麦考利，韦尔索. 创新领导中心领导力发展手册［M］. 上海：上海人民出版社，2011.
米尔顿·弗里德曼，罗丝·弗里德曼. 自由选择：珍藏版

[M]. 张琦，译. 北京：机械工业出版社，2013.
潘清泉. 伦理型领导发展及其影响机制研究 [M]. 北京：经济科学出版社，2016.
乔恩·L. 皮尔斯，约翰·W. 纽斯特罗姆. 领导力阅读与练习：第 4 版 [M]. 北京：中国人民大学出版社，2009.
秦萝群. 教育领导理论与应用 [M]. 台北：五南图书出版股份有限公司，2010.
沙因. 组织文化与领导力：第 4 版 [M]. 章凯，罗文豪，朱超威，译. 北京：中国人民大学出版社，2014.
沙因. 组织文化与领导力 [M]. 马红宇，王斌，等译. 北京：中国人民大学出版社，2011.
孙晓莉. 女性领导 [M]. 北京：国家行政学院出版社，2015.
谭祖雪，周炎炎. 社会调查研究方法 [M]. 北京：清华大学出版社，2013.
托马斯·J. 萨乔万尼. 校长学：一种反思性实践观 [M]. 张虹，译. 上海：上海教育出版社，2004.
托尼·布什. 当代西方教育管理模式 [M]. 强海燕，主译. 南京：南京师范大学出版社，1998.
魏志春，高耀明. 中小学校长专业标准研究 [M]. 北京：北京大学出版社，2010.
吴刚平，徐佳. 权力分享与责任分担——转型期西方教育校本化思潮及其启示 [M]. 济南：山东教育出版社，2011.

吴维库，富萍萍，刘军. 基于价值观的领导［M］. 北京：经济科学出版社，2002.

吴志宏. 教育行政学［M］. 北京：人民教育出版社，2014.

奚洁人. 领导教育学概论［M］. 上海：华东师范大学出版社，2015.

肖三杏. 校长的引领力［M］. 北京：国家行政学院出版社，2012.

谢翌，等. 学校课程领导引论［M］. 北京：高等教育出版社，2012.

谢宇. 回归分析［M］. 北京：社会科学文献出版社，2013.

徐世贵，郭文贺. 校长高效教学领导力提升策略［M］. 南京：江苏教育出版社，2012.

颜明仁，李子建. 课程与教学改革：学校文化、教师转变与发展的观点［M］. 北京：教育科学出版社，2010.

余进利. 课程领导研究［M］. 上海：上海教育出版社，2009.

袁晓英. 区域课程领导力建设的理论与实践［M］. 上海：上海三联书店，2012.

袁振国. 教育研究方法［M］. 北京：高等教育出版社，2000.

郑燕祥. 教育领导与改革：新范式［M］. 上海：上海教育出版社，2005.

（二）学术论文

鲍东明. 校长课程领导意蕴与诉求［J］. 中国教育学刊，2010（4）.

陈敏华. 教学领导目标与学生学习目标的关系探析——一项以毕业生为视角的质性研究［J］. 教育探索，2010（7）.

陈明宏. 校长课程领导的研究［D］. 上海：华东师范大学，2007.

程天君，吕梦含. "去行政化"：落实和扩大高校办学自主权的政策支持［J］. 全球教育展望，2017，46（12）.

丁锐，吕立杰. 深化课程改革背景下学校课程领导力的提升——第二届基础教育课程改革与发展论坛综述［J］. 课程·教材·教法，2012，32（12）.

丁元春. 课程领导力：新时代校长的"核心素养"［J］. 人民教育，2018（9）.

董辉文. 英国校长的国家标准［J］. 外国中小学教育，1998（5）.

范雪灵，王小华. 愿景型领导研究述评与展望［J］. 经济管理，2017，39（12）.

冯大鸣. 我国义务教育学校办学自主权的实证分析［J］. 中国教育学刊，2018（10）.

龚成. 管办评分离与高校办学自主权的落实［J］. 江苏高教，2018（10）.

郝士艳. 对课程领导力的几点思考［J］. 黑龙江高教研

究，2013，31（6）.
何灿华. 提高教学有效性：增强课程领导力之旨趣［J］. 中国教育学刊，2010（2）.
何华敏，等. 校长的社会技能与自我效能感对其工作绩效的影响［J］. 现代教育管理，2013（9）.
胡小勇，等. 促进基础教育信息化发展的领导力研究［J］. 中国电化教育，2007（3）.
化方，杨晓宏. 中小学校长信息化领导力绩效指标体系研究［J］. 中国教育信息化，2010（4）.
黄亮，赵德成. 校长领导力对学生学业成就的影响——教师教学投入与学校自主权的调节作用［J］. 教育科学，2017，33（3）.
蒋园园. 关注过程：现代学校分布式领导模式的实践转向［J］. 教育理论与实践，2011，31（31）.
靳玉乐，樊亚峤. 校本课程发展中大学与中小学合作的意义和策略［J］. 西南大学学报（社会科学版），2010，36（2）.
靳玉乐，赵永勤. 校本课程发展背景下的课程领导：理念与策略［J］. 课程·教材·教法，2004（2）.
鞠玉翠. 大学与中小学伙伴合作要点分析——基于学校改进的目的［J］. 中国教育学刊，2012（4）.
李朝辉，马云鹏. 校长课程领导的境遇及解决策略［J］. 全球教育展望，2006，35（6）.
李臣之，帅飞飞. 深圳市中小学教师参与校本课程开发行为意向的调查研究［J］. 课程·教材·教法，2010，

30 (4).
李定仁，段兆兵. 试论课程领导与课程发展 [J]. 课程·教材·教法，2004 (2).
李国栋，杨小晶. U－D－S伙伴协作：理念、经验与启示 [J]. 外国教育研究，2013，40 (10).
李克东. 数字化学习——信息技术与课程整合的核心 [J]. 电化教育研究，2001 (8).
李宋昊，肖正德. 国内大学与中小学伙伴合作研究进展 [J]. 全球教育展望，2010，39 (5).
李小土，刘明兴，安雪慧. 西部农村教育财政改革与人事权力结构变迁 [J]. 北京大学教育评论，2008 (4).
李玉斌，武书宁. 教育信息化领导力研究 [J]. 中国教育信息化，2012 (22).
李政涛. 校长如何实现价值领导力？ [J]. 中小学管理，2011 (1).
李志贵. 校长课程领导力的实践途径 [J]. 人民教育，2011 (20).
刘启迪. "深化课程改革与校长的课程领导力"研讨会综述 [J]. 课程·教材·教法，2011，31 (12).
刘宪. 区域教育领导力的探索与实践 [J]. 当代教育科学，2011 (2).
刘艳茹. 我国中小学校长价值领导研究新进展 [J]. 中小学管理，2018 (1).
陆昌勤，方俐洛，凌文辁. 管理者的管理自我效能感 [J]. 心理学动态，2001 (2).

罗明福. 浅谈提高校长课程领导力的“八强化”[J]. 中国教育学刊，2011（S1）.

罗生全. 学校课程领导：模式、发展趋向及启示[J]. 课程·教材·教法，2008（7）.

吕国光. 校长如何提高课程领导能力？[J]. 中小学管理，2002（8）.

牛瑞雪. 行动研究为什么搁浅了——大学与中小学合作研究的困境与出路[J]. 课程·教材·教法，2006（2）.

潘炳如. 幼儿园园长领导力影响因素分析及提升对策[J]. 广西社会科学，2017（9）.

庞庆华，李铭珍. 女企业家领导风格及其影响因素分析：一个多案例研究[J]. 中国人力资源开发，2017（2）.

裴娣娜. 领导力与学校课程建设的变革性实践[J]. 教育科学研究，2017（3）.

裴娣娜. 学校教育创新视野下中国基础教育课程改革的实践探索[J]. 课程·教材·教法，2011，31（2）.

彭说龙，苏骏锋. 办学模式与高校自主创新能力关系的实证研究[J]. 高教探索，2010（6）.

邱霈恩. 领导：制胜新世纪的关键力量[J]. 领导科学，2002.

曲阳. 中庸型领导对组织领导力发展的影响及演化机制研究[D]. 天津：南开大学，2014.

石中英. 谈谈校长的价值领导力[J]. 中小学管理，2007（7）.

宋敏. 大学与中小学合作研究的背景、必要性及内涵

[J]. 首都师范大学学报（社会科学版），2004（S2）.
孙绵涛. 校长领导力基本要素探析［J］. 教育研究与实验，2012（6）.
孙祯祥，郭旭凌. 中小学校长信息化领导力评价标准的比较研究——结合教育信息化十年发展规划（2011—2020年）［J］. 电化教育研究，2013，34（3）.
孙祯祥，郭张燕. “校长信息化领导力”现状的调查研究［J］. 现代远距离教育，2013（5）.
孙祯祥. 境外“学校信息化领导力”研究与启示［J］. 现代远距离教育，2014（2）.
孙祯祥. 校长信息化领导力的构成与模型［J］. 现代远距离教育，2010（2）.
唐琳琳. 组织变革领导力的概念模型及其效能机制研究［D］. 杭州：浙江大学，2009.
滕明兰. 从“协同合伙”走向“共同发展”——大学与中小学合作问题研究［J］. 教育发展研究，2008（22）.
汪雅霜. 大学生学习投入度的实证研究——基于2012年“国家大学生学习情况调查”数据分析［J］. 中国高教研究，2013（1）.
王绯烨，萨莉·扎帕达. 骨干教师领导力影响因素的实证研究［J］. 湖南师范大学教育科学学报，2017，16（3）.
王凤彬，陈建勋. 动态环境下变革型领导行为对探索式技术创新和组织绩效的影响［J］. 南开管理评论，2011，14（1）.
王恒，马艳艳，卢珂. U—S协作的困境归因与破解策略——基于组织变革理论视角的检视 [J]. 宁夏社会科学，2013 (4).

王娟. 中小学校长领导力评价指标体系研究 [D]. 上海：华东师范大学，2016.

王凯. 学校课程建设的十大问题探析 [J]. 课程·教材·教法，2015，35 (11).

王丽萍. 基于选择教育的学校课程领导实践 [J]. 上海教育科研，2012 (3).

王水发. 基于校长价值领导力视角的学校发展逻辑 [J]. 教育研究，2012，33 (9).

王佑镁，杜友坚，伍海燕. 教育信息化领导力的内涵与发展 [J]. 中国教育信息化，2007 (24).

王佑镁. 面向基础教育信息化的校长信息素养差异及结构模型研究 [J]. 中国电化教育，2006 (11).

王越明. 有效教学始于校长课程领导力的提升 [J]. 中国教育学刊，2010 (3).

文茂伟. "组织领导力发展"内涵探讨 [J]. 外国经济与管理，2011，33 (12).

文茂伟. 当代英美组织领导力发展研究 [D]. 上海：华东师范大学，2008.

邬志辉. 学校改进的"本土化"与内生模式探索——大学与中小学合作伙伴关系的维度 [J]. 教育发展研究，2010，30 (4).

吴康宁. 教育研究应研究什么样的"问题"——兼谈"真"问题的判断标准 [J]. 教育研究，2002 (11).

吴维库，等. 以价值为本领导行为与领导效能在中国的实证研究 [J]. 管理工程学报，2003 (4).

吴晓玲. 校长课程领导的取向差异与水平分层探析 [J]. 课程·教材·教法，2018，38 (6).

肖正德. 冲突与共融：大学与中小学伙伴合作的文化理路 [J]. 社会科学战线，2011 (7).

谢忠新，张际平. 基于系统视角的校长信息化领导力评价指标研究 [J]. 现代教育技术，2009，19 (4).

徐波. 高校学生投入：从理论到实践 [J]. 教育研究，2013，34 (7).

许央琳，孙祯祥. 基于信息共享的校长信息化领导力评价指标体系研究 [J]. 中国电化教育，2013 (4).

薛海平. 教育分权管理制度对农村中小学学生数学成绩影响实证研究 [J]. 教育科学，2010，26 (4).

闫威，陈燕. 管理自我效能感对管理人员工作绩效和组织承诺的影响研究 [J]. 科技管理研究，2008，28 (11).

阳红. 学校课程领导：冲突与化解 [J]. 课程·教材·教法，2008 (2).

杨连明. 回归课堂：提升校长课程领导力的有效途径 [J]. 上海教育科研，2008 (3).

杨明全. 制度创新语境下课程领导的转型与超越 [J]. 中国教育学刊，2010 (2).

姚海涛. 以课题为载体，提升校长课程领导力——以《沪港中学项目合作，促进学校内涵发展》课题为例 [J]. 上海教育科研，2009 (3).

叶桂方，等. 扩大办学自主权背景下的院系自我约束：困境与突破［J］. 复旦教育论坛，2018，16（5）.

余进利. 校长课程领导：角色、困境与展望［J］. 课程·教材·教法，2004（6）.

余科豪. 干部价值领导力提升机制研究［D］. 南昌：南昌大学，2014.

张景斌. 大学与中小学的伙伴协作：动因、经验与反思［J］. 教育研究，2008（3）.

张琪，武法提. 学习行为投入评测框架构建与实证研究［J］. 中国电化教育，2018（9）.

张爽. 校长领导力：背景、内涵及实践［J］. 中国教育学刊，2007（9）.

张仙，鲁绍坤，郭睿南. 面向信息化的学校领导力初探［J］. 现代教育技术，2008（1）.

张欣亮，童玲红. 高等教育视域中澳大利亚校长专业发展鉴析［J］. 外国教育研究，2015，42（6）.

张奕华. 美国中小学校长领导的新趋势：科技领导［J］. 教育研究月刊，2003（10）.

赵德成. 教学领导力：内涵、测评及未来研究方向［J］. 外国教育研究，2013，40（4）.

赵曙明，宗骞，吴慈生. 高绩效组织领导力转型初探［J］. 南京大学学报（哲学·人文科学·社会科学版），2004（1）.

赵文平. 校长的学校课程结构领导力探析［J］. 中国教育学刊，2013（5）.

赵振洪，赵杰，黄露．突破个体领导力：组织领导力评估模型的构建与应用——基于南方电网的实践［J］．中国人力资源开发，2018，35（3）．

郑玉飞．改革开放40年基础教育课程管理体制改革的中国经验［J］．课程·教材·教法，2018，38（10）．

中国科学院“科技领导力研究”课题组，苗建明，霍国庆．领导力五力模型研究［J］．领导科学，2006（9）．

钟启泉．从“课程管理”到“课程领导”［J］．全球教育展望，2002，31（12）．

周柳贞，夏雨娟．试论中小学校长的课程领导力［J］．上海教育科研，2009（3）．

朱红．高校学生参与度及其成长的影响机制——十年首都大学生发展数据分析［J］．清华大学教育研究，2010（6）．

朱立言，雷强．领导者定义及职责新探［J］．行政论坛，2002（6）．

朱新秤．中小学校长自我效能探究：分析与对策［J］．教育研究与实验，2006（2）．

邹尚智．论中小学校长校本课程领导的功能和策略［J］．课程·教材·教法，2007（1）．

二、报纸及电子文献

Dianne Forbes. Leadership As Capacity Building In Online Teaching AndLearning［DB/OL］.（2006－12－25）［2019－03－20］. http://www. col. org/pcf3/

Papers/PDFs/Forbes _ Dianne. pdf.

ISTE&NCATE. Technology Leadership Advanced Program[EB/OL]. (2007－06－28.)[2019－03－20]. http://cnets. iste. org/ncate/n _ lead－stands. html.

陈万华. 校长价值领导力应着眼学校发展 [N]. 中国教育报，2012－10－30 (05).

国务院. 关于印发《国家教育事业发展“十三五”规划》的通知 [Z]. 2017－01－19.

教育部. 制定校长专业标准　建设高素质校长队伍[EB/OL]. (2012－12－24)[2019－03－15]. http://www. moe. gov. cn/jyb _ xwfb/s271/201212/t20121224 _ 146000. html.

教育部. 中共中央关于教育体制改革的决定[EB/OL]. (1985－05－27)[2018－11－21]. http://www. moe. gov. cn/jyb _ sjzl/moe _ 177/tnull _ 2482. html.

教育部. 中国教育改革和发展纲要[EB/OL]. (1993－02－13)[2018－11－21]. http://www. moe. gov. cn/jyb _ sjzl/moe _ 177/tnull _ 2484. html.

三、英文文献

（一）英文著作

Allan Walker，Haiyan Qian. Deciphering Chinese School Leadership：Conceptualisation，Context and Complexities [M]. New York：Routledge，2018.

Astin A W. Developing Non-hierarchical Leadership on Campus：Case Studies and Best Practices in Higher Education [M]. Greenwood Publishing Group，2001.

Bernard M. Bass. Stogdill's Handbook of Leadership [M]. New York：The Free Press，1984.

Bradley L H. Curriculum Leadership and Development Handbook [M]. New Jersey：Prentice Hall，1985.

Brooks-Young，S. Making Technology Standards Work for You：A Guide for School Administrators [M]. Eugene：International Society for Technology in Education，2002.

Coates H，McCormick A C. Introduction：Student Engagement—A Window into Undergraduate Education [M]. Engaging University Students. Springer，Singapore，2014.

Goodlad，J. I. Educational Renewal：Better Teachers，Better Schools [M]. San Francisco：Jossey-Bass Publishers，1994.

Harris A，Muijs D. Improving Schools through Teacher Leadership. Professional Learning [M]. London：Open University Press，2004.

Leadership and Organizational Culture：New Perspectives on Administrative Theory and Practice [M]. Illinois：University of Illinois Press，1986.

McCauley，Cynthia D.，and Ellen Van Velsor，eds.

The Center for Creative Leadership Handbook of Leadership Development [M]. Hoboken: John Wiley & Sons, 2004.

Shaun Harper. Student Engagement in Higher Education [M]. New York and London: Routledge, 2009.

Su Z. School-university Partnerships: Ideas and Experiments (1986—1990) [M]. University of Washington, College of Education, Institute for the Study of Educational Policy, Center for Educational Renewal, 1990.

Teddlie C, Tashakkori A. Major Issues and Controveries in the Use of Mixed Methods in the Social and Behvioral Sciences [M]. Handbook of Mixed Methods in Social & Behavioral Research, Thousand Oaks, CA: Sage, 2003.

Van de Water G. The Governance of School-college Collaborations: Lessons Learned from the EQ Models Program [M]. College Entrance Examination Board, 1989.

（二）英文论文

Arcia G, Macdonald K, Patrinos H A, et al. School Autonomy and Accountability [J]. System Assessment and Benchmarking for Education Results (SABER). Human Development Network. Washington DC: The World Bank, 2011 (2).

Argyris C. Teaching Smart People How to Learn [J]. Harvard Business Review，1991，69 (3).

Axelson R D，Flick A. Defining Student Engagement [J]. Change：The Magazine of Higher Learning，2010，43 (1).

Bandura A. Organisational Applications of Social Cognitive Theory [J]. Australian Journal of Management，1988，13 (2).

Bandura A. Social Foundations of Thought and Action [J]. Englewood Cliffs，NJ，1986.

Barbosa S D，Gerhardt M W，Kickul J R. The Role of Cognitive Style and Risk Preference on Entrepreneurial Self-efficacy and Entrepreneurial Intentions [J]. Journal of Leadership & Organizational Studies，2007，13 (4).

Bartol K M，Zhang X. Networks and Leadership Development：Building Linkages for Capacity Acquisition and Capital Accrual [J]. Human Resource Management Review，2007，17 (4).

Bass B M，Avolio B J. Developing Transformational Leadership：1992 and Beyond [J]. Journal of European Industrial Training，1990，14 (5).

Berka W，Groot J D，Penneman H. Autonomy in Education：Yearbook of the European Association for Education Law and Policy-Volume III (1998) [J].

Interlending & Document Supply, 2010, 38 (4).

Berson Y, Shamir B, Avolio B J, et al. The Relationship between Vision Strength, Leadership Style, and Context [J]. The Leadership Quarterly, 2001, 12 (1).

Bishop J H, Wömann L. Institutional Effects in a Simple Model of Educational Production [J]. Education Economics, 2004, 12 (1).

Bliese P D, Halverson R R, Schriesheim C A. Benchmarking Multilevel Methods in Leadership: The Articles, the Model, and the Data Set [J]. The Leadership Quarterly, 2002, 13 (1).

Boies K, Howell J M. Leader-member Exchange in Teams: An Examination of the Interaction between Relationship Differentiation and Mean LMX in Explaining Team-level Outcomes [J]. Leadership Quarterly, 2006, 17 (3).

Brown M E, Gioia D A. Making Things Click: Distributive Leadership in an Online Division of an Offline Organization [J]. The Leadership Quarterly, 2002, 13 (4).

Carmeli A, Gelbard R, Gefen D. The Importance of Innovation Leadership in Cultivating Strategic Fit and Enhancing Firm Performance [J]. The Leadership Quarterly, 2010, 21 (3).

Cheng Y C. Leadership Style of Principals and

Organisational Process in Secondary Schools [J]. Journal of Educational Administration, 1991, 29 (2).

Cheng Y C. Principal's Leadership as a Critical Factor for School Performance: Evidence from Multi-levels of Primary Schools [J]. School Effectiveness and School Improvement, 1994, 5 (3).

Cheng Y C. School Effectiveness as Related to Organizational Climate and Leadership Style [J]. Educational Research Journal, 1986, 1 (1).

Cheung W M, Cheng Y C, Tam W M. Parental Involvement in School Education: Concept, Practice and Management [J]. Journal of Primary Education, 1995, 5 (2).

Ching Shum L, Cheong Cheng Y. Perceptions of Women Principals' Leadership and Teachers' Work Attitudes [J]. Journal of Educational Administration, 1997, 35 (2).

Darling-Hammond L E. Professional Development Schools: Schools for Developing a Profession [J]. Teaching Education, 2005, 7 (2).

Day D V, Harrison M M. A Multilevel, Identity-based Approach to Leadership Development [J]. Human Resource Management Review, 2007, 17 (4).

Day D V, Fleenor J W, Atwater L E, et al. Advances in Leader and Leadership Development: A Review of

25 Years of Research and Theory [J]. The Leadership Quarterly, 2014, 25 (1).

Dev P C. Intrinsic Motivation and Academic Achievement: What Does Their Relationship Imply for the Classroom Teacher? [J]. Remedial and Special Education, 1997, 18 (1).

Earley P C, Gibson C B, Chen C C. "How did I do?" versus "How did we do?" Cultural Contrasts of Performance Feedback Use and Self-efficacy [J]. Journal of Cross-Cultural Psychology, 1999, 30 (5).

Edmonds, Ronald. Effective Schools for the Urban Poor [J]. Educational Leadership, 1979, 37 (1).

Elliott B, Brooker R, Macpherson I, et al. Curriculum Leadership as Mediated Action [J]. Teachers and Teaching, 1999, 5 (2).

Ertmer P A, Hruskocy C. Impacts of a University-elementary School Partnership Designed to Support Technology Integration [J]. Educational Technology Research and Development, 1999, 47 (1).

Essex N L. Effective School-college Partnerships, a Key to Educational Renewal and Instructional Improvement [J]. Education, 2001, 121 (4).

Finnigan K S. Charter School Autonomy: The Mismatch between Theory and Practice [J]. Educational Policy, 2007, 21 (3).

Flanagan, L., Jacobsen, M. Technology Leadership for the Twenty-first Century Principal [J]. Journal of Educational Administration, 2003, 41 (2).

Fleishman E A, Harris E F. Patterns of Leadership Behavior Related to Employee Grievances and Turnover [J]. Personnel Psychology, 1962, 15 (1).

Friedrich T L, Vessey W B, Schuelke M J, et al. A Framework for Understanding Collective Leadership: The Selective Utilization of Leader and Team Expertise within Networks [J]. Leadership Quarterly, 2009, 20 (6).

Fullan M, Hargreaves A. Teacher Development and Educational Change [J]. British Journal of Educational Studies, 1992, 41 (1).

Gaffney M. The Self-transforming School [Book Review] [J]. Leading and Managing, 2014, 20 (1).

Getzels J W, Guba E G. Social Behavior and the Administrative Process [J]. The School Review, 1957, 65 (4).

Gist M E. The Influence of Training Method on Self-efficacy and Idea Generation among Managers [J]. Personnel Psychology, 1989, 42 (4).

Goldring E, Huff J, May H, et al. School Context and Individual Characteristics: What Influences Principal Practice? [J]. Journal of Educational Administration,

2008, 46 (3).

Goodstadt B E, Hjelle L A. Power to the Powerless: Locus of Control and the Use of Power [J]. Journal of Personality and Social Psychology, 1973, 27 (2).

Grant J. Women as maZAzanagers: What They Can Offer to Organizations [J]. Organizational Dynamics, 1988, 16 (3).

Greene J C, Caracelli V J, Graham W F. Toward a Conceptual Framework for Mixed-method Evaluation Designs [J]. Educational Evaluation and Policy Analysis, 1989, 11 (3).

Gronn P. Distributed Properties: A New Architecture for Leadership [J]. Educational Management & Administration, 2000, 28 (3).

Hanushek E A, Link S, Woessmann L. Does School Autonomy Make Sense Everywhere? Panel Estimates from PISA [J]. Journal of Development Economics, 2013 (104).

Hersey P, Blanchard K H. So You Want to Know Your Leadership Style? [J]. Training & Development Journal, 1974, 35 (6).

Hooijberg R, Jerry Hunt, James G, Dodge G E. Leadership Complexity and Development of the Leaderplex Model [J]. Journal of Management, 1997, 23 (3).

Hopkins D, Harris A. Improving the Quality of

Education for All [J]. Support for Learning, 1997, 12 (4).

James Appletion. Student Engagement with School [J]. Psychology in the Schools, 2008, 45 (5).

Jennifer Fredricks. School Engagement: Potential of the Concept, State of the Evidence [J]. Review of Educational Research, 2004, 74 (1).

Jex S M, Bliese P D. Efficacy Beliefs as a Moderator of the Impact of Work-related Stressors: A Multilevel Study [J]. Journal of Applied Psychology, 1999, 84 (3).

Judge T A, Piccolo R F, Ilies R. The Forgotten Ones? The Validity of Consideration and Initiating Structure in Leadership Research. [J]. Journal of Applied Psychology, 2004, 89 (1).

Kipnis D, Lane W P. Self-confidence and Leadership [J]. Journal of Applied Psychology, 1962, 46 (4).

Kuh G D, Vesper N. A Comparison of Student Experiences with Good Practices in Undergraduate Education between 1990 and 1994 [J]. The Review of Higher Education, 1997, 21 (1).

Lawler, Edward E. Education, Management Style, and Organizational Effectiveness [J]. Personnel Psychology, 1985, 38 (1).

Lawrence A T, Dubetz N. An Urban Collaboration:

Improving Student Learning through a Professional Development Network [J]. Action in Teacher Education, 2001, 22 (4).

Leithwood K, Jantzi D. Transformational Leadership: How Principals Can Help Reform School Cultures [J]. School Effectiveness and School Improvement, 1990, 1 (4).

Leithwood, K., Jantzi, D. Transformational School Leadership Effects: A Replication [J]. School Effectiveness and School Improvement, 1999, 10 (4).

Lewin K, Lippitt R. An Experimental Approach to the Study of Autocracy and Democracy: A Preliminary Note [J]. Sociometry, 1938, 1 (3/4).

Lewin K. Defining the "Field at a Given Time." [J]. Psychological Review, 1943, 50 (3).

Lewin K. Formalization and Progress in Psychology [J]. University of Iowa Studies in Child Welfare, 1940, 16 (3).

Lewison M, Holliday S. Control, Trust, and Rethinking Traditional Roles: Critical Elements in Creating a Mutually Beneficial University-School Partnership [J]. Teacher Education Quarterly, 1997, 24 (1).

Lieberman A. Collaborative Research: Working with, not Working on [J]. Educational Leadership, 1986, 43 (5).

Lord R G, De Vader C L, Alliger G M. A Meta-analysis of the Relation between Personality Traits and Leadership Perceptions: An Application of Validity Generalization Procedures [J]. Journal of Applied Ppsychology, 1986, 71 (3).

Macpherson I, Brooker R, Aspland T, et al. Enhancing the Profile of Teachers as Curriculum Decision-Makers: Some International Perspectives [J]. Curriculum Development, 1999 (41).

MacPherson I, Brooker R, Aspland T, et al. Putting Professional Learning up Front: A Perspective of Professional Development within a Context of Collaborative Research about Curriculum Leadership [J]. Journal of In-service Education, 1998, 24 (1).

Mann, Richard D. A Review of the Relationships between Personality and Performance in Small Groups [J]. Psychological Bullet, 1959, 56 (4).

McDonald T, Siegall M. The Effects of Technological Self-efficacy and Job Focus on Job Performance, Attitudes, and Withdrawal Behaviors [J]. The Journal of Psychology, 1992, 126 (5).

Miao C, Qian S, Ma D. The Relationship between Entrepreneurial Delf-efficacy and Firm Performance: A Meta-analysis of Main and Moderator Effects [J]. Journal of Small Business Management, 2017, 55 (1).

Mumford T V, Campion M A, Morgeson F P. The Leadership Skills Strataplex: Leadership Skill Requirements Across Organizational Levels [J]. Leadership Quarterly, 2007, 18 (2).

Nan R. Learning and Development in the Context (s) of Leadership Preparation [J]. Peabody Journal of Education, 1997, 72 (2).

Ng K Y, Ang S, Chan K Y. Personality and Leader Effectiveness: A Moderated Mediation Model of Leadership Self-efficacy, Job Demands, and Job Autonomy [J]. Journal of Applied Psychology, 2008, 93 (4).

Paglis L L, Green S G. Leadership Self-efficacy and Managers' Motivation for Leading Change [J]. Journal of Organizational Behavior: The International Journal of Industrial, Occupational and Organizational Psychology and Behavior, 2002, 23 (2).

Pike G R, Schroeder C C, Berry T R. Enhancing the Educational Impact of Residence Halls: The Relationship between Residential Learning Communities and First-year College Experiences and Persistence [J]. Journal of College Student Development, 1997, 38 (6).

Rice, E. H. The Collaboration Process in Professional Development Schools: Results of a Meta-ethnography, 1990—1998 [J]. Journal of Teacher Education, 2002,

53 (1).

Ronald E. Anderson, Sara Dexter. School Technology Leadership: An Empirical Investigation of Prevalence and Effect [J]. Educational Administration Quarterly, 2005, 41 (1).

Rosener J B. Ways Women Lead [J]. Harv Bus Rev, 2011, 68 (68).

Ross J A. Professional Development Schools: Prospects for Institutionalization—An Essay-review of Professional Development Schools: Schools for Developing a Profession [J]. Teaching & Teacher Education, 1995, 11 (2).

Russell C J, Kuhnert K W. New Frontiers in Management Selection Systems: Where Measurement Technologies and Theory Collide [J]. The Leadership Quarterly, 1992, 3 (2).

Seltzer J, Numerof R E. Supervisory Leadership and Subordinate Burnout [J]. Academy of Management Journal, 1988, 31 (2)

Sieber S D. The Integration of Fieldwork and Survey Methods [J]. American Journal of Sociology, 1973, 78 (6).

Skinner E, Furrer C, Marchand G, et al. Engagement and Disaffection in the Classroom: Part of a Larger Motivational Dynamic? [J]. Journal of Educational Psychology, 2008, 100 (4).

Smircich L. Concepts of Culture and Organizational Analysis [J]. Administrative Science Quarterly, 1983, 28 (3).

Spreitzer G M, Kizilos M A, Nason S W. A Dimensional Analysis of the Relationship between Psychological Empowerment and Effectiveness, Satisfaction, and Strain [J]. Journal of Management, 1997, 23 (5).

Steven, K. B., Slaton, D. B., Bunney, S.. A Collaborative Research Effort Between Public School and University Faculty Members [J]. Teacher Education and Special Education, 1992, 15 (1).

Stogdill R M. Personal Factors Associated with Leadership: A survey of the Literature [J]. The Journal of Psychology, 1948, 25 (1).

Townsend D M, Busenitz L W, Arthurs J D. To Start or not to Start: Outcome and Ability Expectations in the Decision to Start a New Venture [J]. Journal of Business Venturing, 2010, 25 (2).

Van Velsor E, Leslie J B. Why Executives Derail: Perspectives Across Time and Cultures [J]. Academy of Management Perspectives, 1995, 9 (4).

Vicki Trowler. Student Engagement Literature Review [R]. The Higher Education Academy, 2010.

Walker A G, Smither J W, Waldman D A. A Longitudinal Examination of Concomitant Changes in

Team Leadership and Customer Satisfaction [J]. Personnel Psychology, 2008, 61 (3).

Warren L L, Peel H A. Collaborative Model for School Reform through a Rural School/University Partnership [J]. Education, 2005, 126 (2).

Woessmann L. International Evidence on School Competition, Autonomy, and Accountability: A Review [J]. Peabody Journal of Education, 2007, 82 (2—3).

Woessmann L. International Evidence on School Competition, Autonomy, and Accountability: A Review [J]. Peabody Journal of Education, 2007, 82 (2—3).

Yammarino F J, Dansereau F. Multi-level Nature of and Multi-level Approaches to Leadership [J]. The Leadership Quarterly, 2008, 19 (2).

Yuen B Y, Cheng Y C. A Contingency Study of Principal's Leadership Behavior and Teachers' Organizational Commitment [J]. Educational Research Journal, 1991 (6).

Zaccaro S J, Foti R J, Kenny D A. Self-monitoring and Trait-based Variance in Leadership: An Investigation of Leader Flexibility Across Multiple Group Situations [J]. Journal of Applied Psychology, 1991, 76 (2).

Zaccaro S J, Mumford M D, Marks M A, et al.

Cognitive and Temperament Determinants of Army Leadership [J]. Manuscript in Preparation, 1997.

Zagorsek H, Jaklic M, Stough S J. Comparing Leadership Practices between the United States, Nigeria, and Slovenia: Does Cculture Matter? [J]. Cross Cultural Management: An International Journal, 2004, 11 (2).

Zepke N, Leach L. Improving Student Engagement: Ten Proposals for Action [J]. Active Learning in Higher Education, 2010, 11 (3).

附录一　中小学校长领导力调查问卷

________省________市________县（区）

________乡镇（街道）

尊敬的校长：

您好！为了解学校发展的基本状况，我们设计了以下问卷。问卷中问题的答案没有对错之分，也不会作为对您个人和学校工作的评判依据，所有信息仅供学术研究之用，对于您的填写结果，我们将完全保密，请不要有任何顾虑。您的认真填答对本研究的完成意义重大，衷心感谢您的配合与支持。

华中师范大学课题组

二〇一八年十月

A 部分：学校基本信息

1. 贵校的学校性质：

①公办学校　②民办学校

2. 贵校的学段：

①小学 ②初中 ③九年一贯制学校 ④完全中学 ⑤高中

3. 贵校位于：

①中心城区 ②边缘城区 ③城乡接合部 ④乡镇 ⑤乡村

4. 贵校在校生________人，班级数________个，专任教师________人。

5. 学校目前在管理上面临的挑战有哪些（多选）：

①生源差 ②外县（区）户籍学生多 ③教师质量差 ④经费不足 ⑤没有自主管理权 ⑥教师积极性不高 ⑦教师队伍不稳定 ⑧教师结构失衡 ⑨其他（请注明________________）

6. 从办学质量看，贵校目前在本县（区）排名________

①最差 ②中下 ③中等 ④中上 ⑤最好

7. 贵校当前的生存与发展现状是：

①生存困难 ②发展不足 ③发展变革 ④优质发展

B 部分：校长基本信息及观念

1. 您的政治面貌是：

①中共党员 ②民主党派 ③群众

2. 您目前的行政职务是：

①校长 ②副校长

3. 您的性别是：

①男 ②女

4. 您现在的职称是：

①暂未评级 ②三级（中教三级，小教二、三级） ③二级（中教二级，小教一级） ④一级（中教一级，小教高级） ⑤高级（中教高级）⑥正高级

5. 您的年龄是________岁。

6. 您通过以下哪种选聘方式成为校长？

①内部晋升 ②公开选拔 ③组织任命 ④平行调动 ⑤挂职锻炼 ⑥其他（请注明________）

7. 您的工作经验是：

在目前的学校当校长________年，总共有________年当校长的经历（包括其他学校的当校长经历）。

在学校中层管理岗位工作过________年，当一线教师________年。

8.（1）您初任职时的最高学历是：

①高中或以下 ②大学专科 ③大学本科 ④研究生

（2）您现在的最高学历是：

①高中或以下 ②大学专科 ③大学本科 ④研究生

9. 您是否毕业于师范类专业？

①是 ②否

10. 在担任本校校长之前，曾就职于：（可多选）

①普通公办 ②普通民办 ③教育行政机关 ④其他________（请注明）

11. 扣除五险一金后，您的实际年收入约为________

万元/年（包括基本工资、津补贴、奖金）。

12. 您目前是否有教学任务？

①否 ②是，每周总课时量约为________节

13. 您每周阅读总时长约为________小时（没有请填0）。

14. 您每周的工作时间分配比例是（比例总计100%）：

教学任务________%；行政、领导任务和会议________%；课程和教学相关的任务和会议________%；与学生互动________%；与家长或监护人互动________%；与当地社区、商业和产业互动________%；其他________%。

15. 通常，您一学期与社区沟通次数为________次，与上级教育部门沟通次数为________次，与教师座谈次数为________次，开设家庭教育指导讲座________次。

16. 您过去一年中参加了下列何种级别的培训________（可多选），累计次数为________次。

①国家级 ②省级 ③地市级 ④没有参加

17. 您认为校长培训在内容上应该侧重于________（可多选）。

①理论知识 ②领导方法 ③教育热点

④管理技能 ⑤教育教学方法 ⑥其他（请注明________）

18. 您认为校长培训应该采取的主要教学方法是（可多选）：

①专题讲授 ②案例教学 ③跟岗培训 ④参观法 ⑤名著研读法 ⑥远程培训 ⑦其他（请注明________）

19. 请您根据校长拥有办学自主权的程度，在相应的数字上画“√”。“1”为“完全没有”，“5”为完全拥有。“1”到“5”代表符合程度由低到高。

	陈述	1	2	3	4	5
1）	制定学校发展规划					
2）	构建特色校园文化					
3）	开发、实施校本课程					
4）	选拔新的管理者					
5）	招聘教师					
6）	拟定学校预算					

20. 社会各界对学校发展的满意度如何？请您在相应的数字上画“√”。“1”为“很不满意”，“5”为非常满意。“1”到“5”代表满意程度由低到高。

	陈述	1	2	3	4	5
1）	上级部门对于学校上学期的发展					
2）	社会对学校上学期的发展					
3）	家长对于上学期学校的发展					
4）	您对于学校现在的发展					
5）	您对于现在的工作					

21. 请您根据下列描述与学校实际情况的符合程度，在相应的数字上画“√”。“1”为“从未如此”，“7”为总是如此。“1”到“7”代表符合程度由低到高。

陈述	1	2	3	4	5	6	7
1）为学校形成了明确的教育使命、信念、理念							
2）组织教职工、家长等一同商议学校发展规划							
3）能激发教职工的责任感，使其热爱教育事业							
4）能获得校内不同利益人士的支持							
5）对教职工的工作、生活需要感觉敏锐、高度关怀							
6）能让师生在校内感受到自身的价值和重要性							
7）精心策划并明确学校发展规划的进度、时限							
8）定期评估并适当调整学校发展规划							
9）有相应的措施和资源保障学校发展目标的实现							
10）能够以庆典及象征性事物形成教职工的价值共识							
11）经常参加教研活动，规范改善教师教学行为							
12）形成了与学校理念相一致的课堂教学文化							
13）树立了以学生为中心的校风、教风							

续表

陈述	1	2	3	4	5	6	7
14）善于鼓舞士气和激发教职工的创新精神							
15）聘请专家指导本校的课程开发							
16）有清晰、完整的课程开发和实施制度							
17）制定出适合不同层次教师的专业发展规划							
18）鼓励教师不断研修以增强专业能力							
19）善于从教育实践中生成课题、展开研究							
20）为教学活动的开展提供所需的资源和设备							
21）鼓励教师参与课题研究以增强专业能力							
22）了解教师在专业发展上的需求							
23）定期听课、评课，并对教师进行专业评价和指导							
24）有健全的财务管理制度，做到有效监管							
25）在教学与管理方面已形成骨干力量							
26）为教师参加专业培训创造了良好条件							
27）在人员配备上考虑强弱力量的搭配平衡							
28）善于争取校外的社会资源促进学校发展							

续表

陈述	1	2	3	4	5	6	7
29）注重挖掘家长资源，发挥其特长拓展教育资源							
30）建立多种沟通渠道，实现校内信息互通、共享							
31）让广大教师参与学校管理与决策，实行民主管理							
32）能灵活巧妙地处理各种冲突，缓和紧张关系							
33）鼓励并组织学校师生参与社区的有益活动							
34）根据学校需要，及时与上级教育行政部门沟通							

22. 在以下各项描述中，请根据您的实际感受在代表相应等级的答案序号上画“√”。“1”为“完全不符合”，“5”为完全符合。“1”到“5”代表符合程度由低到高。

陈述	1	2	3	4	5
1）我能有效地解决工作中出现的问题					
2）我觉得我在为学校做有用的贡献					
3）在我看来，我擅长自己的工作					
4）我在工作中做成了很多有意义的事					
5）我感到我完成了很多有价值的工作					

续表

陈述	1	2	3	4	5
6）我相信自己能有效地完成各项工作					

23. 您觉得应该如何提升中小学校长的领导力？

____

____

____

____

问卷到此结束，非常感谢您的支持！

祝您身体健康，工作顺利！

附录二　中小学校长领导力访谈提纲

一、中小学校长访谈提纲

（一）校长的教学、行政经历及现任学校情况。

（二）对文化领导、课程领导、组织领导与学校发展关系的理解。

（三）学校的办学理念是什么?

（四）学校采取哪些措施推动校本课程的开发?您在校本课程开发、实施中发挥了什么作用?学校如何调动教师参与的积极性?

（五）是如何与上级部门、社区、家长协调合作，借助各方资源改进办学效果的?

（六）为教师专业成长提供了哪些机会与条件?对于新入职教师，有没有制订入职引导计划?

（七）校长的专业发展情况。

（八）对办学自主权与校长领导力关系的看法。

（九）哪些因素影响了校长领导力的发挥与提升?

（十）在学校的领导实践中，哪些方面做得比较成功和满意?

（十一）哪些方面感觉到困惑和压力，是如何应对和处理的?

二、教师访谈提纲

（一）教师的基本情况。

（二）谈谈您对校长的印象。

（三）校长在哪些方面给予您帮助?您认为最大的帮助是什么?

（四）学校有没有自己的学校文化?如果有，是什么?是如何制定的?在这个过程中，教师发挥了什么作用?

（五）您觉得校长是如何看待学校文化价值的?请举例说明。

（六）学校的课程体系是怎么样的?有没有校本课程?如果有，是如何制定出来的?校长和教师在校本课程开发中分别发挥了什么作用?

（七）校长是如何指导和组织教师进行课程改革研究的?是否开展了校本培训?效果如何?

（八）校长是如何为教师服务的?校长为教师专业成长提供了哪些机会与条件?

（九）校长是如何与校外互动，利用各方资源促进学校发展的?请举例说明。

（十）您怎样评价学校工作环境或者氛围?

三、家长访谈提纲

（一）家长基本信息。

（二）对孩子的教育规划。

（三）对家庭教育与学校教育的关系的看法。

（四）目前家校合作的形式、主要内容、效果及改进建议。

（五）谈谈您对校长的印象。

（六）您是怎样参与学校文化建设、学校课程开发以及学校组织管理的？

四、教育行政部门访谈提纲

（一）当地基础教育基本情况。

（二）教师队伍的整体情况。

（三）校长队伍的整体情况。

（四）中小学校办学自主权的情况。